W0330954

I LIBRI DI
B
ENZO BIAGI

Nella Collana "I Libri di Enzo Biagi":

DUE ROMANZI E VENTISETTE RACCONTI
INCONTRI E ADDII
I PADRONI DEL MONDO

Enzo Biagi

Quante donne

ERI Rizzoli

Proprietà letteraria riservata
© *1996 Eri, Roma / R.C.S. Libri & Grandi Opere S.p.A., Milano*

ISBN 88-17-84466-7

Prima edizione: maggio 1996
Seconda edizione: maggio 1996
Terza edizione: maggio 1996
Quarta edizione: maggio 1996
Quinta edizione: giugno 1996

Parliamone ancora

Una volta andai a trovare un grande cardiochirurgo americano, il dottor Kantrowicz. Gli chiesi perché la gente colloca nel cuore la sede dell'amore. Mi rispose con un sorriso: «Io la piazzerei più giù».

Ricordo una vignetta della straordinaria Ellekappa. Dialogo: «Vedi, cara, l'amore è una cosa, il sesso un'altra». «E la roba che facciamo noi come si chiama?»

Sono infinite le interpretazioni del fenomeno che ha dato luogo all'umanità; c'è chi lo chiama affetto, idolatria, tenerezza, passione o, più semplicemente, bene. Di certo se ne parla tanto e presumibilmente se ne fa meno.

Le pagine che leggerete, se ne avrete voglia, ma già che avete acquistato il volume vi conviene, si riferiscono a questo interessante argomento: forse già il Signore, presentando una compagna ad Adamo, anche senza offrirgli molte possibilità di scelta, pensò che esercitare il vecchio sport in coppia è sempre meglio che impegnarsi da soli.

Alessandro Manzoni aveva la sua idea: «Si parla troppo d'amore». Infatti i discorsi di Renzo e Lucia sono castissimi ed evasivi; neppure per scherzo i due promessi sposi alludono alla possibilità di combinare qualcosa. Ma è una antica ossessione che ha basi nel passato e illustri precedenti.

Nel Gabinetto segreto del Museo di Napoli c'è la prova che sui muri di Pompei scolpivano un fallo, convinti come erano che l'aggeggio porta bene e tiene lontano il malocchio. C'è un epigramma di Marziale che dice: «Complice delle gioie del letto, sarò muta su ciò che ti piacerà fare».

Gli antenati non stavano a dormire, come dimostrano i dipinti e il vasellame dell'epoca. Soltanto i mezzi audiovisivi e le tecniche dell'informazione hanno diffuso le trovate galanti che già annoiavano, cinque secoli dopo Cristo, i rari lettori del *Kama Sutra*.

Il bikini lo ritrovi perfino nei mosaici di Villa Armerina e in Abruzzo e in Calabria le contadine che vanno con l'anfora in capo a prendere l'acqua alla fontana ne sanno, in materia di incedere, quanto le più celebri indossatrici americane.

Forse è vero quello che ha detto Moravia: «Quello che un tempo si chiamava amore oggi si chiama sesso». Si tratta, come sempre, di intendersi. Scegliete fra molte storie quella che vi assomiglia.

e.b.

Quante donne

MIA BELLA SIGNORA
[1981]

I

«UNA STATUA DI CARNE»

C'era il re, con la sua corte. E i nobili, con i loro salotti. Le ragazze erano, naturalmente, illibate. I preti, che allora lo sapevano, insegnavano il latino e le scienze ai giovinetti di buona famiglia. Esistevano i caffè letterari. I poveri dovevano essere rassegnati: li attendeva poi la beatitudine dei Cieli.

Roma, la capitale, contava 226.000 abitanti. In via del Corso cresceva ancora l'erba e nelle strade della periferia si incontravano i pastori scesi dall'Abruzzo a svernare nell'Agro. Facevano sosta a piazza Barberini per vendere il latte. Dalla stazione, si arrivava a San Pietro con l'omnibus a cavalli.

Milano era piuttosto allegra: spettacoli all'Arena, anche nautici, con vogatori comaschi e padani contro gondolieri, corse di bighe, fuochi artificiali. Nelle balere fuori porta ci si lanciava nel valzer e nella polca, nello scottisch e nelle mazurke.

Verso le 4 del pomeriggio, i benestanti uscivano in carrozza; seguivano un itinerario prestabilito: corso Vittorio Emanuele, corso Venezia, i bastioni, via Manin, via Manzoni. Famosi i ricevimenti del duca Melzi, del ciambellano Antonio Litta Visconti Arese, del conte Borromeo, del marchese Trivulzio. Il palazzo dell'illustre anfitrione è pieno di meraviglie: c'è il ritratto dell'antenato Giovanni, dipinto da Leonardo, la signora madre esibisce una ineguagliabile collezione di gioielli e di pietre incise, i mobili sono in stile cinquecentesco, e negli alti camini bruciano i ciocchi di quercia.

Quando c'è il veglione alla Scala, il salotto, prima del palco, si trasforma in sala da pranzo, e i domestici servono la cena. Il gusto è orientato verso il costume inglese, e anche la divisa dei vigili è una copia dell'uniforme dei *policemen* della City. Milano è gradevolissima.

Quel mondo ha incantato anche Stendhal: «È il solo luogo in cui abbia sempre desiderato stare».

Si parte per le vacanze a Besana Brianza, e le riviste illustrate spiegano come ci si deve comportare in treno in caso di scontri: opportuno sedere in direzione della corsa, per rendersi conto se c'è il rischio di finire contro un ostacolo; piazzarsi al centro, per evitare le schegge dei finestrini; tenersi saldamente alle cinghie appese alle fiancate dei divani.

Scrive il diplomatico Henri d'Ideville sul suo diario: «Il milanese è gaio, vivace, amante del piacere: i suoi gusti ricordano quelli del parigino».

A Torino, gli aristocratici non parlano italiano, ma soltanto francese o piemontese: anche il sovrano sa poco la lingua nazionale, ed è quasi una tradizione dei Savoia. Del resto, i suoi discorsi non sono molto impegnativi: parla spesso delle sue venti ferite, di caccia e di donne. Lo chiamano, per le molte imprese amorose, perché si butta dove gli capita, senza far questione di classe (e ha avuto cinque figli dalla regina e tre dall'amante), «padre di tutti i suoi sudditi».

Nelle faccende sentimentali va per le spicce e non ama le complicazioni. A Parigi, lo costringono a una serata all'Opéra, in compagnia di Napoleone III. Lo incanta una ballerina. Si rivolge all'imperatore: «Sire, quanto può costare?». «Non saprei, chiedetelo a Baciocchi.» E Baciocchi: «Per vostra Maestà, sarebbero cinque lire». È parsimonioso: «Diavolo,» commenta «è ben cara». E Napoleone, per concludere: «Baciocchi, mettetela in conto a me».

Pecca, ed è superstizioso, e pieno di scrupoli religiosi e di rimorsi: quando espropria i beni della Chiesa, e muoiono, in poco tempo, tre o quattro congiunti, pensa alla maledizione di Dio, e teme i castighi futuri.

Non ama il suo primo ministro, Camillo Benso di Cavour, la cui superiorità intellettuale gli pesa. Non ha amici, gli piace la vita fisica, sparare al camoscio, in alta montagna, le cavalcate, dorme all'aria aperta, mangia nei casolari: una sola volta al giorno, tanto, e vivande grossolane e popolari.

Quando la regina Vittoria lo conosce, ne riporta una impressione penosa: «In società è timido, il che lo fa apparire anche più scontroso, non sa dire alcunché alle persone che gli si presentano; ha più l'aria di un cavaliere medievale che di un uomo dei nostri tempi».

La sua favorita è Rosina Vercellana; al momento dell'incontro, la fanciulla ha sedici anni ed è molto bella e molto virtuosa. Ha origini modeste; suo padre è un tamburo maggiore, e non ha potuto darle una educazione raffinata, ma la «Rosin» è abile e intelligente ed è la sola, tra le molte conquiste di Vittorio Emanuele II, che in qualche modo lo influenza. Nessuno la riceve, ma l'esclusione forse non le pesa tanto; la si vede nei teatri, con un cappello guarnito di piume e il petto coperto di brillanti. È soddisfatta.

I divertimenti, del resto, sono piuttosto discreti: riviste, corse di biroccini, fiere di beneficenza, caffè concerto. Qualche volta illuminano le colline.

C'è, molto ambito, il «ballo delle tote», organizzato dalle più prestigiose signorine della città per agguantare qualche buon partito. Ma la mondanità è contenuta: i ministri di Sua Maestà, nel pomeriggio, si incontrano lungo i portici di via Po per la consueta passeggiata, vanno a spasso fumando il sigaro battezzato Cavour e salutano i cittadini togliendosi il cappello di paglia o il feltro grigio. La Società del Whist è il luogo di convegno più esclusivo: bisogna, per entrarvi, avere la tradizione alle spalle.

Ma qualcosa sta cambiando: anche nella moda. Scompare la «gabbia» e si impone il *cul de Paris*, un vestito attillato che sottolinea proprio il sedere. È un accessorio essenziale, come sostiene anche il *Corriere delle dame*: «Non si può essere belle senza lo sgonfio», come lo chiamano in Toscana.

Di sera, cadono i veli e lasciano scoperte le spalle e le braccia. Il candore del collo è segnato con un nastrino di velluto nero. Abbondano le frange e i ricami, anche per gli abiti sportivi, corti alla caviglia. Le pellicce sono di martora, di petit-gris e di cincillà.

I costumi da bagno hanno la pretesa di essere spigliati: tunica e calzoni fino al ginocchio, ornati di ancore e galloni. Indispensabili le cuffie e gli stivaletti da bagno in gomma elastica e di recente invenzione. Le acconciature semplici del Romanticismo si complicano con riccioletti sulla fronte, parrucche e chignon posticci. C'è una pettinatura sciolta, consigliata alle giovani, detta «suivons Jésus». Lo slogan per i jeans ha dei precedenti. Per il gentiluomo, l'unica novità è il cappello a lobbia: dal nome di un deputato, destinato a essere ricordato solo per questo.

Nel 1872, primo sciopero generale. A Milano. Si comincia a parlare di socialismo e di anarchia: compaiono sulla scena i «sovversivi». Poco dopo, Enrico Bignami pubblica un quotidiano, *La plebe,* che interpreta i bisogni e le speranze della gente. Pellizza da Volpedo dipinge gli scamiciati barbuti e le popolane fiere e indignate del *Quarto Stato.* Gli artisti, gli scapigliati, i maledetti si incontrano all'Osteria del Nôs.

Roma è appena diventata il centro del Regno: ai soldati che arrivano dal Nord non fa una forte impressione. Incantano le ragazze, ma sembra che nessuno faccia niente: ci sono ventimila mendicanti e ventimila religiosi. Tutti vivono di questue. È sudicia e puzzolente: si cucina e si vive sul marciapiede. Di notte si sente il raglio degli asini e il belare delle pecore. La metà dei terreni è nelle mani di venticinque casate: si dice «ricco come un Torlonia». Soltanto i bersaglieri rompono l'indifferenza e il torpore: si abbattono gli stendardi pontifici e si alza il tricolore.

Molto meglio Milano che ha aperto un cimitero per i facoltosi, il Monumentale, e trecento botteghe che vendono i cibi cotti: pesce fritto, polenta, pere. Un signore, Enrico Mangili, ha appena inventato i coriandoli e le stelle filanti. Allegria.

In contrada Santa Margherita pullulano i librai: Francesco Vallardi, Edoardo Sonzogno, Emilio Treves e uno svizzero, Ulrico Hoepli, comincia a stampare utilissimi manuali.

È il momento del velocipede: comincia come sport per eletti, poi la bicicletta diventa il veicolo degli operai. Lavorano trecento filande, le officine meccaniche hanno 9000 dipendenti, il signor Carlo Erba inaugura un laboratorio farmaceutico. I quotidiani più diffusi sono *La perseveranza* e *Il secolo,* che pubblica per primo i necrologi: l'importanza del defunto, fin da allora, si valuta dal numero delle inserzioni.

Il 31 dicembre 1870 Vittorio Emanuele scende a Roma. Non è un incontro felice. Le preoccupazioni sono tante: per

Giuseppe Garibaldi

prenderla, sono bastate cinque ore di cannoneggiamenti, e poche decine di morti e feriti; governarla è assai più complicato.

Il Tevere è straripato, c'è già la crisi degli alloggi e l'invasione dei meridionali che cercano fortuna. Fienili e baracche vengono trasformati in dormitori. Vittorio Emanuele confida sconsolato al ministro Quintino Sella: «Ormai più che discendere non posso».

Ha molti meriti: il più grande è che ha lasciato che l'Italia si facesse. Ormai i nostri eroi sono in fase decadente: Garibaldi è afflitto dai reumatismi e da Caprera scrive lettere energiche perché gli mandino serve come piacciono a lui, robuste e prosperose. Le ammiratrici gli inviano piante e fiori; una inglese, Julie Schwartz, gli spedisce da Londra il suo giardiniere perché gli sistemi l'eremo. Poche chiacchiere: piace. Un cronista lo descrive quando entra a Palazzo Carignano: «Apparve vestito del costume tradizionale; l'immortale camicia rossa, coperta da una specie di mantello grigio, in forma di pianeta o di poncho sudamericano, che gli conferiva l'aspetto di un profeta, o, meglio ancora, di un vecchio attore».

È alto, occhi piccoli, ma espressivi, voce sonora, piena, e Alexandre Dumas, quello dei *Tre moschettieri*, lo rappresenta come «un avventuriero sublime, un personaggio da romanzo. È un pazzo, uno sciocco, tutto quello che volete: ma uno sciocco eroico».

Nel suo diario, Garibaldi annota la piccola cronaca quotidiana: «Nasce un vitello», «Messo il letame alle fave», «Sciamano le api». Cova sempre un certo rancore per Cavour, «che ha venduto la Patria allo straniero», come disse in un polemico discorso. Non gli ha mai perdonato la cessione di Nizza e della Savoia ai francesi.

Ma anche il conte se ne è andato: ucciso dalla febbre tifoidea, e dalla congestione cerebrale. Nel delirio mormorava: «Imperatore! Italia! Niente stato d'assedio». Vittorio Emanuele II esce dall'ultima visita con gli occhi pieni di lacrime. L'*Unità italiana*, il periodico che rispecchia il sentimento di Mazzini e di Garibaldi, non partecipa alla generale commozione.

Sono questi, come si legge nei trattati di storia, «i fautori del Risorgimento». Ma esistono figurette minori, che hanno pure qualche merito: perciò, accanto al pensiero di Cavour, all'apostolato di Mazzini e alla spada di Garibaldi, mi pare doveroso dedicare qualche pagina anche alle tette di Virginia Oldoini, contessa di Castiglione. Dobbiamo anche a lei se siamo diventati nazione e, se è stato detto che la Patria si serve anche montando la guardia a un bidone di benzina, un paio di mutandine possono diventare un vessillo con la sua parte di gloria.

Di lei ci rimangono, oltre a fotografie che non ne rendono il sicuro splendore, lettere, annotazioni, testimonianze, non sempre serene, e definizioni, non tutte cordiali. La più realistica: «Vulva d'oro imperiale», per via dei rapporti intimi con Vittorio Emanuele II, con Napoleone III, con cortigiani, banchieri, ambasciatori.

Non la mollò, come si direbbe oggi, al cugino conte di Cavour, il quale, per ripicca, le indirizzò una lettera risentita: «Illustrissima signora, la vostra collaudata beltà mi rese voglioso di vedervi, ma non vi trovai tanto di esimia bellezza da paragonarvi a una Venere».

Come si vede, il Tessitore non è un platonico, ma, ispirato da un sano realismo, pensa di arruolare la gentile amica perché gli dia, in politica, quella mano che non ha voluto concedere a letto. Scrive a Luigi Cibrario: «Io l'ho invitata a civettare e, se le riesce, a sedurre l'imperatore».

Ce la fa. Ha una profonda considerazione di sé. L'hanno chiamata: «Una statua di carne», e lei, sprezzante, manda a dire con un biglietto a un nipote di Lord Russell: «Le forme di una fiorentina di antica stirpe superano ogni vostra comprensione». E annota nel suo *Journal*: «Non ci tengo a piacere a tutti».

La principessa di Metternich ne tratteggia un minuzioso ritratto: «La figura era ben proporzionata. Ovale delizioso, carnagione di una freschezza impareggiabile, occhi verdi profondi e vellutati, sormontati da sopracciglia che sembrano tracciate dal pennellino di un miniaturista, naso piccolo, sbarazzino, e tuttavia assolutamente regolare, denti di perla».

Cosa le manca? Ha anche testa, carattere e non teme la

concorrenza; quando entra a Versailles, guarda con disprezzo le dame che le stanno attorno: «Le eguaglio per nascita,» dice «le supero in bellezza, le giudico con il mio spirito».

E non si tira indietro nelle battaglie, si tratti di quattrini o di amanti: «Non mi piacciono le mezze misure, le mezze parole, le mezze fiducie, i mezzi sospetti, le mezze accuse, le mezze ignoranze, i mezzi amori: o tutto o niente».

Avrà tutto, o quasi. Per ogni incontro ha una formula: quando, accanto al nome, mette una *f*, vuol dire che c'è stata una conoscenza biblica. Anche le note sono sbrigative: «Marcello è venuto a letto con me e mi ha abbracciata».

Dicono i suoi critici: «Non sa ispirare una passione vera», e le signore: «Non è altro che bella». Potrebbe anche bastare, ma è fredda, altera, capricciosa, però ha un suo modo leale. Al conte Francesco Verasis di Castiglione, che vuole sposarla a ogni costo, confessa con crudezza: «Non ho nessun affetto per lei, nessuna simpatia». Ma lo spasimante si accontenta: «Che importa. Avrò l'orgoglio di aver per moglie la più bella del mio tempo». È un volontario delle corna, un predestinato, patetico e degno di comprensione.

A dodici anni Nicchia è già alta, matura e affascinante come a venti; e sa quello che vuole e quello che può ottenere. Non ha in mente ancora gli splendori del Secondo Impero, ma desidera tutto ciò che la vita può offrire. A un *bal masqué* indossa un costume composto da tanti cuori, e uno cade proprio sul pube. Qualcuno nota che è finito troppo in basso: ma sono sempre misteriosi i legami che corrono tra le due parti.

È appena diciassettenne, Nicchia, quando va sposa, e subito si concede qualche svago. Ci sono tre fratelli Doria, belli, baldanzosi e intraprendenti: Ambrogio, Andrea e Marcello. Li rende felici, senza esclusioni. Il canapè è il mobile che predilige: pratico e sempre disponibile. E si concede senza limitazioni. Si legge in un messaggio che le indirizza il principe Poniatowski, che figura nell'elenco degli spasimanti soddisfatti: «Ti abbraccio dappertutto, dalle tette ai piedi, con lunghe soste al centro».

C'è chi sostiene che è frigida; di sicuro scettica: «L'amore» confida «è una malattia che se ne va come è venuta».

In lei gioca soprattutto l'orgoglio e il gusto del potere e, quando si lancia alla conquista di Napoleone, è mossa, forse, dal desiderio di vedere realizzato il sogno dell'unità nazionale, ma anche dal piacere di umiliare l'imperatrice Eugenia che non le ha risparmiato sgarbi.

Annota le tappe della battaglia: «2 febbraio – Ballo alle Tuileries. L'Imperatore mi ha offerto arance candite. 3 febbraio – Ho parlato con l'imperatore. 27 febbraio – Cenato con l'imperatore».

Se lei è Venere, Napoleone non è Apollo: gambette esigue, malaticcio, baffi troppo lunghi, ridicoli, fantasia morbosa. Organizza certe cacce alle cerbiatte: ragazze nude con una maschera, che di notte vengono inseguite nel bosco e «prese carponi».

Con lei, la prima volta, si sbriga in mezz'ora, poi, dopo una gita, la contessa Virginia ritorna scomposta; un'altra sera, passa due ore nel padiglione cinese: anche il sovrano apprezza la comodità, e Ninette, come la chiama, lo riceve tra lenzuola nere, e indossa biancheria di seta dello stesso eccitante colore. Il marito dice sconsolato: «Io non vedo e non sento nulla».

Muore, infatti, sotto le ruote della carrozza che trasporta il duca d'Aosta, appena sposato. Poco prima, una dama d'onore si è impiccata, un colonnello della guardia è stato ucciso da un colpo di sole e un custode, che si è dimenticato di aprire un cancello, si ammazza per la vergogna. Vittorio Emanuele II, incurante del seguito e delle madamine, per fare gli scongiuri si infila con decisione le mani in tasca.

Virginia è, naturalmente, felice; un cortigiano le ha detto: «Dormire con l'imperatore conduce a tutto», e lei pensa di avergli dato una buona spinta perché acconsenta ai sottili disegni del cugino Camillo. «Ho fatto l'Italia» dice poi. È una attenuante per le sue imprese licenziose, ma lei si conosce, e sa la fragilità della natura umana: «Sono una figlia di Dio di cui il diavolo può sempre impadronirsi».

Un suo segreto è l'eleganza: non c'è toletta che indossi due volte. Possiede bauli di vestiti: lancia il rosso Magenta, i cappelli con piume, le giarrettiere con frasi allusive e provocanti. I suoi sarti sono due capiscuola, Paquin e l'inglese

Worth: ampie scollature, stoffe trasparenti, che mettono in bella vista i fianchi e le gambe.

A quarant'anni sente incombere la decadenza e confessa con amarezza: «Sono ormai nell'autunno, anzi nell'inverno dei sentimenti». Si accorge che sta calando il suo fascino sugli uomini. Che, però, la corteggiano ancora, ma senza troppe galanterie. «Cara,» la avverte Costantino Nigra «verrò a vedervi domani sera, ma dopo pranzo, a condizione però che non siate vestita per niente.» E il conte di Nieuwerkerke, sovrintendente del Louvre: «Cara Ninì, non voltarmi la schiena. Benché la trovi incantevole preferisco l'altro lato». Non porta ancora il reggipetto e «i due superbi ribelli a ogni freno» conservano ancora un certo ardore.

Ripensa al passato e lo difende. Non tollera che qualcuno le rinfacci le sue scelte. Si indigna con il duca di Chartres, che avrebbe anche delle pretese: «È cretino che voi, l'ultimo arrivato nella mia vita, veniate a rinfacciare a me, vedova, libera e alla mia età, chi mi ha avuta, chi mi ha presa, e quanti amanti ho avuti».

Non sa reggere al declino: esce solo di notte, mette crespi scuri sugli specchi, perché non riflettano la sua immagine deturpata, non riceve e non fa visite. È ormai sola, e sconosciuta.

Vittorio Emanuele II, memore degli antichi favori, le ha assegnato una pensione di 11.000 franchi. Non sono tanti per le sue abitudini. Il secolo che fu suo sta per concludersi. Muore *très doucement* all'alba del 29 novembre 1899. Ha accanto soltanto il medico, e la vecchia cameriera, Luisa Corsi. Ha sessantaquattro anni. Tocca a un giovane segretario dell'ambasciata d'Italia, Carlo Sforza, assistere all'inventario, e bruciare le carte intime che ha lasciate. Al Père Lachaise c'è un'urna di granito; tutto quello che rimane di questa creatura che ha dato vita a una leggenda.

Poco distante riposa Alphonsine Plessis, detta Marie Duplessis, più tardi contessa Perregaux, assai più nota come «La dame aux camélias», ovvero «La traviata». È un altro capitolo libertino nel secolo che vede nascere il can-can, con le regine

Rose Pompon e Céleste Mogador, e i quadri viventi, e le sciarade animate. Anche Alphonsine a dodici anni è già fiorita e molto precoce: ma, da proletaria, esordisce cedendo a un cameriere. Anche lei è ambiziosa, e decisa a far carriera; non ha imbarazzi, né limiti morali: «Perché mi sono venduta? Perché un lavoro onesto» confessa «non mi avrebbe mai dato il lusso di cui avevo un desiderio sfrenato».

Non è una sprovveduta né una sciocca, frequenta la gente bene della Parigi gaudente, ma anche letterati e artisti. Uno scrittore la giudica «una donna di gusto, di spirito e di buon senso».

Fra gli adoratori, Franz Liszt; e lei non gli pone problemi: «Prendetemi, portatemi dove volete. Non vi darò fastidio, la sera andrò a teatro e la notte farete di me quello che vorrete». È stanca e cerca un rifugio: ha bruciato in fretta la sua vita. A ventitré anni chiude.

Anche per lei, come per la contessa Castiglione, c'è un'asta che disperde oggetti e memorie: tutto si vende al miglior offerente. Eugène Sue, narratore fluviale e tenebroso, si assicura il suo libro di preghiere, e c'è anche l'orologio che batté le ore nelle alcove della Pompadour e della Du Barry, i candelieri d'argento che illuminavano le cene galanti, uccelletti variopinti in gabbie dorate, la spazzola e il pettine, i ritratti e le lettere d'amore.

All'Hôtel Druot si liquida qualcosa del passato di Virginia Castiglione: altre conquiste, altri risultati. Sì, quadri, ventagli, libri, miniature, ma anche tre bei gioielli e un importante *collier* con cinque giri di perle.

Ma non c'è solo il melodramma; c'è anche un modo di vivere severo, con rigore quasi maniacale. Il barone Ricasoli ha il dubbio che la sua sposa non sia fedele: non fa scandalo, non la rinnega, ma si chiude con lei nel castello di Brolio. Nessuno deve vederla, nessuno può corrispondere con la sospetta adultera. La poveretta ne esce soltanto sette anni dopo, morta.

I rapporti tra coniugi hanno un andamento piuttosto casto e monotono: anche la biancheria non favorisce l'impeto degli amplessi. Ricordate lo sconsolato sfogo del *Gattopardo*? «Sono un uomo vigoroso ancora; e come fo ad accontentarmi di una donna che, a letto, si fa il segno della croce prima di ogni abbraccio, e che, dopo, nei momenti di maggior emozione non sa dire che: "Gesummaria". Quando ci siamo sposati, quando aveva sedici anni, tutto ciò mi esaltava; ma adesso... sette figli ho avuto con lei, sette; e non ho mai visto il suo ombelico. È giusto questo?»

L'esistenza dei nobili è quasi sempre, se non serena, pacata. Possiedono terre per centinaia di ettari, manieri, palazzi, interi villaggi vivono attorno a loro. C'è la parrocchia e c'è la residenza dei signori. Il curato insegna ai ragazzi dei villani i primi rudimenti, imparano a leggere e a far la firma, e a rispettare chi offre loro il pane e un lavoro.

Il conte o il duca non ha molti obblighi: c'è chi pensa ad amministrare i suoi beni e a garantire i suoi comodi. Accetta il privilegio come qualcosa di naturale, che gli è dovuto. Le guardie campestri vigilano perché i bracconieri non vadano a cacciare i suoi fagiani o a tendere le reti ai suoi tordi. Per i figli c'è prima la balia, poi la bambinaia, poi l'istitutore, poi c'è il collegio. I maschi vanno a studiare anche a Vienna, le fanciulle piemontesi, ad esempio, vengono educate al Sacro Cuore di Chambéry o a Parigi.

Una famiglia che si rispetta ha al suo servizio una dozzina di persone che provvedono alla mensa, alle scuderie e alla dispensa. C'è perfino il lampista, che ha cura delle lampade a olio o a petrolio, perché non manchi mai la luce.

I contadini se la cavano alla meglio: vivono anche in abitazioni con il tetto di paglia; nella Bassa Padana, muoiono di pellagra perché non possono comperarsi il sale, e quando il grande fiume straripa, come dice Bacchelli, «la miseria viene in barca».

Nelle borgate si fa festa per le fiere, che coincidono con il giorno del santo patrono, con la primavera o con l'autunno: c'è il mercato del bestiame o degli utensili, le donne acquistano il filo da tessere e il velluto o il fustagno con il quale confezionano l'abito dei mariti o dei figli.

I camerieri servono in guanti bianchi: quando, all'alba, il campanile della chiesa suona le 5, si svegliano. Alle 8, bussano alla porta dei padroni, tirano le tende, aprono le finestre, e chiedono: «La signora marchesa ha riposato bene?». Poi, nel vassoio d'argento, servono la colazione: le focaccine appena uscite dal forno, le confetture fatte in casa, il tè o la cioccolata, e portano anche le lettere e i giornali. E vanno avanti e indietro con i secchi di acqua bollente per riempire le tinozze. C'è anche un viavai di palafrenieri, di sellai e di maniscalchi; e cuochi e garzoni, in immense cucine, come quella di Fratta delle *Confessioni di un italiano*, preparano i buoni pasti. È un'epoca di grossi mangiatori.

I borghesi, i negozianti, i professionisti, che dispongono di qualche rendita, si concedono cuciniera e domestica, e il giardiniere passa un paio di volte la settimana. I servitori alloggiano nelle mansarde, e i cocchieri dormono spesso sul fieno. Qualche volta, a ore, viene la ricamatrice, la sarta, la stiratrice, e ogni tanto passano il seggiolaio, lo spazzacamino, l'arrotino. Assai spesso i servi restano, fino agli ultimi giorni, nella casa dei signori. I più devoti possono perfino riposare per sempre nella tomba dei padroni.

C'è tutta una letteratura che esalta figure sublimi di domestici: dalla Grande Nanon di Balzac, che per un salario da fame accudisce all'avido monsieur Grandet, a Peyraque, che George Sand, nel *Marchese di Villemer*, tratteggia come modello di dignità e di abnegazione.

Gli aristocratici e i reali non si privano di nulla: hanno il *landau* per le grandi occasioni, ed è la vettura di prestigio, poi il *victoria*, un carrozzino per le passeggiate, e infine il *coupé*, più modesto, che è sempre in giro. Per la persona comune c'è il *fiacre*, e accompagnate dal trotto dei cavalli, secondo la facile letteratura, si scatenano le passioni.

Anche nella categoria degli inservienti e delle fantesche, ci sono gradi e distinzioni: la bambinaia ha il privilegio di mangiare con i fanciulli, il valletto dal signore, e l'ancella dalla dama. Si considerano di casa: conoscono tutti i segreti. Pure i cuochi pretendono di essere considerati in maniera particolare, con molto rispetto: uno si rifiutò di ammannire un bollito perché non considerava quella vivanda alla sua altezza; si proclamava discendente del celebre Vatel, che si ammazzò per una salsa mal riuscita.

Non è un mondo idilliaco, e vi regna la furbizia e il disordine. Le migliori porzioni non escono dalla cucina e i fornitori usano fare uno sconto che viene diviso tra tutti i famigli. Eugène Sue, nei *Misteri di Parigi*, fa condannare, dal suo eroe preferito, il principe Rodolfo, la corruzione imposta dai padroni al personale. Nel decennio 1878-1888, le statistiche dicono che a Parigi, su 6000 casi di sifilide registrati, quasi la metà sono domestici. Molte ragazze si danno «alla vita», e finiscono al Saint-Lazare; le più furbe mettono inserzioni sui giornali.

Ma i ricchi si lamentano perché scrittori incendiari diffondono dottrine antisociali: i servitori cominciano a far sentire le loro pretese. Non hanno ancora, come gli operai che, facendo massa, contano sulla solidarietà, il senso della forza: sono isolati, ma le cronache già si occupano di una cuoca che ha imposto alla signora di darle lezioni di pianoforte e di concederle un'ora ogni giorno per gli esercizi.

Geneviève, un personaggio inventato da Lamartine, esprime in una confessione l'amarezza della categoria: «Noi siamo di tutte le case, e tutte le case possono chiuderci la porta; noi siamo di tutte le famiglie, e tutte le famiglie possono respingerci; noi alleviamo i bambini come se fossero i nostri, ma poi non ci riconoscono come loro madri; noi risparmiamo per i padroni, e ciò che abbiamo messo in serbo va ad altri. Parenti senza parentela, familiari senza famiglia, figlie senza madri, madri senza figli, cuori che si donano senza essere accolti: ecco la sorte delle serve».

II

I BALLI DELLA REGINA

Si dice: «La Roma umbertina». Ma la figura che emerge è lei, Margherita. È al centro dell'attenzione; e perfino nelle lotte municipali entra il suo nome. Dal pergamo, un padre gesuita, Carlo Maria Curci, che rappresenta la parte cattolica, durante la campagna elettorale del 1872, allude alle «facili gonnelle di una sgualdrina». Nel rapporto di un commissario di pubblica sicurezza si legge che «l'offesa pazzesca, abbietta, infame, era evidentemente diretta alla nostra amatissima e santa principessa».

No, è una critica ingiusta: le sottane, in questo caso, non svolazzano. Margherita, figlia dei duchi di Genova, è stata educata in maniera quasi bigotta: molti fioretti, molte preghiere, pianoforte, disegno e qualche vaga nozione di storia e di letteratura. «Il suo italiano» nota un acuto biografo, Carlo Casalegno «non fu mai molto sicuro.» Le poche concessioni alla mondanità sono le lezioni di danza; tra gli onesti svaghi, i leziosi acquerelli.

Per prepararla ai compiti futuri, le insegnano l'arte degli inchini e dei convenevoli: deve passare davanti a quattro sedie, che simboleggiano un politico, uno scienziato, un artista e una gentildonna e, usando formule diverse, inventare un discorsetto di circostanza.

Riceve lezioni di inglese, di tedesco e di francese, mentre, anche quando, più tardi, si impegna negli studi classici, continua a scrivere «paggine», «libbro», «saressimo» e «vadino». Risulta inconfutabilmente dalle sue lettere.

È cugina di Umberto, l'erede al trono. Si sono conosciuti da ragazzi, ma è un incontro che non lascia tracce. Lui avrebbe dovuto sposare, per un calcolo politico, una Matilde d'Absburgo-Lorena, appartenente alla casa imperiale d'Austria, e non sarebbe stato poi un grande sacrificio: Matilde è ricca e affascinante. Purtroppo, ha il vizio di fumare di nascosto; incendia la crinolina e non si salva dalle fiamme.

Al vecchio Vittorio Emanuele II suggeriscono allora Margherita: la parentela non fa da ostacolo. Convoca l'istitutrice della nobile fanciulla, Rosa Arbesser, e le rivolge una sola e precisa domanda: «È bella? Non ha alcun difetto fisico?». Lo rassicurano.

Anche il colloquio tra i due fidanzati, per ordine superiore, non ha proprio niente di patetico. Umberto: «Margherita, vuoi essere mia moglie?». Margherita: «Tu sai quanto sono orgogliosa di appartenere a Casa Savoia. Lo sarò ancor di più diventando tua sposa». Non è dunque un matrimonio d'amore.

Non ci sono, tra i due, neppure affinità spirituali: Umberto è rozzo, ha svelta memoria, ma poco cervello. Lo chiamano, infatti, «capoccione». Dicono che, in compenso, è buono: manda però un telegramma di complimenti al generale Bava Beccaris che ha sparato con il cannone sulla folla di dimostranti e fa decorare il soldato che ha tirato per primo.

Ha il culto della vita fisica, e come il padre se la spassa a cacciare camosci e stambecchi e anche ragazze. Non capisce gli interessi culturali della consorte e li commenta con asprezza: «Che pagliaccio quel tuo Carducci». Li dividono, dunque, non soltanto sette anni e la visione della vita, ma non ci sono neppure quelle affinità che contano. Umberto la rispetta e la riempie di doni, e lei ne ammira il coraggio, e forse anche certe capacità nel governare: «Ha molte qualità solide» dice.

Quando Giovanni Passanante, un cuoco lucano, si avventa sul sovrano con un pugnale avvolto in uno straccio rosso, con malvage intenzioni, il re lo colpisce con la sciabola e la regina butta il mazzo di fiori che tiene tra le braccia in faccia all'attentatore, disperata, e grida al ministro che li accompagna: «Cairoli, salvi il re!». Poi capisce che «l'incantesimo si è rotto».

Per le nozze, feste grandiose: si organizzano giostre e tornei, e resta famosa una corsa agli uccelli: a ogni colpo di lancia bene assestato, si apre una gabbia e centinaia di uccellini prendono il volo.

Questa giornata viene proclamata «di pubblica letizia». Non si bada a spese: a Firenze, 800.000 lire per celebrare l'avvenimento. Non tutti sono d'accordo e un ex garibaldino, Achille Bizzoni, attacca pesantemente, sul giornale *La lotta*, tutti quegli sprechi.

Tra gli oppositori, c'è anche un giovane impiegato del dazio milanese, un tipo dall'apparenza mite e composta, elegante, guanti candidi e scarpe lucidissime: un tale Paolo Valera, che collabora al *Gazzettino rosa* e ha un linguaggio ironico e sprezzante. Chiama, nelle sue non tanto vaghe allegorie, Vittorio Emanuele, il Padre della Patria, «Alì Pipì», Umberto «Brut-Ben» e la duchessa Litta, Eugenia Bolognini, vedova del nobile lombardo, e amante dell'erede al trono, «la bella Selika».

Quando a corte si annuncia un lieto evento, una nascita, Valera commenta: «Ecco un altro mangiapane a tradimento».

Margherita è splendida: le braccia e gli occhi, in particolare, sono bellissimi, il naso diritto e un po' forte, il corpo invece non è del tutto felice. C'è sproporzione tra il busto e il resto: le gambe sono troppo corte, ed è una deformità che tormenterà poi suo figlio.

Si narra infatti che un giorno Margherita propose al piccolo Vittorio Emanuele una passeggiata: «Andiamocene in giro, proprio da soli». Il malinconico adolescente rifiuta: «Già, diranno: un naso e un nano a spasso».

Anche l'eleganza lascia alquanto a desiderare; annota Juliette Adam, una cronista poco benevola: «Troppi fronzoli, nastri, nappine, arabeschi e arricciature». Anche nel fausto giorno, non scherza, e il manto e la veste sono «nubi di merletti e di stoffe leggere, sparse di mazzettini di rose», sui capelli biondi, due stelle di diamanti e un bocciolo, al collo «la superba collana di perle lasciata da Maria Adelaide alla futura nuora».

Ma il tripudio è quasi totale, e ci si mettono anche i poeti: più di duecento tra lirici e prosatori scriveranno in lode di questa donna meravigliosa.

Giuseppe Giacosa compose una *Cantata*:

Dal Cenisio al Mongibello
Dal mar greco al tosco mar
Ogni villa, ogni castello
È concorde in esultar.
La cagion di tanta gioia
Regal Vergine, sei tu
Tu la perla di Savoia
Fior di grazia e di virtù.

Margherita anima il Quirinale: con la presenza e con i ricevimenti. Ogni ultimo mercoledì del mese, c'è il ballo: e tra gli invitati, figurano anche lo storico Ferdinand Gregorovius, che non sa niente del valzer, e il filosofo Terenzio Mamiani. Ossequio alla cultura.

La regina, che è salita sul trono nel gennaio del 1878, ha un compito difficile: la capitale è divisa tra la nobiltà nera, i nostalgici del papa, come i Chigi, i Barberini, i Borghese, e quelli che si schierano con gli ultimi arrivati, i piemontesi: una parte dei Colonna e degli Orsini.

Non si fanno economie: alle dame vien donato un carnet con una M in oro e pietre preziose e, se non sono molto importanti, si ripiega sull'argento.

La fanfara reale segnala l'ingresso dei sovrani, le nobildonne si alzano dai divani rossi che corrono lungo le pareti e fanno la riverenza, i cavalieri si piegano nell'inchino. Si attacca con la quadriglia: Margherita apre le danze dando il braccio a De Pretis o a Minghetti.

Fa anche alcuni viaggi che potremmo definire, senza irriverenza, di propaganda, e a Bologna riesce a conquistare gli operai e un poeta repubblicano: Giosue Carducci.

Il professore è vanitoso, e non resiste ai complimenti regali; Margherita lo abborda con una cascata di convenevoli e di cortesie: «Sono tanto lieta di conoscerla personalmente. Io mi considero una delle sue più ardenti ammiratrici. Conoscevo le *Nuove poesie*; le *Odi barbare* sono più difficili, ma le so a memoria».

Il fiero maremmano si scioglie, e prima le dedica una turgida prosa: «... ella sorgeva con una rara purezza di linee e di pose nell'atteggiamento, e con una eleganza semplice e veramente superiore sì dell'adornamento gemmato sì del vestito (color tortora parmi) largamente cadente».

Le costruisce la leggenda di «regina delle arti», mentre in verità, annota Casalegno, ha «intelligenza mediocre, ma gusti e aspirazioni non volgari», poi le dedica dei versi, che tutti gli scolari son costretti a imparare a memoria:

> Onde venisti? Quali a noi secoli,
> sì mite e bella tramandarono?

Legge anche D'Annunzio, ma nonostante le dichiarazioni galanti di Gabriele: «Guardandola, io mai come ieri sera sentii il fascino dell'eterno feminino regale», non lo invita a corte.

Un brutto giorno, Margherita scopre in un «pur corretto tête-à-tête», il sire con una dama di palazzo; la più anziana, ma splendida e sconvolgente marchesa Litta. Pensa di fuggire, di ritornare dalla madre, ma il suocero, che di queste faccende ha competenza, la blocca: «E tu soltanto per questo vorresti andartene?».

La convince a non fare scandali, ma la ingannata non perdona: «Da questo momento non sarò più che la principessa, e mai la moglie». La relazione dura da anni e non finirà che con la morte: «Quella vecchiaccia della Litta» come dice Crispi «sarà sempre, nonostante altre avventure, la più vicina al cuore del re».

Dal papà, Umberto ha ereditato anche la sfrenata passione per le conquiste femminili; negli ippodromi, nei salotti, avvicina le possibili prede con una manciata di gioielli: scegliere. Le inquietudini erotiche lo spingono a non guardare troppo per il sottile: finisce a letto anche con Emma Ivon, una attricetta milanese che ha trastullato in precedenza l'augusto genitore, e i maligni mormorano: «Sono gli incesti del mestiere».

Nell'elenco delle signore alle quali concede le sue non tanto furtive visite, ha un posto di rilievo anche Vincenza di

Santa Fiora, che Matilde Serao definisce «la contessa fatale», e D'Annunzio, uno che se ne intende, ritiene che, «con quella faccia pallida, irregolarmente bella» suscita «un sogno di amori misteriosi e procellosi». Forse per questo il principino va spesso a trovarla.

Ma è la Litta quella che conta; e fa soffrire Margherita. Dice Domenico Farini, il presidente dalla Camera: «Pare che sul re abbia esercitato sempre un grande ascendente».

Una volta le due rivali si incontrarono a un ballo nel palazzo della contessa di Somaglia: freddo sguardo, duro sorriso, misurate riverenze. Un testimone attento riferisce: «Tanto la sovrana quanto la dama portavano le perle loro donate dal re».

La coppia, apparentemente serena, ha un solo figlio, che per ragioni di opportunità, è stato messo al mondo a Napoli. Il parto è rapido e doloroso: il bambino non potrà avere fratelli. La città saluta la nascita del suo principe con cento e un colpi di cannone sparati dagli spalti di Sant'Elmo. Tra i molti nomi di quest'altro Vittorio Emanuele c'è anche un Gennaro.

Gli spassi dei nobili romani sono la caccia alla volpe, le corse al galoppo, i pranzi privati e le partite al circolo. Margherita, per rompere quel clima da «gabbia dorata quasi monacale», apre il suo salotto agli ospiti intelligenti, e nonostante i trent'anni di differenza si lega con trasporto a Marco Minghetti: lei ha la grazia, lui l'ingegno.

Minghetti, questo amabile signore bolognese, diventa il professore, che la guida, con le lezioni e i compiti, puntualmente corretti, tra i segreti e le difficoltà del latino e dei classici. E c'è anche una attiva corrispondenza: più di cento messaggi. È circondata da cortigiani ignoranti e scopre il piacere dello studio e della compagnia raffinata e consolante.

Si fanno, su quella amicizia, tante chiacchiere; e qualcuno spettegola anche su Carducci. Certo sono due personaggi importanti, così diversi dal suo consorte, e che le aprono nuovi orizzonti. Ma non c'è, assicurano i saggisti, tradimento «nel senso materiale e volgare della parola». Con Minghetti esiste l'abbandono, trapela la tenerezza, ma ognuno resta al suo posto, conscio dei suoi obblighi. Per Carducci c'è la profonda considerazione e la lusinga di essere considerata. Anche Giosue è felice quando gli raccontano che lei ha detto: «È il più gran poeta, veramente, d'Italia», e non smetterà mai di lodarla; la rivede dopo molto tempo a Courmayeur: «È ingrassata, ma è sempre bella, specialmente seduta».

Un giorno, Sua Maestà vuol fargli conoscere Vittorio Emanuele III, che è un giovanottino; e non ricorre alle regole del cerimoniale: «Le presento mio figlio».

È un ragazzo dal volto regolare, ma dall'aspetto quasi buffo: gambette sproporzionate, statura da lillipuziano. Quando si fidanza con una principessa del Montenegro – alta e imponente – lanciano una battuta perfida: Curtatone e Montanara. Invece, sarà una coppia unita, devota e ragionevolmente felice.

Vittorio Emanuele III non condivide nulla dei gusti di Margherita: non gli piacciono né il cavaliere d'onore Minghetti, né il poeta Carducci e neppure l'onorevole Crispi. Non gli va neppure «il biondo perpetuo» delle chiome materne. Anche lei è insoddisfatta: lo avrebbe voluto più colto e più aperto del marito, invece è freddo, senza immaginazione, con scarsa fiducia negli uomini e nelle cose. La moglie del ministro francese Waddington, che lo conosce nella prima gioventù, scrive: «Il ragazzo mi sembra intelligente, ma delicato. Si dice che la madre lo faccia lavorare troppo, che sia ambiziosa per lui».

È stato affidato, fin da quando era piccolo, a degli estranei: prima una istitutrice inglese, miss Elizabeth Lee, religiosa ma non baciapile, e lo serviva un cameriere toscano, perché perdesse l'accento torinese; poi un militare, il severo colonnello Osio. Soltanto il giovedì e la domenica pranzava con i genitori.

Il padre gli diceva: «Ricordati che a un re basta saper fare la firma e andare a cavallo»; davanti a Margherita si sentiva imbarazzato: «Quando mamma mi interroga mi dà soggezione, e spesso mi confondo».

Vittorio Emanuele cresce ateo, mangiapreti, chiuso, poco brillante, non capisce la vita mondana, che odia, e neppure l'arte e la musica; quando visita una mostra e si trova davanti a un paesaggio, chiede al pittore: «Che posto è? Quanti abitanti?»; non vuol vedere gente.

È stato tirato su con molta durezza; per aver detto a una bimbetta Valmarina, durante un gioco: «Quando sarò re ti farò impiccare», tre giorni a pane e acqua.

Ma il suo carattere è indipendente e quando si innamora diventa irremovibile. Vede Elena a Mosca e decide: «O quella o nessuna altra». E Margherita allora commenta: «L'ha proprio scelta lui la sposa».

Anche la principessa è entusiasta del fidanzato e gli dedica alcuni bruttissimi versi, che vengono pubblicati da una rivista russa, *Nedelia*:

> Egli è venuto dal mare
> dal mare è venuto
> è biondo come sua madre
> come sua madre è pieno di grazie.

«Nozze coi fichi secchi», commenta il grande giornalista Scarfoglio; ma Vittorio Emanuele «è raggiante per la contentezza». Forse è la scelta più giusta della sua vita.

Umberto muore il 29 luglio 1900 a Monza, mentre sta per partire per il Gran Sasso, a inseguire camosci. Margherita, invece, ha in programma Gressoney. Anche in vacanza ognuno segue il suo itinerario prediletto. Indossa la redingote scura e il cilindro; deve assistere, lo ha promesso, a un saggio della società ginnica Forti e Liberi. Consueta cerimonia; confida all'onorevole Pennati, un deputato radicale: «Sono vecchio, ormai, e invidio questi giovanotti in gamba. Da giovane ho fatto anch'io molto sport».

Quando esce, Gaetano Bresci salta sul predellino della carrozza, e spara quattro colpi; uno a vuoto, tre colgono il bersaglio: spalla, polmone, cuore. Bresci porta una giacca color caffè e la cravatta nera degli anarchici: come una divisa. I cavalli si impennano, il cocchiere galoppa verso la villa reale. Margherita, con attorno le dame di corte, sta sfogliando un catalogo di fonografi; sente le sonagliere, va incontro. Lo crede ferito gravemente, e invoca i medici: «Fate qualcosa, salvatelo». Ma è già spirato. Lavano le ferite, lo vestono. Allora fa portare tanti fiori del parco e mette un tricolore sulla testiera del letto. Resta sola tutta la notte a pregare, poi si allontana e consente alla marchesa Litta di andare a piangere l'uomo che ha amato.

Vittorio Emanuele III diventa, come dicono i giornali, «re sul mare». È in crociera sull'Egeo. Rivedendo la madre, si commuove e la bacia. Lei capisce che il suo ruolo è cambiato, e prima di entrare nella camera ardente cede il passo a Elena: «Tocca a te, ora».

Ma la nuora non ha le qualità per emergere e lei le rimprovera le abitudini borghesi, da massaia. Elena non dà il tono alla moda italiana: c'è una rivista intitolata *Margherita*, e nessuno pensa di fare altrettanto per lei. Non sfoggia, come la regina madre, che d'ora in poi ha un guardaroba di due sole tinte: bianco, estate, e nero, inverno, quindici giri di perle, grossi orecchini a forma di pere, corsetti disseminati di spille e di diamanti.

Vittorio Emanuele odia gli sprechi, ama una pacata esistenza familiare e non ha per niente idee emancipate: «Le donne» dichiara «sono buone per due cose: fare la calzetta e fare l'amore».

Come accade sovente alle vedove, anche Margherita ha una straordinaria ripresa; Fogazzaro, che la incontra nel 1902, osserva: «Ha l'argento vivo addosso, questa amabilissima signora». Certo, ha anche dei rimpianti: «Potessi almeno rivederlo in sogno,» confida «ma non mi è mai successo», però si consola. La sua nuova passione è l'automobile perché «permette di arrivare in tutti i luoghi ove il viaggio era prima difficile». Prima, doveva sottostare alle esigenze dei programmi ufficiali: «Io non conosco che le autorità» diceva sconsolata al ritorno dai suoi giri per la penisola; adesso sceglie, e non ha troppi doveri.

Quando villeggia a Gressoney, è pienamente soddisfatta:

«Penso con un certo terrore ai balli, ricevimenti, vestiti, ecc. ecc. Qui si sta così bene, così tranquilli, il paese è tanto bello, la casa così confortevole, e l'aria così pura! Le ore che non passeggio, ricamo, dipingo e leggo».

Courmayeur diventa la meta del suo «mese di libertà». È ospite di Luigi Peccoz, scapolo, barone, bello e devoto, che le offre una villa con tappeti di Smirne, pezzi orientali, e pianoforti portati fin lassù a dorso di mulo. Tra quel gentiluomo riservato e la sovrana sola nasce «un affetto sempre più caldo». Lui, nonostante sia cardiopatico, la accompagna nelle gite, e una volta ci rimane. Lei fa celebrare messe e porta corolle sulla tomba «per quell'amore tragicamente perduto».

Margherita non è poi un temperamento tanto tenero e gentile: durante gli eccidi di Milano, è a favore della sanguinosa repressione. Non sa guardare nei fatti e non si rende conto di ciò che sta accadendo. C'è stato il primo congresso del Partito operaio, hanno fondato la Società telefonica lombarda, gli abbonati ricevono una scatola color albicocca e un apparecchio Bell, si stampa, su carta verde, *La Gazzetta dello Sport*.

A Milano sorgono i primi grandi edifici di corso Sempione e si costruisce il quartiere Monforte. I signori abitano a Porta Magenta o a Porta Nuova; i proletari, a Porta Volta e Garibaldi. La città ha quasi mezzo milione di abitanti ed è percorsa da dodici linee di tram a cavalli. Nei negozi del centro, si vendono i profumi di Colonia, le calzature di Vienna, i modelli di Parigi.

Tutti i guai cominciano con l'aumento del prezzo del pane, che passa da 35 a 50 e anche a 60 centesimi al chilo. Il 7 maggio 1898 viene proclamato lo sciopero generale. In un manifesto, Filippo Turati esorta: «Il Paese salvi il Paese». Lo mettono dentro insieme alla sua compagna, una russa, Anna Kuliscioff.

Viene proclamato lo stato d'assedio, e la fanteria pattuglia le strade. Comandante del Terzo corpo d'armata è il generale Fiorenzo Bava Beccaris, che dà ordine di affrontare senza riguardi «la canaglia scatenata». Ventimila soldati con nove batterie d'artiglieria presidiano Milano.

A Montecitorio dilaga il terrore e l'enfasi. «I contadini sono insorti e marciano sulla città. Gli operai, preceduti dalle donne, assaltano le truppe e le disarmano. Banditi anarchici armati premono ai confini della Svizzera.»

Provvedimenti immediati: vietato circolare in bicicletta, soppressi i giornali non governativi e messi dentro i direttori. Sciolti tutti i circoli, compresi quelli cattolici. Sulle barricate, contro le quali si fa fuoco a mitraglia, ci sono dei popolani armati di randelli. Risultato finale: 81 morti (un soldato, una guardia di P.S.), 502 feriti: 450 sono cittadini. Bava Beccaris riceve la croce di grand'ufficiale dell'Ordine di Savoia. È la vittoria della reazione contro un tentativo di democrazia.

Margherita disprezza il Parlamento: «Che spettacolo schifoso quella Camera!». Quando muore Cavallotti, vittima di un duello, commenta: «La Provvidenza fa sempre bene le cose». Consente con il duca di Sermoneta che definisce Giolitti «mortadella di Bologna», cioè mezzo asino e mezzo porco. La soddisfa prima Crispi, in cui intravede «l'uomo forte» (ma deve sopportare le sconfitte dell'africanismo), poi Mussolini.

Ha paura di tutto: socialismo, anarchici, repubblicani, dei sovversivi, insomma, e condivide il giudizio dei benpensanti: «Brutti visi di canaglie insolenti». Si esalta per l'impresa libica: «Speriamo che anche noi diventiamo potenti e temuti».

Eppure tutte le novità la entusiasmano: è contenta quando arriva l'energia elettrica che «rischiara magicamente le stanze del Quirinale». Vorrebbe anche salire su un aeroplano e intuisce l'importanza dell'aviazione: «Bisogna riuscire a fare volare il più pesante dell'aria».

Non invade più il terreno della corte; sostiene che «i Savoia regnano uno alla volta» e non si intromette nelle questioni ufficiali. Si ritira a Palazzo Margherita e organizza un nuovo modo di vivere. Dà concerti in casa, e ci va, ascolta conferenze e letture dantesche, si reca a esposizioni, visita asili, ospedali e orfanotrofi. C'è sempre una piccola folla ad attenderla, quando esce con la carrozza guidata da staffieri in livrea nera. Ha molti servitori, ma la cucina è mediocre. Il buffet, per i ricevimenti, non è molto variato: sugo d'arancia, gelati, dolci.

Dei nipoti, il prediletto è Umberto; quando nasce, Vittorio Emanuele le spedisce un telegramma: «Mamma, mi è nato un figlio». La soddisfa per l'aspetto: alto, elegante, lineamenti regolari e piace anche tanto alle donne: «L'è un *birichin*,» commenta soddisfatta «è un vero Savoia». Lo soffoca di baci.

Non perdona invece a Jolanda di essersi innamorata del modesto conte Calvi di Bergolo: sono, per la sua mentalità, scelte che non si debbono fare.

Come ha capito, dopo il primo attentato, che si era spezzato un incantesimo, nel 1914 scrive: «Chissà che cosa porterà quest'anno nel mondo? Speriamo pace; mi sembra però che vi è molta agitazione negli animi».

Il palazzo diventa un ospedale territoriale della Croce Rossa, nelle grandi sale vengono sistemati 125 letti, i servizi, le sale operatorie. Ogni due giorni, l'ex regina va a trovare i feriti che, racconta il letterato Antonio Baldini, che è per un certo tempo tra i ricoverati, le baciano le mani.

Il mondo cambia: dalla Russia dilaga l'idea del comunismo e la sinistra estremista avanza, si occupano le fabbriche, si parla di «Vittoria mutilata», Benito Mussolini fonda i fasci e chiama i suoi camerati a raccolta.

Margherita passa i brutti mesi invernali a Bordighera, ma si accorge che anche lì stanno accadendo cose strane: «Cominciai a vedere dei vispi giovanotti» racconta «che in camicia nera e con il bastone littorio si trovavano all'uscita della chiesa e mi salutavano romanamente».

Quel bastone, in fondo, soddisfa una sua profonda convinzione, perché da sempre è convinta che «ci vuole». E quei «vispi giovanotti» lo adoperano. Il 18 ottobre 1922 apprende che in un albergo della riviera sono alloggiati i camerati Balbo, De Vecchi e De Bono; stanno preparando la marcia su Roma. Margherita li invita a pranzo, solo Balbo non può andare perché non ha l'abito adatto, e bisogna rispettare la forma e le convenienze: sono di rigore profondi inchini, e bisogna uscire indietreggiando.

A Vittorio Emanuele non è che quel duce piaccia proprio tanto; sua madre, invece, ne è conquistata. A Sandro Giuliani, che la intervista per *Il Popolo d'Italia*, dice: «È una tempra meravigliosa, un lavoratore formidabile. Io ho per lui, per il bene che ha fatto al nostro Paese, una viva simpatia e un affetto materno».

A dar retta alle perfide lingue, questi trasporti, queste debolezze sentimentali, le ha anche per individui di portata meno storica, che non vede con occhi di mamma: ad esempio l'autista Coriolato, aitante e giovane, che le tinge i capelli e la pettina, e che sfoggia troppi anelli. Sussurrano che invita alla sua tavola soltanto uomini e le attribuiscono passeggere avventure.

Quando nel 1925 Zamboni attentò a Mussolini, «l'affezionatissima cugina Margherita» ringrazia Dio, con un telegramma, perché ha protetto la preziosa vita dell'Eccellenza. Se ne va pochi mesi dopo per una trombosi cerebrale, la prima regina d'Italia. Qualche mese, e Vittorio Emanuele III distrugge il *Diario* che ha lasciato «senza nemmeno scorrerne le pagine».

Credo che su di lei il giudizio più vero lo abbia dato Leo Longanesi: «Ebbe il merito di prendere sul serio la propria funzione e il proprio mestiere».

III

ELEONORA E FRANCESCA: LE INEGUAGLIABILI

Comincia il Novecento. Il Kaiser Guglielmo II annuncia ai suoi sudditi: «Vi porto verso tempi magnifici». Ma non tutti condividono tanto ottimismo. Il conte Greppi, un nobile milanese, che ha ormai quasi cento anni, e che fu paggio dell'imperatrice Maria Luigia, granduchessa di Parma, ribatte con stizza alla petulante contessa Rospigliosi: «Smettetela di lagnarvi perché i vostri valletti sono sgarbati. Quando non esisteranno più domestici, non ci sarà più una società possibile. Durante la mia giovinezza, a Roma, un cardinale aveva diritto a cento lacchè, e Paolina Bonaparte ne comandava tre volte tanti. Ho incontrato Nietzsche, in Svizzera, e mi ha detto: "Il XX secolo sarà essenzialmente il secolo della guerra". Allora, che ne sarà di voi?».

Ma la gente si esalta: la scienza avanza, il mondo ha tanta voglia di vivere. Siamo in piena *Belle Époque*, che non è solo un periodo di tempo, ma uno stato d'animo. A Vienna, il dottor Sigmund Freud scopre una chiave per penetrare nel mistero della psiche, per decifrare il sogno; Einstein lancia un principio rivoluzionario: $E = mc^2$: quella formula porterà all'atomica; Röntgen, con i raggi X, fotografa l'interno del corpo umano; Guglielmo Marconi, nella collina bolognese, trasmette un segnale nello spazio: è nata la radio; c'è a Parigi una coppia di giovani fisici che si chiamano Marie e Pierre Curie.

Circolano, in Italia, 226 automobili: non occorre la patente; e Leo Chavez, su un aeroplano di tela e di legno, attraversa le Alpi e va a cascare dalle parti di Domodossola.

L'industria decolla: si distinguono il signor Tosi, meccanica, il signor Pirelli, gomma, il signor Cantoni, cotone, e a

Torino nove soci, tra cui il cavalier Giovanni Agnelli, fondano la Fiat. La prima vettura che esce dalla loro officina può raggiungere i 35 chilometri all'ora.

Il vocabolario annota parole nuove: socialismo, sindacalismo, futurismo: sono giovanotti, gli amici di Marinetti, che vogliono uccidere il chiaro di luna e glorificare la guerra. Il reddito pro capite è di 2000 lire. Sul palcoscenico della Scala va in scena il *Ballo Excelsior*, che è un inno al Progresso: per rappresentare le meraviglie dell'elettricità, le danzatrici hanno in mano una lampadina, ma ci sono in giro ancora tante lampade a olio o ad acetilene, e si consumano milioni di candele.

Centotrentotto milanesi guadagnano più di 100.000 lire all'anno, ma per il resto della popolazione 100 lire al mese costituiscono un miraggio. Le paghe si aggirano sulle 2, 3 lire al giorno, una per i braccianti, ma per una famiglia con quattro bambini ci vorrebbe qualcosa di più. Hanno fatto il conto: L. 1.30 per tre chili e mezzo di pane, 25 centesimi per mezzo chilo di pasta, 40 centesimi per due etti e mezzo di carne, e 30 per i fagioli, più 5 di sale, pepe e olio per condirli, 35 centesimi di vino, 50 per la pigione, 50 per i «vizi» del capo: sigaro, qualche bicchiere, una aringa; 30 centesimi per la colazione, e si arriva a un totale di L. 3.95. Niente vestiti o scarpe, niente divertimenti.

Questa epoca tanto rimpianta, dunque, non è splendida per tutti. Su 100 italiani, 40 non sanno né leggere né scrivere. Sorgono le Camere del Lavoro e le prime Leghe operaie e contadine. I minatori, in Sardegna, stanno sottoterra per otto ore; la paga delle donne va da 0.60 a 1.20, quella degli uomini, da 0.80 a 2 lire. Certo, si parla già di femminismo: a Roma, nel 1908 si raduna addirittura un congresso e si discute di tutto: salario e amore, anche in senso fisiologico, diritti e politica.

C'è, tra i ministri, un severo signore piemontese che si rende conto del disagio della «plebe», della necessità di aprire la strada del potere alle grandi masse, Giovanni Giolitti; ma il *Corriere* di Albertini lo bolla: «Il bolscevico dell'Annunziata».

Su pressione dei socialisti, entra in vigore l'assicurazione obbligatoria per gli infortuni sul lavoro. L'Ottocento, «il secolo più savio e fortunato della storia italiana» è finito: si cambia.

Duecentomila sudditi del Regno, nel 1900, vanno a cercare fortuna oltre Atlantico. L'anno seguente, saranno mezzo milione. La metà sono siciliani, e analfabeti. Vengono stipati come bestie su navi armate alla meglio, e che impiegano quasi un mese per arrivare a New York, e quaranta giorni per attraccare ai porti del Mar della Plata. Solo in cinque province non c'è la malaria, siamo in troppi e c'è poca terra da seminare, parlano solo i dialetti e non si capiscono neppure tra loro. Si aspettavano una trasformazione sociale che non c'è stata. Un giornaletto napoletano, *La Follia*, pubblica una tiritera che ha un senso:

> Il popolo d'Italia
> È un popolo davvero fortunato
> Ha la sorte del piecoro:
> Nasce cornuto per morir scannato.

La vita di ogni giorno è abbastanza semplice: se ci si ammala, ci sono le sanguisughe, il salasso, si va a passare le acque (gli snob a Biarritz o a Marienbad, i borghesi a Montecatini o a Chianciano); quando c'è un figlio che sta per nascere, arriva la levatrice, con la sua valigetta, e ordina per la puerpera brodo di gallina e pane bianco. Se ci si raffredda, ecco gli impiastri, le polentine di seme di lino; in caso di svenimento, i sali per le dame e l'aceto casalingo per le ragazze povere. Ai bambini deboli, si somministra il disgustoso olio di fegato di merluzzo, con una fetta di arancia o di limone. Ai sofferenti di tisi, si consigliano orizzonti lontani: l'India, o Madera.

E finalmente, ecco il cinematografo; il 22 marzo 1895, i fratelli Lumière presentano una pellicola di 17 metri: *La sortie des Usines Lumière à Lyon-Montplaisir*. A dicembre, nei sotterranei del Grand-Café, al boulevard des Capucines, storie a soggetto e pubblico pagante: *L'arroseur arrosé*, e siamo nel comico, perché quello che vuole annaffiare finisce grondante; e un documentario, con l'arrivo del treno in stazione, che getta il panico tra gli spettatori. Velocità dei direttissimi: cinquanta, cinquantacinque chilometri.

Il convoglio-simbolo, il mito, è l'Orient-Express. Mai più superato. Una leggenda: passava per Vienna e Budapest per arrivare a Istanbul. Come la Transiberiana, deragliava con una certa frequenza, ma la lentezza rendeva trascurabile il numero delle vittime.

Quando aprono la galleria del Sempione, da Parigi arriva a Milano, e si spinge a Belgrado, e a Sofia, per raggiungere la capitale della Turchia. È carico di bagagli: si usa viaggiare con molti «colli». Edoardo VII non lascia mai Londra senza la compagnia di una settantina di borse e bauli. Ormai, i vagoni dispongono di molte comodità: c'è il riscaldamento e la toeletta. La prima che ha goduto di questa comodità è la regina Vittoria d'Inghilterra: la disturbava dover scendere alle stazioni seguendo un itinerario urologico. Si arriva perfino a scompartimenti con sala da bagno individuale. Il belga Georges Negelmackers ha già provveduto a fondare la Compagnie Internationale des Wagon-Lits.

Anche i poeti celebrano l'*Orient-Express*:

> Il tuo scivolare notturno
> attraverso l'Europa illuminata
> o treno di lusso!

canta Valéry Larbaud, e poi gli scrittori di storie avventurose, da Agatha Christie a Graham Greene a Jan Fleming che su una di quelle carrozze fa salire James Bond con Tatiana, la splendida spia russa, che portava in certe circostanze soltanto un nastrino di velluto stretto attorno al collo. In realtà, è stato testimone di pochi crimini.

Per percorrere 3700 chilometri impiega 53 ore, e si porta dietro tanta storia. Ha un'aria cosmopolita, attraversa tanti paesi, non si confonde con gli altri treni che hanno un tono più dimesso e familiare: su quei sedili di legno, si stabiliscono altri rapporti, si scambiano chiacchiere e vivande, e c'è sempre un commesso viaggiatore, che ha l'abbonamento, che sa tante barzellette, e magari cerca di piazzare anche qualcosa del suo campionario.

Nelle stazioni si vendono bibite e cuscini, e il signor Casali di Cesena inventa il cestino da viaggio caldo: d'accordo, forse, con qualche macchinista che allunga la sosta. È una piccola sorpresa a base di delizie: il meglio della cucina romagnola.

Mangiare, in questi anni è molto importante: l'Artusi ha appena pubblicato, a sue spese, *La scienza in cucina*, il suo ineguagliabile ricettario: mille copie, ma si continua anche oggi a stamparlo. Ogni regione ha le sue specialità: sono i garibaldini che a Napoli scoprono i vermicelli e i maccheroni. I cibi padani si basano sul riso, la polenta, il formaggio grana, i pesci di fiume e di lago; in Emilia la mortadella e gli zamponi, la bistecca toscana, il fritto misto piemontese, il trionfo dei dolci siciliani.

Il menù di casa reale ha nove voci, e tutte di ispirazione francese: dal *consommé* in tazza al salmone del Reno, dal pâté de foie gras di Strasburgo, alla pollastra di Bresse.

Ma siamo a una lista modesta: quando Vittorio Emanuele III va in visita ufficiale a Parigi, i cuochi si impegnano, e il menù del 18 ottobre 1908 contempla: ostriche Victoria, filetti di sogliola alla Grimaldi, montone alla Parigina, sella di capriolo alla Cumberland, pollo alla Neva, granita all'arancia, sorbetto al kirsch, pernici arrostite, foie gras fresco alla gelatina di Porto, cuori di lattuga alla russa, piselli alla francese, cardi alla bordolese, gelato Lavallière. Salute.

Nei ricevimenti è normale offrire ostriche di Ostenda e caviale, uova in tutte le salse e frittate di ogni tipo, due minestre, un ristretto o un brodo di tartaruga, crema di cuore di carciofo o zuppa di gamberi. Poi il pesce: rombo in sugo di granchiolini, salmone in salsa imperiale, riso e vitello, filetto di bue, uccelli ripieni arrostiti, legumi, tartufi alla panna, insalate varie, formaggi, *mousse* alle violette tostate nello zucchero, Saint-Honoré. Chablis o Bordeaux in caraffe, vini del Reno. E attenti ad accompagnare bevande e cibi: con i crostacei, Chablis, con le minestre, Madera, o Porto, con la cacciagione Borgogna, con il dessert, champagne *demi-sec.*

Sulle mense popolari, compaiono l'Idrolitina, i Dadi Maggi e Liebig, la Farina Lattea Nestlé per il più piccolo.

Questa stagione è quella della serenità, della beatitudine, della concordia, della sicurezza. Continuano le tradizioni brillanti del Secondo Impero: egoiste, futili, fastose. «La frivolezza» dicono «è la salvaguardia e la saggezza della felicità.» Rievoca più tardi, con infinito rimpianto, Stefan Zweig: «Era un mondo ordinato, senza fretta. Il ritmo della nuova velocità non si era ancora propagato dalle macchine, dall'automobile, dal telefono, dalla radio e dall'aeroplano fino all'uomo; il tempo e l'età avevano altre misure. Si viveva più comodamente, più in pace».

C'è, è vero, la guerra dei boeri, ma è tanto lontana, nel Sud Africa: tra gli inviati speciali, anche un giovane cronista, Winston Churchill, che si fa catturare, ma poi riesce a tagliare la corda.

C'è, in Cina, quella dei boxers, una setta segreta che ce l'ha con i bianchi, e anche noi partecipiamo: un contingente di militari si imbarca a Napoli, ma più che una spedizione è una piccola avventura: 1882 soldati, 83 ufficiali, 178 quadrupedi. Mao ha sette anni.

Più impegnativa, la conquista della Tripolitania, che esalta gli animi, ma che è l'inizio di altri guai. Gea della Garisenda, una diva della «piccola lirica», come si dice, canta avvolta nella bandiera:

Tripoli, bel suol d'amore
ti giunga dolce questa mia canzon.
Sventoli il tricolore
sulle tue torri al rombo del cannon.

Ho parlato con Giuseppe Prezzolini, uno dei rari testimoni di quei giorni lontani; un miracolo di longevità e di chiarezza intellettuale. Mi ha raccontato che con una lira, lui e Borgese, il letterato, pranzavano all'osteria, e a fine mese, quando saldavano il conto, il padrone offriva anche un bicchiere di vino. Prezzolini, sulla *Voce*, la rivista che dirigeva, attaccò l'impresa africana: Bernard Berenson, il grande critico d'arte, gli diede da leggere i risultati di una inchiesta che gli israeliti avevano condotto in Libia: pensavano di farne una colonia per i correligionari. Risultava che l'acquedotto di Cirene poteva dissetare 500 persone, non mezzo milione.

Era andato a Parigi, ma per studiare: aveva pochi soldi, era timido e frequentò le biblioteche, e non gli ambienti mondani. Chiudevano alle 10 di sera e molti diseredati vi cercavano riparo.

La *Voce*, che ha un peso determinante nella cultura italiana, non vendette mai più di 500 copie. Ci scrivevano Croce, Einaudi, Renato Serra, Papini, Bacchelli, Palazzeschi. Croce stava a Napoli con una bella romagnola, sembrava Teodora, l'imperatrice di Bisanzio, non era sposata, si diceva che l'aveva incontrata in un bar o in un postribolo. Dice Prezzolini: «Dimostrava spirito, sentimento, compassione». Salvatore Di Giacomo recita poesie su giovinette perdute e infelici, e lei piange. È molto civetta, ma non gli fa le corna. Libera, ma non volgare. Lui la tratta come un cagnolino, e la presenta con un vago: «Donna Nella». Quando morì, voleva ammazzarsi.

Papini aveva sposato una contadina, andata a servizio a Firenze. La moglie di Prezzolini le insegnò a leggere. Era bellissima e intelligente, e gli fu accanto fino alla fine. Prezzolini ricorda madame Curie, «tremenda, scostante». Le avevano mandato del minerale dalla Cecoslovacchia e lo mise nell'ingresso di casa. Rientrando una sera da teatro, si accorse che emanava una strana luce. Era il *radium*. Di Einstein, invece, ha ben altra memoria: «Non ho mai incontrato una testa così divertente, e altrettanto poco pratica». Ha conosciuto anche Mussolini, prima del 1911: aveva i baffi, non alto. È stato, anzi, il primo corrispondente del *Popolo d'Italia* da Roma: 400 lire al mese, ma ne pagava 150 di pensione, e il resto doveva mandarlo alla famiglia. Lo aveva sentito a un comizio e gli aveva fatta una profonda impressione. Gli consigliò di smetterla con i romanzi osceni e anticlericali, e gli commissionò un libro sul Trentino.

Non tutto è idillio: la cronaca registra due tremendi terremoti; uno distrugge, in un mare di fiamme, San Francisco, l'altro Messina: 80.000 morti. Gaetano Salvemini perde la moglie e due bambini. I primi che accorrono, per i soccorsi, sono i marinai russi dell'incrociatore *Aurora*: quello che, con una cannonata, darà il via alla rivoluzione bolscevica. A bordo è ancora conservata la targa donata dalla città siciliana in segno di gratitudine.

Si celebra il processo contro Linda e Tullio Murri, i figli del più celebre clinico italiano. Sono accusati di avere ucciso il conte Bonmartini, marito di Linda, e per motivi abbietti.

Siede sul banco degli imputati anche la contessa Tarnowska «la donna fatale che ha il profumo acre della disonestà». Alcuni suoi amanti sono finiti suicidi, altri accoppati in duello. Forse ha indotto un giovane spasimante a sopprimere un generoso ammiratore.

A piazza Marina, a Palermo, fanno fuori il detective Joseph Petrosino, che è venuto dall'America per indagare su una società mafiosa, «La mano nera». È un eroe da racconto a dispense, anche se la sua statura non supera 1,60: ma sembra fortissimo. È sfortunato.

Come il bandito Musolino, che ha la disgrazia di inciampare in un filo e di farsi catturare da un brigadiere dei carabinieri, padre di Enrico Mattei. Accusato ingiustamente di omicidio e condannato, riesce a scappare dal carcere e fa una strage dei suoi calunniatori, e anche degli innocenti congiunti. Chiude al manicomio di Reggio Emilia.

In una stanza dell'Hôtel de Milan, muore, il 17 gennaio 1901, Giuseppe Verdi. Qualcuno raccoglie le sue ultime parole: «Un bottone più, un bottone meno». Nel delirio, polemizza con la cameriera.

Giosue Carducci riceve il Premio Nobel per la letteratura; è paralizzato, in carrozzella, ma mostra con fierezza alla moglie l'assegno arrivato da Stoccolma: «Hai visto che non sono un cretino?». Puccini ha già scritto *La Bohème*, e *Manon*, ma *Tosca* è accolta con le ironie della critica: «Nel giro di tre atti tutti i personaggi muoiono. Sopravvive, per fortuna, il suggeritore».

Gabriele D'Annunzio dà alle stampe *Il fuoco*; racconta, con turgido linguaggio, le sue vicende sentimentali con la Duse. Al primo incontro, va subito diritto: «Salve, o grande amatrice». La smaliziata signora del teatro si lascia intrappolare: «Ho quarant'anni e amo». Non è attraente, magra, la pelle olivastra, non si tinge i capelli, ma sa trasformarsi: «Io sono bella quando voglio». Quando si conoscono, Gabriele ha trentatré anni, una moglie e tre figli, e un'amante ufficiale, dalla quale ha avuto una bambina; Eleonora «dalle belle mani», cinque di più e un tenero legame con Arrigo Boito, poeta, compositore, critico drammatico e musicale. Scoppia «la passione devastatrice» e la Duse confessa: «Lo detesto, ma lo adoro».

Quella conquista le ridà vita: è stanca e delusa. Ha cominciato a fare la «primadonna» quando era ancora adolescente: una sera, ha dovuto sostituire la madre che non stava in piedi. Personaggi romantici: *La trovatella* di Giacometti, *Pia de' Tolomei* di Marenco, *Francesca da Rimini* di Silvio Pellico. I suoi sono poveri comici che vanno in giro per il Veneto e per la Lombardia e faticano a sbarcare il lunario. È andata a scuola un po' qui e un po' là, ma legge molto e cerca la compagnia degli intellettuali.

È stata Cosetta, nei *Miserabili*, a Zara, e Giulietta all'Arena di Verona, poi *La signora dalle camelie* e *La principessa di Bagdad*. Verdi, che ha già composto la *Traviata*, la ammira nella parte di Margherita Gautier, e rimpiange di non averla vista prima; forse avrebbe scritto, dice, melodie ancora più commoventi.

Quei pellegrinaggi, nelle nebbie e nella fame, se li porta dietro per sempre. È piccola quando la compagnia si ferma per un mese a Udine, e lei vive in una famiglia. Al momento di ripartire, scende dalla carrozza e corre a mettere la sua bambola sull'ottomana: «Voglio che almeno lei sia felice».

La chiamano in tanti modi: La Divina, la Tragica, la Signora e anche la Pososa: c'è Ferdinando Martini che la battezza così. Certo, è enfatica ed eccessiva; Pirandello trova che «interpreta soltanto se stessa». Lei lo ammette: «Io recito bene perché ho delle amarezze in corpo». Ha una voce di testa, che di quando in quando si oscura. Le celebri mani le muove di continuo, sul volto, sbattute l'una contro l'altra, nelle chiome, allacciate alla fronte, sui tavolini e sulle poltrone. È protagonista di un solo film, *Cenere*, che non le rende giustizia.

Non è che il suo talento si riveli di colpo; anzi, Luigi Pezzana, che la dirige agli inizi, cerca di scoraggiarla: «Ma perché seguitate a fare l'artista? Non capite che non è pane per i vostri denti? Scegliete un altro mestiere». Invece insiste e Shaw dice: «Ogni parte della Duse diventa una creazione», e Gerhart Hauptmann, uno dei suoi autori: «È l'arte stessa, che si realizza».

Anche come persona, non conquista la simpatia di tutti:

per sbalordire Tebaldo Checchi, che diventerà suo marito, si denuda il petto in scena e inventa una moda che avrà tanti seguaci; ha il senso della sua importanza e si fa ritrarre quasi sempre da sola: sono rare le foto che ce la fanno vedere coi suoi compagni; è sciatta per la strada, non si occupa dei vestiti, quanto è accurata e precisa alla ribalta. Ha una ciocca di capelli candidi; la giustifica: «Fiamma tinta, fiamma spenta».

Qualcuno, come Giacosa, la trova addirittura insopportabile: «È una egoista che ama la sofferenza, soprattutto è piena di orgoglio, e sopra l'orgoglio, dominanti in modo spaventevole, i sensi, che essa eccita con raffinatezze, immaginerie e che non può soddisfare. Insomma, una donna tormento».

È capace di mandare, all'amico di turno, due, tre, quattro lettere nella stessa giornata, e qualcuno la giudica «una nevrotica rompiscatole». Lei è Bumba, Arrigo Boito è Bumbi; si vedono la prima volta al Cova, e Bumba fa la ritrosa: «Io non posso donarmi, se l'amore non mi assolve». Tre anni dopo: «Arrigo vieni. Vieni. Vieni subito. La stanza dove vivi l'ho già benedetta ieri. Vieni qui tu».

Sono cinque i personaggi maschili che segnano la sua trama: meno di tutti il rassegnato e devoto Tebaldo Checchi, il marito; poi Martino Cafiero, giornalista, «il tormentatore che non si dimentica», poi Flavio Andò, «bestia, ma bello», poi Arrigo Boito «il filo rosso della mia esistenza», e infine l'Imaginifico, che le fa perdere la testa, la tradisce, le mangia soldi per la messinscena delle sue opere, e quando ha pronto il copione della *Città morta* lo porta alla rivale, a Sarah Bernhardt. Soltanto nella vecchiaia la paragona a sua madre. Due li molla, da due è mollata.

Martino Cafiero dirige a Napoli un quotidiano: donnaiolo, brillante, influente e volubile. Lei si innamora perdutamente e spera che anche Cafiero la segua, quando si trasferisce a Torino, al Carignano. Ma il disinvolto articolista non ha nessuna intenzione di traslocare; la mette incinta e se la cava dandole dei soldi per l'ospedale. Il bimbo nasce e muore dopo pochi giorni, a Marina di Pisa. Più tardi, Eleonora si giustifica con Matilde Serao: «A quell'età non si ama tanto un uomo. Forse si ama soltanto l'amore. Se io mi dolgo, che rimane di lui? Nulla. Della mia esperienza? Tutto».

Sposa Tebaldo Checchi, un mite galantuomo; mediocre attore, ma degna persona. Quando sulla nave che la porta in tournée in Argentina, la sorprende a letto con Flavio Andò, in uno slancio generoso dice: «Ti perdono». Ma la languida Eleonora scatta inviperita: «Mi perdoni? Ma sono io che non ne voglio sapere». Tebaldo tiene la figlia, Enrichetta, e si ferma in Sudamerica; si dà alla diplomazia e morendo le lascia anche i suoi pochi risparmi.

Flavio Andò, «con il suo viso pallido, con i suoi baffi rilevati», come lo disegna Renato Simoni, è un teatrante, e il legame si spezza rapidamente. Con Arrigo Boito riescono a essere infelici insieme; è un sentimento che si accende e si spegne, e l'artista le insegna l'ansia della perfezione. Nei momenti più intensi, Eleonora lo invade di pose frenetiche: «Stasera sento che ho quattro anni. Son puttina, piccola... giovane... giovane e ti amo, ti amo, ti amo, ti amo. Dio! Che angoscia dolce! Arrigo! che dolcezza, che pace, che tormento, che riposo, che speranza, che sfinimento, che ineffabilità, che potenza». Rimane una profonda simpatia, un senso di solidarietà.

Con Gabriele è il delirio: in pieno idillio, lui corteggia Gabriella Gordigiani, una fanciulla che la Divina protegge. E mentre stanno insieme, il poeta si butta all'avventura con la marchesa Alessandra di Rudinì. Ma pazienza: lei ha la sensazione che «un vincolo indistruttibile si è creato tra le loro anime dolenti e misere». Figuriamoci se lui non è d'accordo: «L'infedeltà fugace dava all'amore una novità inebriante». Ma Eleonora si stanca di trovare, nel rifugio della Capponcina, forcine smarrite da qualche visitatrice e forse anche di sborsare quattrini. Per dodici anni si ritira ad Asolo, in completa solitudine: sempre vestita di bianco, una poltrona, dei libri, una chiesetta, le rasserenanti colline.

Se fa un bilancio, ha avuto molto: sofferenze, ma anche trionfi, davanti a tutti i pubblici, Europa e Russia e Americhe. «Se qualcuno vi dirà» confida all'amica Matilde Serao «che il successo guasta, rispondete con un'assoluta smentita: è senza dubbio un ricostituente.»

Ha depositato i suoi risparmi in una banca tedesca; il crollo del marco la mette in difficoltà, ma rifiuta la pensione che Mussolini le offre. Ha passato i sessanta, si sente vecchia e deve tornare sul palcoscenico. Un anno prima di morire, anche il pubblico comincia ad abbandonarla: «Non riesco a vendere la mia merce» scrive amareggiata a Olga Signorelli. Accetta la proposta di un impresario americano e una sera, a Pittsburgh, un acquazzone improvviso la coglie mentre sta andando a teatro. Fradicia e febbricitante, non rinuncia allo spettacolo, ma esorta gli altri attori: «Fate presto, fate presto», perché si sente mancare. A Memo Benassi che, durante la notte, va a trovarla, recita due versi romaneschi:

E dopo er serra serra
riecchece per terra.

Nell'agitazione mormora: «All'alba bisogna partire». È il lunedì di Pasqua, 21 aprile 1924. Aveva detto: «L'attrice passa e non lascia traccia». Non è vero.

L'Ottocento, anche con la moda, continua fino al 1914. Fino a questo momento, si impone la linea a S, con il petto prominente. Il Novecento comincia con la prima guerra mondiale. Le signore ricche, quelle delle classi agiate, portano il cappello. È una distinzione. «Cappel in testa e cul in carrossa» dicono a Milano, indicando una prerogativa dei borghesi. L'abito non esprime soltanto le variazioni del gusto, ma è anche l'espressione dei vari ruoli e degli atteggiamenti delle diverse categorie sociali. Ci sono gli usi e ci sono i costumi: i vestiti e le occasioni di incontro. Furoreggiano i *garden-parties* e le feste di beneficenza: è in voga il paternalismo.

Il gentiluomo, che porta inesorabilmente cilindro, bastone e guanti, quando va alla Scala indossa il frac, e per le visite di capodanno l'abito nero, la canna con il pomo d'avorio, le ghette e il fiore all'occhiello. Nelle occasioni ufficiali, finanziera e tight.

La vera signora cambia vestito a seconda dei momenti: mattina, pomeriggio e sera. Fino a mezzogiorno, castoro; poi visone. I figurini arrivano da Parigi, e mentre nascondono le gambe, valorizzano il seno. I veli sono adottati per solleticare la sensualità. L'Inghilterra, invece, fa scuola per gli uomini: il fatidico conte Greppi manda a stirare le camicie a Londra.

Sparisce il reggibusto, arrivano le guaine e i reggicalze elastici. Se ne va anche il ventaglio, un altro simbolo di signorilità, mentre avanza il *tailleur*, inventato dai sarti per maschi. Lyda Borelli, diva del cinematografo, lancia la *jupe-culotte*, la mostra a un ballo e in un teatro, ma alcune indifese e sconosciute imitatrici sono accolte con lazzi e ingiurie. I bambini, di rigore alla marinara, le bimbe con le sottanine a pieghe. Trionfa, in ogni caso, la donna fiore. Anche la decorazione è floreale, l'architettura a volute, ammirati sono il grafismo di Mucha, le creazioni di Lalique e di Gallé, è uno stile, questo «Liberty» che, dice uno studioso del costume, «richiama la carezza, evoca la nudità. Il profumo è voluttuoso, l'erotismo è ovunque».

Anche il cinema si adegua alle esigenze di una platea che si fa sempre più vasta. Sullo schermo, la gente vuol vedere delle storie, non le bastano più gli stupori provocati dal documento. Georges Méliès, disegnatore, prestigiatore, direttore del Teatro Robert-Houdin, sforna un film alla settimana. Con dodici puntate sbriga *L'affaire Dreyfus*, la triste sorte di quell'ufficiale innocente condannato come traditore per un rigurgito di antisemitismo.

In Italia trionfa una «stella». Quando la incontro ha quasi novant'anni, ma la sua età resterà sempre un mistero. Si può dire che è venuta al mondo col cinematografo: è per lei che inventano la parola «diva». Ha delle concorrenti, come Lyda Borelli, «la Fatale», ma solo lei è considerata «l'Inimitabile». Anche gli stranieri ammirano «la brune beauté d'Italie».

Esordisce nel 1904 accanto al grande Ermete Novelli, e nientemeno in *Re Lear*. Il maestro consiglia la trepida debuttante: «La naturalezza è la scelta più difficile, ma tu ci riuscirai perché sei giovane e intelligente. Non fissare con gli occhi spauriti la macchina da presa, ma davanti ad essa agisci come se non esistesse».

La ragazzina esegue con scrupolo, perché è decisa ad arrivare. Non le pesano i sacrifici: sveglia alle sei, ore ed ore nei teatri dai tetti di vetro che il sole inonda, o davanti ai riflettori che «friggono», e la sua vista corre dei rischi. Il caldo è asfissiante.

Per dieci anni, per non ingrassare, una sogliola a colazione e una per cena: con champagne di grande marca e qualche concessione al caviale. Niente trucco, niente reggipetto, solo un po' di bistro per sottolineare lo sguardo. «Gli occhi» scrive un adoratore «sono infiniti come il nero della notte.»

In un decennio gira più di cento film. Preferisce interpretare le eroine della storia e della leggenda, in ogni caso figure femminili passionali e romantiche: Lucrezia Borgia e Pia de' Tolomei, Beatrice Cenci, e poi Tosca, Fedora, e anche Giulietta. Se lo può permettere: quando esordisce ha quindici anni, quando si ritira, al culmine della gloria, ventisei. Nessuna certezza sulle sue date.

Ma si può concedere anche qualche caduta di tono, e scivolare verso il contemporaneo: ed ecco *Nelly la Gigolette*, o Yvonne, nientemeno, la bella della *Danse brutale*. C'è un titolo che profuma di peccato, ed è carico di promesse: *La lussuria*, ma non si vede niente, al massimo una spalla nuda.

Allo stato civile risulta Elena Vitiello, nata il 5 gennaio 1882, ed è Salvatore Di Giacomo che la vuole protagonista di *Assunta Spina*, primo esempio di realismo, perché le riprese sono effettuate per la strada, in tribunale, nelle carceri. Trova che «in lei c'è la vera anima di Napoli, però il profilo è greco».

Dal palcoscenico dialettale, agli schermi internazionali. «Di Giacomo» racconta la signora «mi presenta a un avvocato che si chiamava Losavio. Era direttore generale delle Pathé Frères di Parigi, e gli serviva una Leonora per il *Trovatore*. Ero una ragazzina, e dicevo due parole, non di più. E di tante belle donne che c'erano lui scelse proprio me. Non si è mai capito perché. Forse perché le altre erano molto esuberanti, formose. Io, invece, un affarino che appena si vedeva. Quelli di Parigi dissero: "È stata una bella idea". Era il 1910.»

È intrattabile, capricciosa e despota: anche ai suoi partner, sul *plateau* (così chiamano il set), dà rigorosamente del lei. Non concede confidenza, ma interviene anche nel montaggio e nella regia.

Non è poi che ci sia tanto da inventare: all'inizio, non esistono né i primi piani, né le carrellate, né tanto meno lo zoom che mette in rilievo i particolari. Ma non importa. Salvador Dalí la fa rivivere con una prosa esaltata e minuziosamente descrittiva: «... quelle mani di naufraga dell'amore, quell'andatura sinuosa e convulsa, quel corpo precoce e febbrile, scivolante in un universo dove è sempre sera, lungo ininterrotte scale di marmo...».

Si comporta in ogni circostanza da *vedette* per sottolineare il distacco, o per incoraggiare la curiosità. Per non essere riconosciuta, nasconde il magico volto dietro morbidi veli, si muove soltanto in automobile, frequenta unicamente certi ambienti. Quelli che contano, quelli molto su.

Ogni giorno riceve centinaia di lettere, dalla Cina e dagli Stati Uniti, dalla Russia e dal Giappone: quando c'è lei, le pellicole si vendono «a scatola chiusa». Basta un cartello «Questa sera Francesca Bertini».

È, come afferma anche lo storico Georges Sadoul, «l'autentica stella liberty». Debutta in una piccola parte, in una commedia comica, e la liquidano con otto lire, poi per otto film da girare in un anno la pagano due milioni, di quelli veri. E in dieci, quindici giorni, negli stabilimenti della Cines, o della Caesar, o alla Tiber si realizza un soggetto. Quando è al culmine dello splendore la Fox vuole portarla a Hollywood, e le propone un contratto da un milione di dollari. Ma la Bertini sa dire di no.

Il denaro non le manca, e le permette di scegliere i soggetti, e di imporre le sue abitudini. Alle cinque, caschi l'universo, si sospende, perché Francesca Bertini deve andare a prendere il tè con le dame sue amiche: va matta per i signori. «Si sta bene con loro» dice. Infatti tra i suoi primi registi c'è un conte, Baldassarre Negroni, e un marchese, Gustavo Serena.

La mondanità l'ha sempre stravolta, il lusso la incanta: viaggia in auto, e per non incrinare l'atmosfera un po' segreta che circonda la sua persona, le tendine debbono essere rigorosamente abbassate, e pretende che le vetture siano Rolls-Royce, o Bugatti, o Hispano-Suiza (solo agli inizi si comincia con una Fiat); nessun contatto con il pubblico, o unicamente in circostanze straordinarie.

C'è uno stile Bertini, di vita e di recitazione. Scrive nei suoi ricordi: «Seppi sempre creare da sola la mia pubblicità. E vi contribuirono anche i miei abiti e i miei cappellini».

La sua memoria vaga tra i *restaurants* alla moda, i *matchs* di tennis internazionali, i *dinners* di gala agli Ambassadeurs, quando per pochissime *toilettes* pagò al sarto Jean Patou 100.000 franchi.

È lei che comanda: è attenta e perfezionista, ed ora anche la critica riconosce che era «una attrice eccezionale, e non soltanto una bella donna».

«Tante chiacchiere» commenta «perché Rita Hayworth si sfila un lungo guanto nero; bisogna vedere che cosa combinavo io.» Non porta nulla sotto il vestito, perché deve aderire.

Ha programmato la sua esistenza calcolando ogni mossa e ha maneggiato tante ricchezze, salvando ben poco, ma si giustifica: «I soldi bisogna goderseli da giovani».

Delle persone che ha conosciuto conserva un flebile ricordo: la Duse che si commuove vedendola in *Fedora*, o una cattiva opinione: di Rodolfo Valentino, per esempio, dice che non era altro che un barbiere e che se fosse rimasto in patria, nessuno ne avrebbe fatto un astro; della Garbo pensa che valeva poco, e fu lanciata dai fotografi americani; non ammette neppure concorrenti: Lyda Borelli, la presunta rivale, non va oltre la dozzina di film; lei, per essere precisi, centotredici.

Si prepara per un'intervista televisiva: due ore di maquillage, ed esige il truccatore di fiducia. Per l'occasione si è comperata anche un abito nuovo: un po' aperto sul petto, ma non troppo, e sulle spalle sfoggia un grande mantello di velluto azzurro.

Chiede che sotto lo specchio che fa da sfondo venga messo un mazzo di fiori: e accarezza languidamente le rose. Ordina agli operatori di riprenderla dal basso. È vivace, pronta, ironica, e conserva una notevole considerazione di sé: come se il tempo non fosse passato.

Continua a circondarsi di mistero: nessuno sa dove abita. Soltanto un portiere del Grand Hôtel riesce a pescarla. Un po' vive a Roma, un po' a Ginevra. «Pochissimi» racconta «erano coloro che potevano affermare di avermi vista di persona.»

Se mostra il passaporto, copre con falsa disinvoltura la scritta rivelatrice; una volta disse che era venuta al mondo «in una calda notte d'estate», adesso ha deciso per il 6 febbraio 1892. Ma è possibile qualche nuova versione.

Non so come vive, ha un figlio che lavora nelle assicurazioni, ed è cittadina svizzera. Sposò un gentiluomo di quelle parti, Paul Cartier (niente a che fare col signore dei gioielli), e mi spiega che gli italiani non le piacevano perché i bruni non sono di suo gusto. «Sono stata innamorata solo di lui, è la verità, anche perché era forestiero. I nostri uomini sono troppo autoritari, tengono la moglie schiava, a letto e in cucina. Potevo sposare chi volevo, le richieste di matrimonio cadevano come la pioggia.»

È lungo l'elenco degli spasimanti.

C'è Fausto Maria Martini, un delicato scrittore, ma i letterati non hanno mai esercitato un forte richiamo, forse Hemingway escluso; c'è Guglielmo Marconi, ma non la convince: «Intelligentissimo, di squisita gentilezza, profondamente amabile, ma qualcosa di lui ti sfugge sempre. È un personaggio gigantesco, ma a volte sembra fragile e incerto».

Ci sarebbe, se proprio volesse, Umberto di Savoia, ma chi le fa la corte in modo deciso è un suo congiunto, Eugenio Villafranca-Soissons, figlio del principe di Carignano. Il fidanzamento non regge oltre un paio di mesi, nonostante si tratti di un bel giovane dal portamento altero, grandi occhi verdi e dotato, oltretutto, di uno squisito animo romantico. Ma ha delle pretese assurde: nozze immediate.

Dite voi come si fa ad abbandonare di colpo l'Arte, e il commendator Barattolo, il munifico produttore. Forse, la diva confessa, c'era «un gran sentimento, ma non un vero amore».

Mi confida che il sesso, per lei, non è mai stato importante; anche se ha recitato in pellicole come *I sette peccati capitali*, e tra queste colpe la libidine ha un notevole peso.

Finché non arriva l'Unico, il Predestinato, quello che lei avvince con la grazia, la sovrana bellezza, e le maniere; perché tutto «fa Bertini», i grandi cappelli adorni di *aigrettes*, le vorticose scollature, le pose. È biondo, tipo Edimburgo, ricorda: banchiere, educato a Londra, parla cinque lingue, fascinosissimo.

Si chiama Cartier, Paul Cartier. È cittadino elvetico. Lo

incontra, ovviamente, a cena al Grand Hôtel, e scatta la scintilla. Dice: «Mi piaceva perché era forestiero. Gli italiani mi facevano paura».

E così, la prima donna fatale va, pura e sognante, verso l'altare. Si diceva che anche la Lyda Borelli, che a trentasette anni diventa contessa Cini, era come la mamma l'aveva fatta. Innocente.

Paul Alfred le porta come dono la villa che Vittorio Emanuele aveva scelto in Toscana per la «Bela Rosin»: guarda come cammina la storia. La figlia di un mercante di stoffe, con poca voglia di lavorare, e di una casalinga, diventa una figura di spicco della società europea: due cuoche, tre cameriere, viaggi, monili.

Veste unicamente con tre colori: bianco, nero, rosso rubino, Chanel al mattino, Worth la sera. I nobili le piacciono moltissimo, come i begli anelli, i bei bracciali, le belle case. Ma l'avvenente Cartier si stanca, e la molla, con un ragazzino da tirar su, Jean-Bénédicte, per nuove avventure.

Racconta la sua storia, concedendosi qualche posa studiata, ma abbandonandosi, credo, ad accenti sinceri.

«Io vivevo come una ragazza di famiglia, tranquillamente. Poi un giorno sono stata costretta a lavorare e scelsi il teatro, quello dialettale, perché ero amica di Scarpetta, il famoso Scarpetta. Fu lui che mi trovò il nome Francesca Bertini.

«Mio padre, devo dire la verità, non ha mai fatto nulla, ha solo consumato i denari dei suoi genitori. A quell'epoca i primogeniti non lavoravano. Era chic non fargli far niente.»

– Qual era la giornata di una diva di allora?

«Si lavorava quattordici ore al giorno, con una specie di macchina che sembrava un macinino da caffè. Mi sono fatta da me, posso dirlo: mi sono creata. Tutto da sola. E ho avuto le mie soddisfazioni. *Odette,* ad esempio. Fu un successo strepitoso. Piacque a monsieur Obsen, che era il direttore generale della Paramount. "Lo prendo" disse "perché c'è un'attrice che mi piace."

«Cosa successe quella volta a Parigi? Tutti i boulevards invasi fino alle due e mezzo di notte, il cinema non si poteva chiudere perché la gente è rimasta ad aspettare che io scendessi la scala.

«Prima gridavano: "Sur la scène, alors, madame Bertini, il faut la voir", e io sono salita a farmi vedere.

«Poi mi sono fatta coraggio, e ho detto: "Andiamo". Indossavo un gran mantello di ermellino, e sono scesa, piano piano, e tutti si levavano il cappello come se io fossi stata una santa. "Madame," urlavano "vous êtes magnifique", ma poi è successa una rivoluzione, sono arrivati dei fascisti, degli scalmanati, dei ragazzi che gridavano: "È italiana, elle est italienne, è nostra, non è francese quella lì".

«E mi portarono via tutti i fiori, c'è mancato poco che mi portassero via anche i bijoux. È stato un momento di entusiasmo sfrenato.»

– Ha mai avuto offerte dagli americani?

«Sì, una grande proposta dalla Fox. Un milione di dollari, 1920. E non ci sono andata. Mi sono sposata. Ho fatto bene?»

– Questo lo deve dire lei.

«Ho fatto benissimo, sono contentissima, e lo rifarei ancora.»

– Rodolfo Valentino lo ha conosciuto?

«A Montecarlo, en passant, così.»

– Com'era?

«Un piccolo barbiere italiano.»

– È vero che lei non lo avrebbe voluto neppure come cameriere?

«Non diciamo esagerazioni. Come cameriere forse l'avrei preso, sarebbe stato un bel garçon. Insomma era Hollywood che lanciava i divi perché aveva qualcosa che a noi mancava, la fotografia.»

– Che cosa faceva il regista?

«Aspettava che io decidessi. Io dicevo: "Mettete la macchina lì, perché io mi muoverò così". E lui buono, zitto, eseguiva.»

– Quanti grandi attori hanno recitato con lei?

«Grandi attori, via... La stampa diceva che alla mia altezza non c'era nessuno. Io non provavo mai una scena. Come diceva Casmier, un direttore francese: "Avec Bertini sans répétitions". Guardi che è una frase storica.»

– È vero che Guglielmo Marconi la voleva per moglie?

«Sì, è vero. Come andò? Io ero ancora quasi una creatura, avevo vent'anni, e lui non so, cinquantaquattro, cinquantadue. Ma perché avrei dovuto sposarlo?»

– Non era mica un giovanotto senza avvenire.

«Io cercavo l'ideale, e l'ho trovato. Sono madame Cartier, quello che sognavo. Quando si è molto giovani si guardano delle illustrazioni, delle foto, degli uomini, inglesi, tedeschi, e una dice: "Questo mi piacerebbe". L'italiano non è il mio tipo.»

– Eppure nella sua storia c'è stato un principe di Casa Savoia. Era bruno?

«Eh no, charmant, così charmant. Avevo sedici anni; voleva sposarmi subito, ma mio padre non volle. Fui fidanzata in casa, coi genitori seduti lì. Allora non si andava a letto insieme. Il povero Cartier ha fatto una vita tremenda: due anni. Veniva alla villa di via Nomentana. Stava sempre con mia madre. Io dicevo: "Mamma, occupatene tu, perché io non ho tempo".»

– Che cosa le ha dato il cinematografo?

«Quello che non darà più a nessuna donna. Perché io ero la prima.»

– Che cosa vuol dire essere una diva?

«Cos'è questa parola? Una espressione da matti.»

– L'hanno inventata per lei, dicono.

«Dicono.»

– Lei è stata molto ricca, signora?

«Sì, grazie a Dio. Non ho rimpianti, ma certo ho fatto molte follie. Mi piacerebbe rinascere oggi, per fare le stesse cose, ma in modo diverso. Con più intelligenza. Io ho le mani bucate, ecco. Tutto quello che tocco va via. Dicono che i soldi servono nella vecchiaia: ma che me ne farei, oggi? Uno li gode quando è giovane.»

– Proprio in questo albergo, che si chiama Grand Hôtel, lei ha conosciuto la felicità.

«Sì, una sera. La principessa Del Drago ha dato un pranzo, al primo piano. Erica Del Drago era bellissima. E mio marito mi era seduto accanto: coup de foudre, un coup de tonnerre, di tuono.»

– Forse rimasero tutti storditi.

«Io rimasi davvero tramortita, e mi sposai.»

– Chi ricorda dei suoi ammiratori?

«Erano dei begli uomini. A Parigi ne ho conosciuti tanti, tutti quei prìncipi russi spodestati. A me piacciono i gentiluomini perché sanno condurre una signora a teatro, portarla fuori, conversare, e poi...

«Ho conosciuto mezzo mondo. Marconi era veramente eccezionale. Un grande filosofo, uno che non parlava. Era difficile capirlo: le donne vedevano in lui un'altra cosa, non lo so.

«Non è vero che era un libertino. Voleva divorziare per sposarmi, diceva che andavamo d'accordo perché non parlavamo mai. Facevamo lunghe passeggiate a Villa Borghese.»

– Senza dire mai niente...

«In silenzio. La gente parla troppo.»

– È mai stata ricevuta a corte?

«Al Quirinale no. Ma ho conosciuto Carol di Romania in un modo veramente romantico, da donna Elisa Petroso, in Portogallo. Non so se lei l'ha mai vista. Era una grande musicista, amica della nostra regina Maria José. E allora dette questa cena perché Carol le disse che sapeva che ero arrivata e voleva incontrarmi.

«Quando mi vide entrare si inginocchiò e mi disse: "La Romania, col suo re e i suoi sudditi, è ai suoi piedi, signora".»

– Greta Garbo era una buona attrice?

«Lo era. Hanno sfruttato quella specie di sentimentalità che aveva nel volto, ma era merito del regista. Sono loro oggi che fanno tutto. Lei prenda una che vende i cioccolatini, al bar qui vicino, e se è una bella ragazza ne fa un'attrice.»

– La Duse l'ha incontrata?

«Sono andata a trovarla all'Hôtel Eden. Lei conosce questo albergo? Viveva lì. Dopo *Fedora* ha voluto vedermi. Lo ha chiesto al mio regista. Quando mi ha visto entrare mi ha detto: "Dio, ma lei è una bambina". Avevo ventitré anni. E mi misi a sedere sulle sue ginocchia. Disse: "Lei è straordinaria. Perché non fa del teatro? Riuscirebbe magnificamente". E io: "Perché ora c'è quest'arte nuova, e penso che mi offra delle possibilità".

«A ventisette anni ho lasciato tutto. Ho salutato, ho detto arrivederci. E sono ancora qua.»

– Oggi tornerebbe a recitare? Nella parte di una madre, ad esempio.

«No, quella no. Il pubblico non mi accetta in quel ruolo. Ecco: una donna in un gran processo. Io trovo che quando c'è un tribunale, il film è già fatto.»

– E lei chi sarebbe: quella che ha ucciso?

«La protagonista, naturalmente. Mamma di parecchi figlioli.»

– Hanno peccato loro o la genitrice?

«Lei, si capisce.»

– Le piacerebbe immaginare questa trama: un uomo che perde la testa per lei?

«Sì, ma non glielo dico.»

– Cosa c'era di bello nel suo tempo?

«Tutto bello. Non sapevamo nulla di quello che succedeva nel mondo. C'era una grande tranquillità. Oggi so quello che fa quello, o quell'altro, e questi massacri, e il terrorismo. Questo rovina la vita.»

– Quante pellicce aveva?

«Anche quindici. Ermellini, cincillà, ma non si porta più. Niente visone, perché è volgare. Zibellino. E gioielli, quanti ne ho voluti.»

– E gli innamorati cosa le mandavano? Dei versi, dei fiori?

«Fiori, fiori, fiori. La casa era sempre piena di fiori. Marconi delle gardenie: sapeva che a me piacciono tanto. Un fascio di gardenie. Ogni mattina, per dei mesi, mesi, mesi.»

– Andava ai balli?

«Sono stata la prima danzatrice di tango.»

– Signora Bertini, quanti uomini ha fatto piangere?

«Io non lo so: hanno pianto per conto loro. Ce ne era uno che quando passava la mia automobile a via Veneto, mi fermava, io lo salutavo, perché era un barone molto conosciuto, Alberto Blanc, e poi scoppiava in singhiozzi.

«Io lo ammonii: "Senta, barone, non faccia più cose del genere, perché chissà che cosa lo chauffeur penserà di noi".

«Voleva separarsi dalla moglie, e sposarmi. Tutti gli uomini con me hanno avuto la malattia del matrimonio. Anche quando ero sulla cinquantina: mi devi sposare, mi devi sposare.»

– Le dispiaceva?

«No, no, perché mi vedevano come una persona spirituale. E poi sapevano che altrimenti non si combinava nulla.»

– Lei è molto sentimentale?

«Certo. Non sensuale.»

– Perché ama comportarsi in modo segreto, nascondersi?

«Perché mi piace che gli altri non sappiano niente.»

– Lei è religiosa, signora?

«Ho uno zio monsignore. Siamo una famiglia perbene.»

– C'è qualcosa che non rifarebbe?

«Non vorrei rinascere. Si sta tanto bene lassù. C'è una luce che non si spegne mai.»

– Cos'è che conta di più nella vita, signora?

«La maternità. Non c'è altro.»

Del passato le sono rimaste sette casse di ritagli di giornali. Niente più ville, cuoche, cameriere, gioielli. Ma lo sguardo ha conservato una antica magia, e il sorriso ha ancora la gioia della lontana giovinezza.

Muore il 13 ottobre 1985. L'età resta ancora un mistero.

C'è un altro napoletano che ottiene i suoi compensi favolosi, ma in America: il tenore Enrico Caruso. Ha cominciato cantando nella chiesa di Sant'Anna, una lira ogni domenica; si esibisce per 607 volte, primato mai raggiunto, al Metropolitan di New York: dai 5000 ai 10.000 dollari per recita. Lo proclamano *The Gold Voice*, la voce d'oro. Toscanini, quando lo sente, decreta: «Se questo giovanotto continua a cantare così farà parlare il mondo». «Sembrava» dice Lauri Volpi «che le corde vocali, anziché nella laringe, fossero situate nel muscolo cardiaco e fossero mosse dal sangue, nel ritmo delle sistole e delle diastole». Come al solito Toscanini non sbaglia.

Il «guaglione» è carico di amuleti, corni di corallo, che devono tener lontano la cattiva sorte. Sposa prima una italiana, che gli dà due figli, e scappa con l'autista, poi un'americana, Dorothy Parker Benjamin, che lo rende felice, e padre di Gloria, una graziosa bambina. Non ha ancora cinquant'anni quando se ne va, all'Albergo Vesuvio, guardando il golfo, quei paesaggi della giovinezza, che gli hanno fatto compagnia. Gli scongiuri non sono serviti. Lascia il prestigio del «più grande di ogni tempo», dieci milioni di dollari (1921), un castello a Signa, una villa a Rifredi, varie proprietà qui e negli Stati Uniti, oggetti d'arte e due ricche collezioni: una di francobolli, il suo passatempo, e una di monete antiche.

IV

QUANTI PECCATI

Gli italiani sono, all'inizio del secolo, poco più di 30 milioni. Stanno comparendo gli ascensori, i termosifoni, la luce elettrica, il telefono. Soltanto le persone istruite comperano il giornale, che costa 5 centesimi. Per sistemare le dispute si fanno duelli: quasi sempre per questioni di letto. O di gioco. Arriva dall'Inghilterra il precursore di James Bond: Sherlock Holmes. Non esistono i fumetti, ma in edicola offrono i fascicoli di Fantomas, di Nick Carter o di Buffalo Bill. Mio nonno lo ha conosciuto: dava spettacoli con i suoi pellirosse e i suoi cow boys, all'Ippodromo Zappoli, in Bologna. Mio nonno andava al café-chantant: gli piaceva, e non aveva torto, Lina Cavalieri. D'Annunzio, uno specialista, la considera: «La massima testimonianza di Venere in terra». Era un tipo estroso: al Louvre si denudò completamente davanti alla statua della Venere di Milo, perché facessero un confronto. Sposò tre volte: un principe russo, un riccone americano, un tenore francese. «Fu» suppone un biografo «probabilmente una frigida, e la sua famosa collana di perle contò più che tutte le dichiarazioni d'amore.»

Sono gli anni del signor Gillette, rasoio di sicurezza. Appaiono le prime dattilografe, l'aspirina, l'espresso. Ogni tanto, qualche cannonata: cominciano la Russia e il Giappone e il 12 gennaio 1905 cade Port Arthur e l'ammiraglio Togo, a Tsushima, annienta la flotta del Baltico dello zar.

Cominciano anche le rivoluzioni: una domenica il monaco Gapon, spia dell'Okrana, guida un corteo di dimostranti al Palazzo d'Inverno e sulla neve di San Pietroburgo restano chiazze di sangue.

C'è, accanto alla zarina, un personaggio pericoloso: i cortigiani lo chiamano «il monaco lubrico», il popolo «il cavalcatore di donne», i sovrani «il messaggio della terra russa e del Signore». Il suo nome è Grigorij Efimovič Rasputin. Dice dell'imperatore: «Gli manca qualcosa nella pancia», e di Alessandra: «È un po' folle». Lo dipingono selvaggio e altezzoso: porta le contesse e le principesse all'Hôtel Astoria; per avere un posto, una raccomandazione, c'è chi gli offre la figlia o la moglie. Assicurano che ha un innegabile potere magnetico e delle eccezionali qualità occulte.

Abita in via Gorochovaja, nella sua stanza c'è un letto coperto di pelli di volpe. Davanti alle icone brucia l'olio delle lampade. Molte belle signore sono orgogliose di andare a trovarlo, di spogliarsi sotto quelle flebili luci. Ha un aspetto fiero: indossa una blusa ricamata di fiordalisi, pantaloni di velluto nero, una cintura di stoffa color lampone. Dimostra una voglia di vivere e una forza straordinaria. Intriga, comanda, concede favori. Nicola si allarma, ma Alessandra lo difende: «Ho una fede illimitata nella sua saggezza e nella sua intuizione, perché gli vengono da Dio». In una lettera, Rasputin le confida: «Ascoltami! Il Signore mi ha illuminato con le sue rivelazioni. So pertanto che morirò presto tra atroci sofferenze».

Ci prende. Gli fanno trangugiare un bicchierino di Madera con una buona dose di cianuro; poi una rivoltellata, ma cade su una pelle d'orso e si rialza ancora; gli sparano addosso un caricatore, lo buttano nelle acque della Neva. Scrive lo storico Jean Marabini: «Il melodramma della sua morte rappresenta l'ouverture della rivoluzione».

D'Annunzio, sempre lui, lancia il vocabolo «velivolo» e battezza «La Rinascente» i grandi magazzini risorti dopo un incendio. Trova che «automobile» deve essere femminile, «perché ha la grazia, la bellezza, la vitalità di una seduttrice». E dài. I bambini conoscono intanto i personaggi che faranno compagnia anche alla mia generazione: Cirillino, Fortunello e la Checca. I «grandi» seguono i drammi settimanali attraverso le tavole che puntualmente Achille Beltrame disegna per *La Domenica del Corriere.* Si corre, dal 1904, il giro d'Italia e c'è già il campionato di calcio. Escono a dispense, illustrate dal Doré, *La Bibbia* e *La Divina Commedia.* Si pronunciano parole straniere: *Sleeping-car, abat-jour, garçonnière, wagon-restaurant, chauffeur, cocotte, viveur.* Ci apriamo verso il mondo: anche con le guide pratiche di Hoepli e con i volumetti da 25 centesimi nei quali Sonzogno raccoglie il meglio dello scibile umano.

È la stagione della «gioia di vivere». Le donne sognano l'amore, gli uomini il piacere. Comanda la borghesia, che non è compatta e si divide in alta, media e piccola; viene additata come simbolo di ristrettezza mentale, perché è chiusa alle novità; e si lascia dominare dai luoghi comuni. La casa del borghese ha dei segni di distinzione che si ripetono: il mobilio pesante e incombente, con profusione di riccioli e di specchi, le poltrone coperte di velluto, le tende di damasco.

Come Giulietta che aveva sempre accanto la nutrice, la signorina di buona famiglia si muove, per andare a teatro o in società, con *le chaperon.* Ricama, suona il piano, va a scuola di ballo. Ha molto rispetto per i genitori che prima la affidano alle istitutrici, poi al collegio, dove resta fino al diciottesimo anno. Quando esce sa già tutto.

È perbene, quindi non fuma e si trucca solo con un velo di cipria; sono le poco di buono che usano l'ombretto e sottolineano le labbra di rosso. Nessuna educazione sessuale: ci mancherebbe altro. Del resto, sostiene uno scrittore di moda, Anatole France, Adamo ed Eva, nel paradiso terrestre, ne sapevano già più di noi. È lodevole se si prepara il corredo con le sue mani. Il brillante è interdetto alle nubili: l'amore si dice con una ametista, un opale, un rubino.

Il matrimonio è quasi sempre combinato. La signora indossa biancheria cifrata, porta la veletta (particolarmente in uso, per ragioni di discrezione, tra le adultere), e gli indumenti intimi, di colori vari, debbono essere di seta e voluttuosi. Sparisce la sottogonna, sostituita dalla sottoveste, il busto con le stecche, il cui scricchiolio eccitava il poeta Olindo Guerrini, e si impone il reggiseno. Le mutande si rimpiccioliscono, le calze sono di filo per il giorno, di seta, e preferibilmente nere, per la sera.

Oggetti indispensabili per una vera dama: la fiala di essenze, librettino e lapis per gli appunti, scatoletta per la cipria, occhialetti dal manico di tartaruga, piccolo cannocchiale, ombrellino, ventaglio.

Anche il giovanotto avrà cura della persona: si pettina con la scriminatura al centro o all'Umberto, o i capelli a spazzola, porta i baffetti lustrati con la pomata; i medici e i professori sfoggiano la barba. Sulla cravatta, spilla; gemelli d'oro o con perle per il teatro, orologio con catena al panciotto.

Si va in villeggiatura, anche per tre mesi, ma si evita il sole. Si fanno gite e merende. La bicicletta avanza:

> Tra bande verdi gialle
> di innumeri ginestre
> la bella strada alpestre
> scendeva nella valle.
> Ecco nel lento oblio
> rapidamente in vista
> apparve una ciclista...

È Guido Gozzano. Del resto, si legge nel volume *Il velocipede*, Zanichelli, Bologna, 1894, anche «Sua Maestà il Re ha dichiarato la sua simpatia per il ciclismo». Per gli snob, c'è il polo, il golf, il tennis e il bridge fa il suo ingresso trionfale. E poi, la caccia alla volpe, con la sontuosa coreografia. C'è una nota del nostro Gabriele sulla *Tribuna* del dicembre 1884, quando si occupava di vicende mondane: «Che formidabile forza d'appetito danno le cacce nei giorni di aria fresca e frizzante! Io avevo una vera fame, ma di quelle fami che non chiedono salse eccitanti e vini stomatici, ma pasti succulenti. Ho preso del lepre, tutto fragrante di timo e di rosmarino brucato durante l'estate. Era un lepre grasso, ben nutrito, perfetto!».

Si frequentano i buoni ristoranti: a Roma, al Concordia, si è serviti con 5 lire e ai tavoli vicini siedono, magari, il maestro Toscanini, l'esploratore Amundsen, Cesare Pascarella o il giovanissimo Trilussa. Poi ci sono i caffè che danno prestigio: come il Pedrocchi di Padova, il Greco a Roma, il Florian a Venezia.

Ma è Parigi la capitale del piacere, il modello e la meta. È una repubblica che ospita le teste coronate di mezzo mondo: il re dei belgi, quello di Spagna, quello d'Inghilterra, e poi i granduchi russi. C'è l'arte e c'è la vita, la perdizione e la severità della scienza. È anche la metropoli che alimenta i casini: uno studioso dell'argomento afferma che da Cuba a

Hong Kong, in ognuno di questi stabilimenti, non manca mai una parigina. E in quelli francesi c'è sempre una negra o una ebrea. Spiegazione: l'impero coloniale e l'«affare Dreyfus». E in quelli italiani, sempre una bolognese o una di Ferrara.

Siamo tra i precursori: già nel Quattrocento, in Sicilia, dove evidentemente la richiesta era più forte, sorge, per la benevola concessione di Alfonso di Aragona, uno di questi «brutali sfogatoi della libidine umana». (La definizione è del socialista Felice Cavallotti.) Il principe dà licenza per aprire «un pubblico lupanare», dove le meretrici si concedono all'ospite. Fin da allora c'è già qualcuno che considera il postribolo «strumento di difesa sociale».

All'istituzione dedica un libro che suscita scandalo e un processo Umberto Notari. Il titolo è: *Quelle signore,* ed è dedicato alle altre, le oneste. La protagonista della vicenda si chiama Marchetta e l'autore precisa che «nel gergo dei postriboli si chiamano così i dischi metallici che le meretrici ricevono dalla conduttrice per ogni cliente con il quale si accompagnano». Anche le amiche della simbolica signorina hanno nomi di battaglia: c'è Cora che è «abbigliata come un vescovo in visita pastorale», c'è Manon «che sembra una dogaressa», Tosca «una valkiria».

«Non v'è città italiana, appena appena rispettabile» informa lo spregiudicato scrittore, che sarà poi assolto dall'accusa di "offesa al pudore" «che non possegga insieme con la prefettura, il corpo dei pompieri e il Monte di Pietà, anche un igienico Istituto di tolleranza, disciplinato dallo Stato come una scuola tecnica professionale.»

Poi, un giorno dovranno chiudere e Indro Montanelli scriverà un accorato *Addio, Wanda!,* e Ennio Flaiano esprimerà il rimpianto con questi versi:

Luana, dov'è Marilù?
Dove sono Fatima e Lia,
Sheherazade e Bijou,
che fu l'amante mia?
L'eco le insegue lassù,
verso Ferrara e Rovigo.
E Strana, dove sei tu?
Vorrei scriverti un rigo.

«Queste dame molto affabili» come le chiama Maupassant, esercitano in varie maniere: chi in casa, e le altre che passeggiano, poi le cortigiane, piccole teatranti, divette del caffè-concerto, ballerine, figuranti. Marcel Proust le battezza *les horizontales*. Frequentano Chez Maxim's, Longchamp, le mostre d'arte, le sfilate di moda. È il momento di Paul Poiret, che sconvolge la gamma dei colori, e impone il lilla, l'ortensia, la malva, il miele. Madame Paquin si fa notare per i modelli sontuosi, Jeanne Lanvin, per i broccati e i lamé.

Sono le reginette del *demi-monde*, e alcune di loro acquistano una notorietà internazionale: è l'anno dell'Esposizione universale. Emerge, anche per la malignità e la libertà dei costumi, Liane de Pougy, ballerina di scarso talento, ma di molte iniziative. Ama tutto quello che è bello: il lusso, i franchi e la natura. Confessa: «Ho cercato l'amore con le strade del vizio. Mi sono venduta».

Sincera ed esplicita, anche nei giudizi: per lei l'esangue e raffinato Proust è «un onesto borghese benestante e satollo», D'Annunzio «uno sgradevole gnomo calvo, dalle palpebre senza ciglia, i denti verdastri, l'alito pesante, i modi da pagliaccio». Chi le piace senza riserve è Mussolini: «Ha conquistato tutti i cuori, anche il mio».

Va molto il lesbismo, una specie di palliativo all'incapacità di amare, e Liane si concede. Scrive un libro sul tema *Idylle saphique*. Sposa però Georges Ghika, un principe romeno, che si invaghisce della sua segretaria e la molla. Si risposano ancora, anche lui ha qualche debolezza, poi Liane aspira alla redenzione, e si rifugia nel Terzo ordine domenicano: diventa, opportunamente, suor Maria Maddalena della Penitenza.

C'è Renée Vivien, «il più bell'addome di Parigi». È di origine americana; è soprannominata «Saffo 900». Si innamora di una compagna di studi, poi di Natalie Clifford Barney, detta «l'Amazzone». È orgogliosa dei suoi gusti; dice a Paul Léautaud: «Non ci siamo che voi e io che amiamo le donne».

C'è la virile Missie de Mornie, tenera amica di una certa Colette, che fa della letteratura al femminile, descrive la sua sensualità, le sue emozioni. C'è Cléo de Mérode «la più affascinante di tutte». Un concorso, Miss Universo 1896, la rivela.

Leopoldo II si serve di lei per dissimulare le «relazioni» che predilige: quelle ancillari. È una borghese virtuosa ed economa: non finisce in povertà. Vince una causa con Simone de Beauvoir che l'aveva accusata di essere stata una giovinetta disinvolta. Chiede un franco per i danni.

C'è Émilienne d'Alençon, «le più apprezzabili tette», e infine l'Otéro, che non è bella, ma quando danza si trasforma. Predilige gli uomini forti e le bevande violente. Guglielmo II, che la vede su un palcoscenico berlinese, ha per lei una passione violenta. Il granduca Nicola di Russia, suo amante ufficiale, la presenta agli amici su un vassoio d'argento, naturalmente nuda. Qualcuno si uccide e si rovina per lei. La «belle Otéro» dà, ma esige: possiede il collier dell'imperatrice Eugenia, quello di Maria Antonietta, due fili di brillanti, un diadema. È protagonista di un duello in *topless*: sfida una rivale al Bois de Boulogne, e la ferisce a un braccio.

Questa faccenda del sesso, della libertà della donna, del rapporto con il maschio, dilaga sull'Europa. Le leghe femministe si schierano con Henrik Ibsen perché la Nora di *Casa di bambola* se ne infischia del rispettabile avvocato Helmer, del suo perbenismo e della sua meschinità, non accetta compromessi e lo pianta con i figli. Le sue eroine sono creature sempre ricattate, ma con nervi di ferro, tanto è che la crudele Hedda Gabler spinge Lövborg alla morte, poi si uccide, e l'Hilda del *Costruttore Solness* induce un poveraccio, già afflitto dalla terza età, che ha stregato, a salire su una torre sapendo che soffre di vertigini, e nessuna sorpresa se quello piomba giù. «Nessuno» dice Ibsen «vuol essere un'isola.»

Non credo che l'epoca vittoriana possa essere considerata un modello di esemplare virtù, e la letteratura e gli archivi confermano questa riserva. Lo storico J. H. Plumb ha descritto assai bene «l'atteggiamento schizofrenico, l'eccessiva *pruderie* che rendeva fortemente eccitante anche la vista di una caviglia di una donna, e il contrasto con le bambine che si prostituivano sulla strada».

Nella Londra della metà del secolo scorso esercitavano 120.000 puttane ed esistevano bordelli nei quali si esibivano ragazzini, altri per amanti delle pratiche masochiste, altri con adolescenti. Il primo ministro di Sua Maestà, con il nobile intento di salvare le sgualdrine, indulgeva a piaceri non definiti e poi si frustava per penitenza.

Più tardi il principe di Galles, in un casino, si faceva ammirare perché riusciva a trastullarsi con sei «signorine» contemporaneamente.

In *The english* di David Frost e Anthony Yay si legge: «Ci sono poche cose che gli inglesi considerano veramente immorali». Spiega David Herbert Lawrence, il creatore di Lady Chatterley: «La mia grande religione è la fede nel sangue, nella carne, che io ritengo più saggi dell'intelletto».

Ma è la Francia la più scatenata, quella che dà il la. La donna è un oggetto, anche se, in una operetta che trionfa, *La vedova allegra,* si canta «Donne, donne, eterni dèi». Nel romanzo di Mirbeau, *Le journal d'une femme de chambre,* c'è il ritratto di una cameriera e dei padroni. È la confidente della signora: porta anche le missive. La accompagna, forse, anche quando si reca al grande emporio che ha molte uscite, perché deve raggiungere la *garçonnière.* Sistema il busto al ritorno o lo nasconde. Ma soddisfa anche le esigenze di Monsieur. Fa da nave scuola al signorino, perché impari a navigare nel mondo femminile. Se rimane incinta la cacciano. Se sta con una malmaritata la consola. Non tutte le Lady Chatterley hanno a disposizione il guardacaccia Mellors. Se casca tra le braccia di un Auguste, va in una Maison Tellier.

Ricordate le avventure di *Casque d'or*? Intanto, non aveva gli occhi e il volto intenso di Simone Signoret, ma una facciotta rotonda e volgarotta. Poi i capelli non erano biondi, ma di un rosso aggressivo. I suoi amanti erano due *apaches* che per lei si scambiarono rivoltellate e la resero molto popolare. Faceva, agli inizi, la bambina in un postribolo: «Mi vestivano» ha raccontato nelle memorie «con gonnelline corte che lasciavano nudi i polpacci e intrecciavano i capelli con nastrini blu e rosa». «Ogni ragazza» assicura Neill Kimball, la maîtresse americana, che nei ben frequentati locali ha passato un bel po' della tumultuosa esistenza «siede sulla sua fortuna e non lo sa.»

I mali del tempo sono l'assenzio e la sifilide. Maupassant, Flaubert e uno dei Goncourt ne furono contagiati. Solo nel 1905 lo zoologo tedesco Fritz Schaudinn isola il bacillo, la spirocheta pallida, e il dottor Wassermann escogita un test del sangue per diagnosticarla. Il tabacco, l'alcol, la morfina, l'etere e poi la cocaina sono merci molto diffuse e richieste. I paradisi artificiali di Baudelaire e di Verlaine.

«La donna» dice Balzac «è un delicato strumento di piacere.» Renoir e Toulouse-Lautrec, che dorme con le puttane di rue des Moulins, dipingono le stesse modelle: le pensionanti. Una dice: «Sono seria, non vado mai al caffè o a un ballo, non esco con un uomo. Il mio bordello, non conosco altro».

Toulouse-Lautrec le descrive non sole; si intuisce la presenza di una compagna: la morte. Quando un'amica gli domanda: «Perché fate le donne così brutte?». «Perché lo sono» risponde. Renoir invece le esalta: le mostra fresche, rosse, rotonde, inondate di luce. Le ballerine di Degas svelano la stanchezza.

Guardate le fotografie di quei nudi, negli albi che le tramandano: sdraiate su scialli indiani, con sullo sfondo armature, tende, vasi, un velo trasparente sul corpo gonfio e tozzo, sulla riva di un laghetto di ninfee, la pelle troppo bianca, tra il fieno maturo, nello studio dell'artista, in pose innaturali, le grandi stufe a legna non bastano a riscaldarle, su falsi triclini in sensuali abbandoni che invece di concupire, rattristano.

L'allegria dovette scatenarsi con le note del *French cancan*: un ballo che diventa un simbolo. Si chiamava «Quadrille naturaliste» e lo eseguivano le operaie e le ricamatrici di Montmartre. La trovata sono le mutandine coi pizzi che per comodità sono aperte nei punti necessari, le giarrettiere e le calze scure, che mettono in rilievo il candore delle cosce. E poi il ritmo. La coppia più famosa è costituita da La Goulue e dal suo compagno, il grande e filiforme Valentin. Sono la inimitabile attrazione del Moulin Rouge.

Valentin Le Désossé è un personaggio lunare e fantastico: lascia lo studio di un notaio per inseguire le note di una musica popolare. La Goulue si chiama in realtà Louise Weber, frequenta i *bistrots* e scola i bicchieri. Prima di diventare una «stella» del *caf conc*, come lo chiamano, ha soggiornato in un istituto di correzione. Ha, anche lei, un debole per le altre fanciulle.

La donna nuda, ma poi non tanto, alla ribalta, la inventano quelli del *Divan Japonais,* c'è una proliferazione di caffè-concerto, e bisogna distinguersi. Non basta un piccolo palcoscenico, la buca per l'orchestra, un fondale, sempre lo stesso, la loggia, e i tavolini sparsi in platea: ci vogliono «numeri» che funzionino e novità.

Il primo richiamo lo ha lanciato il Café Moka: la moglie del padrone, Madame Mathieu, lascia intravedere le sue grazie riposte a richiesta della clientela alla ricerca di brividi. L'erotismo, come è noto, è soprattutto questione di suggestioni. Capita che durante una festa di studenti delle Belle Arti, al Moulin Rouge, alla quale partecipano tutte le modelle, si scateni una gara per le gambe più belle. Una concorrente si spoglia e salta su un tavolo, si prende una denuncia per offesa alla decenza e se la cava con una inezia: condanna a 100 franchi di ammenda.

Il signor Lisbonne, direttore del citato *Divan,* presenta allora *Le coucher d'Ivonne,* pantomima lirica in un atto, durata trenta minuti, che mostra la signorina Blanche Cavelli, mentre si prepara per andare a letto. Conserva mutande e busto: è nato lo strip-tease. Le *Folies-Bergère,* nel 1911, inscenano la prima rivista. Interprete principale mademoiselle Otéro, sei quadri e tante graziose comprimarie.

Questa ossessione dell'attrazione fisica e degli impulsi arriva fino alle pentole e ai giornali. Il gastronomo Savarin insinua che la carpa della Senna può dare un valido aiuto ai maschi in difficoltà: si è reso conto che i dervisci lasciano tranquille le odalische se mangiano carne di montone, e si scatenano invece con il pesce. Sui quotidiani, escono allusivi e invitanti annunci: «Stampe giapponesi, Bella scelta»; «Biancheria femminile. Si prova», e per chi ha certi vizietti: «Miss XXX. Professoressa d'inglese. Severissima».

Flaubert espone il punto di vista del consumatore: «Un uomo ha perso qualcosa se non si è mai svegliato in un letto sconosciuto, di fronte a un volto che non rivedrà mai più, se non ha mai lasciato un casino all'alba, sentendosi come quando ci si getta da un ponte, pervasi da un certo disgusto fisico verso la vita».

Dicono le persone morigerate: «Una donna che legge romanzi non può essere onesta». Anche la letteratura, dunque, è tentatrice. Ecco un piccolo campionario di prose sconvolgenti. Da *Tigre Reale* di Giovanni Verga: «Era tutta vestita di trine e di raso bianco, senza un gioiello. Aveva dei guanti lunghi sin quasi al gomito, ed attraverso la trasparenza del merletto si vedevano gli omeri scarni».

Da *Malombra*, di Antonio Fogazzaro: «Vestita di un ricco e strano abito di raso azzurro cupo, a lungo strascico, da cui saliva sul fianco destro una lunga cometa ricamata in argento. Sul davanti della vita accollata, attillatissima, era inserito un alto e stretto scudo di velluto nero arditamente traforato nel mezzo, in forma di giglio, sulla pelle bianca».

Da *Fantasia* di Matilde Serao: «Lei era molto seducente e provocante nel suo abito lunghissimo di raso bianco, carico di merletti antichi, che la vestiva col busto come un guanto lucido, come una corazza d'acciaio, lampeggiante alla luce, e con la gonna come una nuvola».

Ma la festa sta per finire. Rientrando da Biarritz, Edoardo VII, molto malato, si ferma due giorni a Parigi, prima di rientrare a morire a Buckingham Palace. Va a colazione dalla contessa Greffulhe; è davvero una grande dama, protegge Maeterlinck, sostiene i balletti russi e introduce in Francia le corse dei levrieri. Proust si ispira a lei per raccontare la duchessa di Guermantes. Il vecchio sovrano dice: «Non ho più molto da vivere. Allora mio nipote Willy farà la guerra».

Willy è Guglielmo II, Kaiser di Germania.

V

E VENNE PRIMAVERA

L'infanzia, almeno a dar retta alla letteratura, era quasi sempre infelice. Pel di carota, disperato, tenta addirittura il suicidio; in *Senza famiglia*, Hector Malot costringe il suo piccolo eroe a tante peripezie e all'accattonaggio; *Incompreso* dice già tutto con il titolo. Lasciamo stare le favole, gremite di matrigne cattive e di padri fessi.

Ma ora sulla scena compaiono milioni di autentici orfani o di innocenti vittime. C'è stata la guerra. Molte cose sono accadute anche alle donne; basta scorrere il diario, anno 1917, di Caterina Arrigoni, una ragazza veneta: «Chi ritorna da Conegliano narra episodi tragici avvenuti a causa dell'enorme ressa dei treni: bimbi smarriti, madri impazzite. Una signora friulana giunta a quella stazione, svolge gli scialli che avvolgevano la sua creatura, e non la trovò più».

E poi: «Sono chiamata in farmacia per consegnare d'urgenza materiale di medicazione per due fanciulli gravemente feriti ad Alano dallo scoppio di una bomba».

Sabato, 10 novembre, il nemico invade il Paese: passano salmerie, cannoni, reparti di varia nazionalità. «Improvvisamente, verso le 14, quasi rispondendo a un segnale prestabilito, la truppa, fino allora disciplinata e tranquilla, si allarga, dilaga per il paese e i borghi, e si dà a scassinare i negozi e tutte le case abbandonate, senza riguardi.»

Cominciano i giorni dell'invasione, con tutti gli inconvenienti e gli arbitrî, e le nuove regole: «È proibito il suono delle campane e perfino dell'orologio che i tedeschi hanno fermato appena giunti. Non possono quindi essere invitati i fedeli ad assistere alla Santa Messa, per modo che non ci siamo che noi tre e le persone della Canonica. Eravamo riuniti in coro, Adelia rispondeva, e mentre sentivamo sibilare le granate, pensavamo ai martiri delle catacombe. Continua il saccheggio; con dolorosa sorpresa constatiamo che osa prendervi parte anche qualche borghese. Le automobili vengono caricate di ogni cosa: mobili, cristallerie, perfino gli abiti della sposa e dei fanciulli, perfino la cassa dello scheletro su cui studiava il professor Tita, perfino la vasca da bagno.

«Quasi tutti i giorni dobbiamo interromperci per scendere in corridoio. Recitiamo insieme il rosario, i sette salmi, la novena: come si prega bene, mentre la morte ci minaccia! Se il cannone continua ancora non gli badiamo più e andiamo ad accudire al pranzo. Spesso interrompo la polenta sei o sette volte di seguito.»

Non si rispetta neppure il Santo Natale, e alla data del 25 dicembre, Caterina Arrigoni annota: «Una bellissima giovinetta di B., dopo aver resistito per quattro ore agli assalti galanti di un ufficiale, armata di un coltello da cucina lo ferì al naso e alla guancia: era splendida di indignazione. "Mi mettano in prigione," esclamava "non ho paura, io!"».

I tedeschi sono sempre i più malvagi anche a tavola: «In quattro fanno una scorpacciata di un vitello e di un maiale, mostrando una facoltà digestiva da superare qualsiasi immaginazione, poi i resti li gettano, ma non ne danno un pezzetto, non dico ai bimbi affamati che li circondano, ma nemmeno agli austriaci, nemmeno ai loro compagni».

In mezzo ai bagliori delle granate e degli obici, un fruscio di sottane: «A Vittorio giunsero trecento chellerine, parte come attendenti degli ufficiali, altre saranno impiegate negli uffici, come dattilografe e telefoniste».

C'è anche tra le nostre giovinette chi, per scarso patriottismo o per debolezza, cede: «Purtroppo ci sono delle ragazze, rare, a Dio mercé, che non sanno difendersi dagli omaggi dei graduati, sia per fame, sia con la scusa che hanno paura di peggio. "Ma torneranno gli italiani" dicono le amiche "e vi segnaleremo"».

Però la minaccia, ahimè, non basta: «Ci sono cinque Casinos. L'abitudine dei bagni di sole è già cominciata, e gli ufficiali non si peritano di mostrarsi in costume adamitico. E, peggio, le lor tedesche non bastano a distrarli; e le povere villanelle adolescenti che scendono dal Cadore a cambiare burro e formaggio contro farina, molte volte ottengono lo scambio a prezzo dell'onore...».

Ma finalmente, la vittoria. Caterina Arrigoni vede sfilare gli umiliati prigionieri e issare, dal parroco, un improvvisato tricolore sul campanile. Soddisfatta scrive: «Pare siano state catturate anche molte centinaia di "signorine" germaniche».

Dio c'è e il progresso avanza. La guerra ha cambiato anche la condizione femminile; le donne sono entrate nelle fabbriche e negli arsenali, guidano i tram, fanno le postine, scrivono lettere al fronte, firmando: *La tua madrina*, sferruzzano calzettoni e passamontagna.

Si sentono anche molto sole; dice la vedova del soldato del Kaiser morto al fronte, nel film *La grande illusione* di Renoir: «In questa casa manca il passo di un uomo».

C'è, invece, la felicità crudele degli adolescenti, che possono avere un'avventura con la moglie di un combattente: basta pensare alle pagine e agli struggenti fotogrammi di *Il diavolo in corpo.*

Già la moda rivela i disagi, le preoccupazioni e la necessità di economizzare: le sottane si accorciano di trenta centimetri, la figura diventa svelta e libera, le camicette sono pratiche e più scollate. Come spiega la canzonetta, «Vestita di voile e di chiffon».

Coco Chanel impone uno stile di grande semplicità, suggeritole forse dalla nascita in un piccolo paese dell'Auvergne, e dalla sua educazione in istituti religiosi. Il suo abito da guerra consiste in una lunga sottana dritta alla caviglia, giacca, blusa, scarpe a tacco largo.

Stanno accadendo molti fatti curiosi: il 15 novembre 1914 esce *Il Popolo d'Italia,* quotidiano socialista diretto da Benito Mussolini. Tre anni dopo quell'aggettivo sparisce e il giornale si professa «dei combattenti e dei produttori».

Nel febbraio del 1916, Milano conosce il primo bombardamento aereo della sua storia. La Breda sforna proiettili, aerei, artiglierie, le Officine Romeo motori d'aviazione, la Pirelli è la prima a concedere agli operai le ferie pagate.

Nel luglio, all'Ospedale della Croce Rossa americana, in

via Manzoni, ricoverano un sottotenente di nome Ernest Hemingway. Faceva il conducente di autoambulanze. Conosce una bella ragazza italiana che fa l'infermiera: si chiama Bianca, è torinese, ha diciassette anni e due sorelle. È molto bella, bruna, disinvolta: si innamora e vuole sposarla subito. Vanno a nuotare, e in barca sui laghi, al Cova e a passeggio per i viali del parco. Poi Ernie deve ripartire: e Bianca gli ispira Catherine, la tenera eroina di *Addio alle armi.*

Anche la regina d'Italia, Elena, assiste i malati e il Quirinale è stato trasformato in una clinica. Per la verità, la medicina è la materia che più l'affascina: segue le riviste scientifiche, e in particolare gli studi sull'encefalite letargica. Il suo nome slavo è Yela, ma il re la chiama Hélène; si parlano sempre in francese.

È nata nel Montenegro, da Nicola Petrovič Niegos, e suo fratello si chiama Danilo, come il personaggio chiave della *Vedova allegra*: di quell'allegro principe ha anche le stordite abitudini. Elena ha studiato a Pietroburgo, allo Smolnij, il collegio dove vengono educate le nobili giovanette, perché lo zar le ha fatto da padrino. Diventerà poi il quartier generale di Lenin. Quando si sposa, Nicola II le fa dono di un milione di rubli.

I reali coniugi si amano: tra loro, mai un dissenso, o uno screzio. Ricorda Umberto, che per lei è Beppo, il prediletto: «Si volevano così bene. Si capivano a sguardi, a piccoli gesti. Avevano due scatolette per riporvi i fiori che lei portava a lui, e lui a lei. È un miracolo che lei seppe fare; conservare un amore per tutta la vita».

Diceva Margherita, la suocera: «Mio figlio ha due passioni: sua moglie e le sue monete». Quando vanno in Francia, secondo il cerimoniale, li alloggiano in due stanze diverse, ma un cortigiano avverte: «Sua Maestà non trascura mai di dividere il suo letto con la regina».

Alta 1,80, con tendenza a ingrassare, capelli lunghi e neri come gli occhi, ha pochi interessi per l'eleganza: non si trucca mai, solo un po' di rossetto quando parte per l'Egitto, in esilio, e vuol nascondere il pallore. Porta abiti molto lunghi, di taglio quasi maschile, e fa rimodernare i cappellini.

Suonava l'arpa e il violino, ma smette perché al marito non piace la musica. Dipinge e scrive brutte poesie. Pratica la caccia e la pesca ed è una bravissima fotografa. Esige che le figliole imparino a stare in cucina e a mandare avanti la casa: «Non si sa mai quello che può capitare». Ha davanti l'esempio dei parenti russi, finiti in povertà. Non è mai molto allegra: come se fosse turbata da tristi presentimenti. Passa ore e ore a far solitari; ne conosce quasi duecento.

Vittorio Emanuele ed Elena ogni mattina fanno colazione insieme, ed è lei che versa il caffè. La sera, per cena, mangiano spesso spinaci. Alle 10 vanno sempre a riposare. Hanno soppresso, dopo il 1926, con reciproca soddisfazione, i balli di corte. Elena ha pochissime amicizie. Va a far compere, come una qualunque signora, nei negozi di via del Tritone, per rinnovare la biancheria. Quando, nel 1918, il conflitto finisce, dice a Vittorio: «E adesso mai più guerre».

Ma arriva a Roma Mussolini, che fa la rivoluzione raggiungendo la capitale in vagone letto. Lei lo chiama sempre: «Signor presidente» e non gli dimostra eccessiva simpatia. Una volta che, durante una cerimonia, lanciano il «Saluto al duce», manda a dire attraverso un gentiluomo che «in Italia c'è ancora un sovrano».

Quando Mussolini si ammala, però, lo fa visitare da un famoso medico tedesco. Nel 1943, dopo il 25 luglio, non approva il comportamento del governo, e, in fondo, neppure quello del rispettato coniuge: «Se si doveva arrestarlo,» dice «che almeno si facesse fuori di casa nostra».

Lei non ha mai preso parte attivamente alla vita politica: solo nel 1935, al tempo della campagna d'Africa, ha rivolto, in uno stentato e gutturale italiano, un appello alle «care madri e spose» perché donino l'anello nuziale alla Patria.

Ha scritto, dopo il 1940, una lettera a otto regine, per salvare la pace; ma Mussolini l'ha pregata di non farne nulla. Non voleva che seguissimo Hitler, e scongiurava Vittorio Emanuele: «Non firmare». Si è sempre dedicata alla beneficenza, e la gente la rispettava.

La sera dell'8 settembre 1943, un'automobile varca il portone del ministero della Guerra, in via XX Settembre. Ne scendono il re e imperatore, che indossa la divisa grigio-verde, ed Elena, che porta, come al solito, un tailleur molto abbondante, e ha in testa un curioso cappellino tondo. Vittorio Emanuele III le dà il braccio, salgono le scale, attraversano stanze e saloni. Radio Londra ha trasmesso un breve annuncio: l'Italia ha firmato l'armistizio.

Si rifugiano nell'appartamento riservato al ministro. Vittorio Emanuele critica: mobili che non sono di suo gusto. Siedono in un salotto, vicini. Elena passa un braccio attorno al collo di quel piccolo uomo stanco, dallo sguardo freddo. Restano così, in silenzio, al buio. È l'ultima notte che trascorrono a Roma; lei ci tornerà solo una volta, privatamente, per i funerali di una sorella.

Alle 5 del mattino seguente, partono per Pescara, su una 2800 nera. Si è parlato di aereo, ma lei rifiuta di volare. Umberto vorrebbe restare, ma la madre interviene: «On va te tuer, Beppo; tu n'ira pas». E Beppo non andò.

I malevoli l'avevano chiamata «la pastora», quando era arrivata dal suo piccolo regno sulle montagne, e lei aveva coscienza del suo scarso prestigio: «Ciò che ho portato in dote a mio marito» diceva «non è del denaro, ma una robusta costituzione e una perfetta salute». E poi tenerezza, devozione. Stava alzata ad aspettarlo in qualunque momento arrivasse. Quando le dissero che alla Fiera di Milano, nel 1928, c'era stato un attentato, svenne.

In Egitto, si chiamavano «mamà» e «papà». Lei sospirava: «Potessi avere ancora una volta attorno a me tutti i miei figli, e poi meglio finirla, tanto ormai siamo due poveri vecchi».

Se questo è un ritratto dell'onesta virtù, c'è anche un modello melodrammatico del vizio: la signorina Margaretha Gertruida Zelle, più nota come Mata Hari, che vuol dire «figlia dell'alba», o, se preferite, «occhio del mattino».

Non pare fosse neppure molto bella: bocca troppo larga, naso leggermente pesante, ma alta e formosa e a diciotto anni, informa un biografo, «possedeva a perfezione l'arte di ancheggiare e di ammiccare agli ufficiali che incontrava sulla spiaggia di Scheveningen».

Figlia di un cappellaio olandese, risponde all'inserzione

di un capitano delle Indie, Rudolf MacLeod, che cerca una moglie, perché gli pesa la vita di guarnigione. Sei giorni dopo, il primo incontro, e si fidanzano, dopo un mese sono amanti, dopo due marito e moglie. Hanno due figli, Norman e Louise, detta Monnie, ma lei non pensa che ai divertimenti e alle avventure, e il maturo militare, innamorato, abbozza. La vita a Giava non offre molte risorse. Una bambinaia malese, per vendetta, ammazza il bambino. Margaretha non si dispererà per quel delitto, ma perché scarseggiano i bei ragazzi.

Anche Louise farà una brutta e misteriosa fine: a ventun anni, il giorno prima di partire per le Indie olandesi, dove l'hanno chiamata a insegnare, va a comperare della mussola di seta per farsi un abito da sera; sta bene, ed è ragionevolmente felice. Al mattino, quando vanno a svegliarla, la trovano morta nel letto.

Margaretha e Rudolf divorziano, si rimettono insieme, e lei va a passare i pomeriggi nelle case di appuntamento, e qualche volta si porta dietro anche la piccola Monnie. Poi il capitano scozzese si consola con la governante, anche molto più giovane, e trova la sua pace.

La signora si trasforma allora in danzatrice orientale, una baiadera seminuda che ripete il rito lascivo di Salomè. Ha subito molto successo, riceve compensi favolosi, ma i denari non bastano mai, e arrotonda concedendosi ad ammiratori di passaggio.

Ha innegabilmente molto fascino, anche se Guido Piovene, ripetendo il giudizio di un suo parente, che l'ha conosciuta, la descrive come «una buona donna, che non si dava arie, generosa, simpatica, ma senza testa e chiacchierona».

Fu la prima a lanciare una moda elegante, la Rolls-Royce con autista negro. Pare ballasse anche male, «dimenava i fianchi, semiaccucciata, un po' come una chioccia». Col tempo si involgarisce, danza sempre di meno e si prostituisce sempre di più.

Per far quattrini, si arruola nello spionaggio tedesco, con la sigla H21. Si sposta ovunque, e nell'estate del 1913 si esibisce anche al Trianon di Palermo. Ha tra i suoi ammiratori

Massenet e Puccini, ma ormai è una «stella» in declino: il suo «numero» è preceduto da «Fred Mazo con i suoi cani ammaestrati, i più piccoli del mondo».

Forse ha anche nell'isola un protettore ma «di mezza tacca», osserva Leonardo Sciascia, «uno di quei tanti baroni siciliani che allora sciamavano (e ancora sciamano: più o meno falsi, più o meno squattrinati) tra Parigi e Montecarlo, sollevando nugoli di cambiali che poi venivano a posarsi sui resti dei feudi, sulle ville suburbane e i palazzi cittadini, sui quadri e i mobili e le argenterie».

La arrestano nel gennaio del 1917, nell'albergo dove alloggia. È a letto e sta facendo colazione. Chiede il permesso di prepararsi: ricompare con addosso appena un velo. La pregano di vestirsi. A Saint-Lazare si comporta dignitosamente: non sembra preoccupata. È convinta di farcela ancora una volta. Gli unici che la perseguitano sono i creditori. Il vecchio avvocato che la difende, maître Clunet, si invaghisce della fatale cliente. Ma non può salvarla; i sette giudici sono concordi: fucilazione.

Si fa giustizia all'alba del 15 ottobre. Indossa un vestito chiaro, un cappotto guarnito di pelo, un largo cappello e scarpette a punta. L'accompagna una suora. Beve un grog e dice: «Parto per la grande stagione da cui non si ritorna». Rifiuta la benda. Rullo di tamburi, fuoco.

C'erano contro di lei più apparenze che prove. Aveva ammesso: «Non sono francese. Avevo il diritto di avere degli amanti tedeschi e di far pagar loro i miei favori. Io non chiedo che mi si canonizzi». Avrebbe meritato almeno le circostanze attenuanti: più cortigiana che spia. Forse aveva imbrogliato un po' tutti. Il suo corpo, non reclamato da nessuno, fu consegnato alla facoltà di medicina. Ancora oggi il cranio è elencato tra il materiale di studio.

Si conclude così il romanzo della guerra. Nasce intanto una nuova società più libera e più permissiva. Uomini e donne che hanno condiviso rischi e dolori – si contano 12 o 13 milioni di morti, e 20 di feriti –, si spartiscono ora anche un po' di gioia. Scrive John Dos Passos: «Gli ippocastani erano in fiore. Il mondo era una schifosa fogna di idiozia e di corruzione, ma era primavera. Sapevamo che in tutti i bei palazzi, sotto i lampadari di cristallo e i tendaggi di broccato, statisti e diplomatici misturavano veleno, e i vecchi beoni andavano in decomposizione, in un ammasso di velluti rossi e di cordoni d'oro. Ma eravamo pieni di speranza. Ciò che costoro stavano manipolando era purtroppo manifesto e chiaro. Ma era primavera».

VI

GLI ANNI FOLLI

Il 1° gennaio 1920 è un giovedì. L'anno nuovo comincia, come al solito, con brindisi e balli: oltre ai valzer, alle quadriglie e alle czardas, che a Parigi vengono suonate da orchestrine tzigane, ci si abbandona anche al tango, al fox-trot e al ragtime.

C'è come un senso di paura: si va verso un avvenire sconosciuto, dominato da grandi squilibri. Dice il pittore Léger: «Noi viviamo un'epoca pericolosa e magnifica, nella quale si intrecciano disperatamente la fine di un mondo e la nascita di un altro».

L'elettricità ha vinto il gas. Spariscono quasi del tutto il cavallo, il baciamano, il corsetto, la manica a sbuffo, il turbante con l'*aigrette*, e se ne vanno parecchi sovrani: lo zar di Russia, l'imperatore di Germania e quello dell'Austria-Ungheria. Maria Fëdorovna, madre di Nicola II, sfuggita «all'inferno bolscevico», si è rifugiata da Cristiano X di Danimarca; Luigi di Baviera vive presso la figlia Hildegarde, in un castello svizzero; Guglielmo II abbatte alberi a Doorn, in Olanda; Carlo I ha lasciato Vienna, per un accogliente maniero sul lago di Costanza.

La guerra è durata quattro anni, tre mesi e otto giorni. Ma 20 milioni di uomini, donne e bambini sono uccisi da una epidemia che chiamano la «spagnola». Poi dilaga l'inflazione, un male che, per un secolo, non è stato che un mito. Eccolo, con tutto il suo orrore, «il peggiore del peggiore dei Kaiser». In Germania stampano una banconota da venti miliardi.

Le crocerossine, le madrine vogliono vivere e si scatenano. Sono folli, audaci, si adornano di frange e di piume, fumano con lunghi bocchini, portano i capelli corti, con le virgolette incollate di brillantina sulle guance. Proclamano il loro diritto all'amore: infilano calze di seta, cappellini a *cloche*, gonne che si fermano al ginocchio. Hanno l'aria da maschiette. Si strappano le sopracciglia e si abbandonano al flirt. I mutilati ciechi fanno i massaggiatori. Un medico di origine russa, Serge Voronoff, prospetta la possibilità di ringiovanire l'organismo umano sostituendo le vecchie ghiandole con quelle fresche di animali. Per le strade, giovanotti aitanti e minacciosi cantano: «Giovinezza, giovinezza».

I profumi hanno un gusto forte, orientale, sanno di ambra o di muschio. Vanno molto *Émeraude* di Coty, e il *N. 5* di Chanel. Vicino a Bologna, a Casalecchio di Reno, si confezionano le bottigliette del più andante *Soir de Paris* di Bourjois.

La cocaina, nel gergo degli esperti, è chiamata *la neige*. Una canzonetta, che ho ascoltato da bambino, afferma: «Cocaina tu vali più dell'oro». Un consumatore affida a un libro le sue esperienze: *Le mie prigioni per una presa di cocò*. Le auto degli eleganti hanno nomi suggestivi: «Chiribiri», «Lancia Dilambda», «Isotta Fraschini», «Ispano-Suiza», «Rolls-Royce». In libreria si vendono Dekobra, Pitigrilli, Da Verona, i gialli di Agatha Christie. Più tardi, Anita Loos, Körmendi, Mitchell, Saroyan, Földi. Pitigrilli scandalizza per la sua spregiudicatezza, per l'umorismo, e il gusto del paradosso. Incita a parlare chiaro: «Se volete dire che piove, dite che piove». Dice che non si deve chiedere a uno scrittore di essere sempre intelligente, perché «è come pretendere che l'acrobata, per salire sul tram, faccia il doppio salto mortale». Degli attacchi della critica se ne infischia. Risponde con dei proverbi. Dicono gli arabi: «I cani abbaiano, la carovana passa». E i cinesi: «Nessuno bastona un cane morto». Dedica un suo romanzo a una poetessa, Amalia Guglielminetti, «istrice vellutato»:

> Alla donna che ha fredde le mani
> i grandi occhi cerchiati di blu
> ed i seni voltati all'insù
> come i fiori degli ippocastani.

D'Annunzio è intanto impegnato ad occupare Fiume.

A Parigi, muore «un grande artista» secondo Vlaminck. È un giovane livornese: Amedeo Modigliani, per gli amici «Modì». Ha trentacinque anni e l'aspetto e i riccioli di un adolescente. Dipinge ragazze dai colli infinitamente lunghi, dai volti arcaici e misteriosi, come pervase da un languore infinito. È protagonista di amori violenti e di clamorose risse da ubriachi, che lo portano spesso nei commissariati. Beve senza misura e si droga.

I suoi nudi sono sconvolgenti, come le sue passioni: per Beatrice Hastings, che gli sputa addosso un giudizio impietoso: «Perla e porco», per Lunia Czechowska, e per Jeanne, la moglie, assente come una sonnambula, che si lascia vivere, senza reagire.

Quella Hastings, pallida bionda dell'Africa del Sud, non è un angelo: lo picchia. È stata amante di Shaw, Chesterton, Ezra Pound, e ha quindi un certo debole per gli intellettuali, ma è anche divorziata da un fabbro ex campione di pugilato, e si è concessa al ragazzo Raymond Radiguet, genio precoce. Predica l'amore libero e l'aborto.

I nudi di Modigliani ritraggono fanciulle liete della loro carnalità, della bellezza che le adorna, voluttuose e sensuali, e che si offrono al piacere. Non c'è in loro alcuna volgarità, ma un'ombra di malinconia. Jeannette, l'ultimo incontro, è «la tenerezza, il silenzio e il perdono». «Modì» muore dopo un lungo delirio mormorando: «Cara Italia». Il giorno dopo Jeanne si getta da un quinto piano.

C'è un altro italiano che si fa onore sulle rive della Senna: «Dopo Leonardo, Leonetto» scrive Robert de Montesquiou. È Cappiello, che, con le sue straordinarie caricature e con i suoi manifesti, conquista Parigi. Sotto la sua matita impietosa cade la gente di teatro o della letteratura, da Oscar Wilde a Leoncavallo, da Tristan Bernard a Sarah Bernhardt a Ermete Novelli a Puccini, e le sue *affiches* diventeranno dei classici: dall'ometto coperto di ovatta del Thermogène, che sputa fiamme, al destriero zebrato di Cinzano, sul quale galoppa, brandendo una bottiglia, un personaggio marziale, che va alla conquista dei muri dell'universo.

Adolf Hitler ha trentun anni. È stato un buon combattente: ferito, ha sofferto anche ai polmoni per i gas asfissianti. Si sente umiliato per «la menzogna della disfatta». Dopo aver pellegrinato per gli asili notturni di Vienna, ha trovato un impiego a Monaco: è ufficiale istruttore in un reggimento, con il compito di combattere le idee «pericolose». Ne circolano tante.

Sono a Monaco, una sera in cui pioviggina e le insegne al neon spiccano nel cielo grigio. Un breve suono di fisarmonica esce da una porta illuminata. Salgo su un taxi. «Andiamo alla Sterneckerstrasse» dico all'autista. Qui c'era, una volta, una piccola birreria, qui il signor Adolf Hitler diede appuntamento ad alcuni amici che volevano, come lui, cambiare la faccia della Germania, e anche quella del mondo. Erano in 7 al primo incontro, diventarono 70 milioni. Adesso c'è un negozio di mobili.

«È cominciata qui,» penso «in un'aria che sa di würstel e di crauti, qui è sbocciato il fiore dell'uomo eletto.»

Ci sono, accanto a Hitler, il capitano Ernst Röhm, un omosessuale con la faccia coperta da cicatrici; il giornalista Dietrich Eckardt, erotomane e dedito all'eroina, assai noto a Schwabig, il quartiere degli scapigliati, dove sostiene nelle discussioni la superiorità degli ariani, e il disprezzo per la massa: «La canaglia» afferma «ha bisogno di sentire la paura fino al fondo dei pantaloni»; un ingegnere autodidatta, Gottfried Feder, propagandista di teorie antiborghesi. Johannes Dingfelder, un medico omeopata, che scrive incredibili articoli di economia.

Per la prima volta, il 16 ottobre 1920, il futuro Führer prende la parola in pubblico, ed elettrizza gli ascoltatori. Si sente investito da una missione divina: «*Deutschland erwache,* Germania svegliati».

Benito Mussolini è un po' più vecchio: trentasette. Ha rotto con i socialisti, che ritiene responsabili, con i neutralisti e i clericali, del disastro di Caporetto. Anche lui ha cominciato da niente: quando, nel marzo del 1919, nel Salone, gentilmente concesso, dell'Alleanza degli industriali e commercianti di Milano, in piazza San Sepolcro, fonda i fasci di combattimento, ad ascoltare il suo discorso ci sono appena 145 camerati. Parlano anche Marinetti e Michele Bianchi, ma il capo, confessa più tardi, non ha in testa «alcun piano dottrinale specifico».

Dalle sue parti, in Romagna, lo chiamano «e' matt», il matto, per gli atteggiamenti spavaldi: una volta, in Svizzera, per dare prova della sua fede atea, sfida Dio: «Gli dò cinque minuti per fulminarmi. Se non mi punisce, vuol dire che non esiste».

Ha sposato Rachele Guidi, bionda e umile, figlia di una amante di suo padre, che davanti a lui, «il professore», è in soggezione, e anche nell'intimità gli dà del voi.

Lancia un programma rivoluzionario, che poi si rimangia: nazionalismo integrale, imposta dell'80 per cento sui profitti di guerra, tasse pesanti sul capitale, confisca dei beni della Chiesa, soppressione della Borsa, accesso degli operai alla direzione delle fabbriche.

Trova molti seguaci; c'è l'insoddisfazione dei reduci, e il problema agrario: 60 contadini su 100 coltivano terre d'altri. Avevano promesso ai soldati che, finito il tempo della trincea, ci sarebbe stato lavoro e giustizia per tutti. Poi, c'è il disordine, e la dissennatezza dei sindacati: nel 1919, 1663 scioperi; nel '20, 1881; nel '21, 1045. Si interrompono anche le forniture dell'acqua, del gas e della luce, si bloccano i trasporti.

Nell'agosto, gli operai occupano le fabbriche: due guardie regie vengono accoppate all'Odero di Genova, la bandiera rossa sventola sulle ciminiere. Ma, dopo tre settimane, è la resa: e rimane soltanto la rabbia nei cuori.

L'estrema sinistra è capace di far paura, non di vincere. Il Partito socialista si è diviso; i comunisti andandosene dicono: «Lasciamo il circo Barnum».

Mussolini è alto 1,67, calvo, non usa mai gli occhiali in pubblico: ciò che più colpisce è la mascella volitiva. La sua ferocia è, più che altro, verbale. È un abilissimo giornalista; quando, dal 1912 al '14, ha diretto l'*Avanti!* la tiratura è passata da 28.000 a 94.000 copie.

I suoi squadristi, sui 18 BL, i camion che hanno portato le truppe al fronte, dilagano con gagliardetti, labari, manganelli e olio di ricino e, al momento di marciare, si ritrovano in 50.000 all'Arenaccia di Napoli.

Al governo c'è Facta, un piccolo politicante mediocre, che non sa come affrontare la situazione. «Con un vostro ordine» gli dice il generale Badoglio «mi basteranno alcune raffiche di mitragliatrice perché i fascisti si squaglino come un volo di passeri.» Ma il re, che non ha molta fiducia nella lealtà dell'esercito, si rifiuta di «far sparare su dei patrioti», e convoca Mussolini, perché formi il nuovo ministero.

Il duce raggiunge la capitale in vagone letto, e chiama accanto a sé anche due liberali, due democratici, due popolari, i cattolici, e due capi di Stato Maggiore. E rimanda a casa le camicie nere, che sono entrate a Roma marciando, o a cavallo, qualcuno anche in carrozzella. La sola che non è contenta, e cova anche un non vago presentimento, è la semplice ma intelligente Rachele: «Benito, a me questo non piace. Tu non avevi padroni, e adesso sei il cameriere di tutti gli italiani».

C'è il grammofono, e il divo della canzone è il torinese Gino Franzi «elegante e tenebroso», mentre Anna Fougez, di Taranto, è la regina del *variété*. Nel repertorio di Franzi, grandeggia, per l'interpretazione, e anche per il significato, *Vipera*:

> Quand'ella abbandonavasi
> fremente sul mio seno
> parea schizzasse tutto il suo veleno.

Franzi, detto «il Benvenuto Cellini del ritornello», ha maniere e atteggiamenti mondani: indossa il frac, con mantello nero foderato di raso azzurro, e, gorgheggiando *Come una coppa di champagne*, spacca un autentico calice.

Nello sport dominano il ciclista Costante Girardengo, il pugile Erminio Spalla, per sette anni campione dei massimi europei, e lo schermitore Nedo Nadi, sepolto sulla costa di Portofino, che alle Olimpiadi di Anversa vince cinque medaglie d'oro. Un aviatore, Arturo Ferrarin, vola da Roma a Tokio: in 112 ore, percorre 18.000 chilometri. Le donne giapponesi, entusiaste, gli offrono uno splendente chimono.

Nel 1922 sono al potere tre dittatori: in Turchia Mustafa Kemal, in Italia Mussolini, in Russia Stalin. Si è anche appena processato colui che viene definito «il più prodigioso criminale della storia». Alludo a Henri-Désiré Landru, l'ambiguo personaggio che ha ispirato a Chaplin *Monsieur Verdoux.* In quattro anni ha fatto sparire dieci fidanzate, mentre la polizia, facendo un riepilogo, gli attribuisce un totale di 183 donne, senza tenere conto della legittima consorte, che gli ha dato quattro figlioli.

Per reclutare le sue vittime, ricorre agli annunci economici: «Distinto signore solo cerca...». E trova: le invita a un picnic, e le conquista. Ha un aspetto ascetico, e maniere molto educate. Si confidano, si abbandonano, e lui le deruba, e le fa sparire. È economo: compra per sé il biglietto di andata e ritorno, solo andata per le amiche. Le ricorda con simpatia: la vedova Cuchet, «dolce come la verbena»; l'ingenua Léonie, «una vera bionda»; la bruna signora Colomb, dattilografa, assai ardente.

Barbablù si difende con abilità: odia da sempre poliziotti e divise. Ironizza sul pubblico ministero. Ha studiato con i preti, ed è orgoglioso di come ha saputo tirar su la sua prole. Insiste nel dichiararsi innocente. Va alla ghigliottina con dignità. I guardiani del carcere lo rimpiangono: un signore «gentile, disarmante, socievole».

Negli Stati Uniti si fa largo un oriundo italiano: Al Capone. È il re della malavita di Chicago. C'è un motivo assai in voga: il *Gangster blues.* Dice il ritornello: «Vieni con me in macchina, ti butterò nel fiume».

A New Orleans, in Rampart Street, la strada dei giochi, dell'alcol e dell'amore, è nato il jazz. Durante i cortei funebri, la banda suona un inno che dice: «*Flee as a bird to the mountain* – Vola come un uccello alla collina». Circolano autocarri carichi di musicanti che danno concerti, poi qualcuno va in giro col cappello a riscuotere.

Il jazz comincia nei campi di cotone, di canna da zucchero e di tabacco del Mississippi dove, per la raccolta, occorrono «schiene forti e poca testa». I negri, per accompagnare la fatica del lavoro, battono le mani, le casseruole, e cantano; e i missionari gli insegnano a dar sfogo al sentimento religioso, chiedendo ispirazione ai salmi: «Discendi Mosè nelle contrade d'Egitto».

C'è un bambino, Louis Armstrong, che, per difendersi, tira, con un vecchio arnese, un colpo di rivoltella a un prepotente più grande: ha dodici anni e finisce al riformatorio, anzi, in una casa di correzione per ragazzi di colore. È lì che The Little Louis passa dal clarino alla tromba, diventa il capo dell'orchestra, e, quando lo liberano, va a suonare in un casino, mentre di giorno è in giro con un carretto a vendere carbone. Si esibisce da Miss Lulu White, la più celebre tenutaria, che «impegna la sua finezza a non accogliere che le più belle pensionanti». Lei stessa, informa un opuscoletto che illustra la rispettabile ditta, dotata di ascensore e di riscaldamento centrale, «è un'ospite incomparabile, perché ha passato tutta la vita a studiare la musica e la letteratura».

E, dall'America, sbarca a Parigi «la Venere nera», Joséphine Baker. È il 1925. Venne in Italia più tardi e fu una gran festa. A Bologna il cavalier Gazzoni, quello delle polverine, si fece fotografare accanto a lei. A Roma, per rispetto al papa, non poté recitare. Io la vidi; andavo a portare la cena a un pompiere di servizio, abitavamo nello stesso caseggiato. Raccontavano che alle *Folies-Bergère* ballava nuda, coperta soltanto da un gonnellino di banane che poi, una dietro l'altra, buttava alla platea. Altro che rose. Per quello che ricordo, da noi nessuno mangiò frutta.

L'ho rivista altre volte, mi piaceva; l'ultima qualche anno fa. Cantava ancora *J'ai deux amours*, ma era vestita con abiti scintillanti, che la fasciavano, molte penne colorate sul capo; prima, teneva i capelli corti e incollati, così anche nei momenti più frenetici non si scomponevano. Scorse uno spettatore che la inquadrava con il binocolo e si interruppe: «Signore,» disse con un po' di malinconia «lasci stare: conservi le sue illusioni».

Si portava dietro una storia aspra, ma con leggerezza: l'adolescenza negli *slums* di Saint Louis, una città tanto ricca, dove si commercia tutto, cotone, granaglie, legname. Suo padre era uno spagnolo, un contadino, che tagliò presto la corda, la mamma una lavandaia; lei ballava perché aveva freddo e per far ridere, con quelle smorfie, i fratellini.

Poi il debutto a 25 cents al giorno; a New York dormì anche al Central Park, e gli impresari non volevano saperne di quella scimmietta negra: «Sei brutta, sei troppo magra» le dicevano. Poi dalla 63ª il salto a Broadway, con una compagnia che si chiamava degli «Uccelli neri», e lei era la soubrette, 125 dollari alla settimana, poteva anche bere birra e alloggiare in una pensione. Sbarcò a Le Havre il 22 settembre 1925. Ne aveva diciannove. Non sarebbe mai più tornata indietro.

Fu un siciliano, Giuseppe Abatino, detto Pepito, che la scoprì, ne fece un personaggio. Credo sia stato l'uomo che per Joséphine ha contato di più. Abatino morì nel 1938. Lei confessava: «Ho avuto tante delusioni, ma non ho rancore. Ho amato molto. È cosa che riguarda solo me».

Joséphine Baker figura tra i protagonisti di una grande stagione: portò il charleston e i ritmi del Mississippi e lanciò un mondo e una moda; tra i *boys* che la circondavano quando si presentava in scena, c'era un giovanotto che era stato anche con Mistinguette, un certo Jean Gabin; René Clair stava girando *Sotto i tetti di Parigi*; trionfavano sui boulevards le commedie di Marcel Pagnol e a Hollywood, nei primi film sonori, Maurice Chevalier, in divisa da ufficiale di qualche inesistente staterello balcanico, cantava con una voce un po' alterata: «*Paris, je t'aime*»; nelle librerie comparvero due romanzi che fecero molto parlare: *La condizione umana* di Malraux, *Viaggio al termine della notte* di Céline. I disegnatori satirici sfottevano Herriot, Blum, Caillaux e Laval, e un ometto allucinato e con i baffetti che stava facendo un fracasso d'inferno a Berlino.

Joséphine animava le cronache coi suoi successi, le sue battute e le sue stravaganze. «Sono una donna al mille per cento,» diceva «mi getto tra le braccia del pubblico e lo amo»; e a chi la criticava, scandalizzato per le sue mosse ardite, per quegli ammiccamenti erotici, rispondeva ironica: «Circolano tante paia di natiche talmente sceme e insignificanti che sono appena adatte a sedercisi sopra».

Ma aveva sempre presente la sua condizione e il suo passato; tra gli ammiratori c'erano prìncipi, finanzieri, politici;

Pirandello scrisse un articolo per elogiarla, Cocteau le dedicò nientemeno un'ode; Max Reinhardt, il famoso regista del Deutsches Theater voleva scritturarla, ma lei non dimenticava i giorni poveri, e le umiliazioni della intolleranza. L'emigrato Einstein compilando un modulo ai *docks* di Long Island, alla domanda: «Razza?», rispose: «Umana». A Marcel Sauvage, che la intervistava per compilare una sua biografia, Joséphine confidò: «Bisogna credere in Dio».

Viveva in appartamenti lussuosi, con piscine pompeiane, circondata da pappagalli, un piccolo giaguaro, molte lettere, molti fiori, molti regali, molte pellicce, ma aveva dovuto aspettare tanto un paio di calze di seta; dimenticava un anello prezioso in una scatoletta, non le piacevano i gioielli. Rappresentava la «stella».

Non era felice. «Da piccola» raccontava «adoravo soprattutto i re e le regine. Li sognavo tutte le notti. A volte piangevo perché volevo diventare anch'io una sovrana.»

Le dispiaceva che corressero a vederla come uno strano animale selvatico e faceva tutto seguendo un istinto, ubbidendo soltanto ai suoi desideri: camminava sui calcagni, saltava, faceva ruotare le spalle; con le gambe, con le mani, raccontava quello che sentiva in quel momento. «Ballerò tutta la vita» prometteva. «Mi piacerebbe chiudere cadendo sfinita, al termine di una danza.»

Allevava conigli nel suo camerino, creando qualche inconveniente, conservava una zampa come portafortuna, e guai se qualcuno fischiava in palcoscenico: «È il serpente che lo fa: ed è segno di morte»; era superstiziosa e candida, e coraggiosa. Quando i tedeschi invasero la Francia giurò: «Non canterò fin che ci sarà un nemico». Entrò nel servizio di collegamento e di informazione, rischiò, ebbe prima una medaglia d'argento poi la Legion d'onore e una fotografia di De Gaulle con la dedica.

Quand'era molto giovane, e il futuro le sembrava carico di promesse, aveva detto: «Avrò dei bambini, molte bestie, li amo, voglio vivere in pace in mezzo a loro. Sono stanca di questo artificio, stanca di essere frustata dai riflettori».

I figli se li era cercati: un piccolo ebreo e una piccola araba, un coreano e un congolese, di tutti i colori, di tutte le lingue e li faceva vivere in un castello, crescere e studiare, i guadagni si erano consumati, doveva ancora restare alla ribalta, sotto le luci crudeli e le occhiate indiscrete. «Ciò che mi piace mi ferma» era un suo motto.

I costumi fastosi coprivano i segni del tempo, quando Joséphine si presentava soltanto con una sottile collana di penne blu e rosse attorno alle reni e attorno al collo, le unghie argentate, le labbra vivide, i denti scintillanti nel sorriso che esaltava la giovinezza: «Oh, vorrei non invecchiare mai e marciare al suon di tamburo».

Si ritrova ancora povera come agli inizi, ma con il fascino che ogni stagione, anche l'autunno, porta con sé. Di tutti i motivi, quello che preferiva era *Always.* Dice: «Non solo per un'ora, / non solo per un giorno, / non solo per un anno, / ma per sempre, per sempre».

In questi anni, l'arredamento borghese si basa su armadi di sacrestia, piattaie, madie, seggiole Savonarola, lumi a petrolio, ventagli di piume e pappagalli di coccio. Si impongono, secondo Irene Brin, il «Giovane Architetto» e la «Giovane Arredatrice». Ma è uno svizzero, Le Corbusier, che lancia le idee nuove: «Le sedie sono fatte per sedersi, le finestre per dare luce»; «La casa è una macchina da abitare». Per il vestire, è Coco Chanel che propone il suo messaggio: abiti di jersey, abbigliamento giovane: «Qual è la donna» dice «che non rimpiange i suoi quindici anni perduti?».

La narrativa offre l'*Ulisse* di Joyce, *Babbit* di Sinclair Lewis, *La coscienza di Zeno* di Svevo, *La montagna incantata* di Mann; in palcoscenico si rappresentano *Tamburi nella notte* di Brecht e *L'imperatore Jones* di O'Neill. A Londra, a Bloomsbury, si incontrano Lytton Strachey, Virginia Woolf, Vita Sackville West. André Breton lancia il manifesto surrealista. Tristan Tzara e Hans Arp, del movimento «Dada», sono per la «rivolta totale contro l'arte, la morale e la società». Il pubblico italiano è sconvolto dai drammi di Pirandello; una sera, dopo una prima, per dileggio, gli lanciano dietro dei soldini, come a un mentecatto.

È il momento di Hollywood; Chaplin realizza *La febbre del-*

l'oro; Mary Pickford è «la fidanzata del mondo»; dalla Svezia è arrivata Greta Garbo, «la sfinge nordica»; è appena morto Rodolfo Valentino, detto dai critici cattivi «piumino da cipria». Mi ha raccontato Gloria Swanson: «Il cinema, allora, traboccava di biondi, ed ecco che arriva lui, sinuoso, occhi scuri, bello, aveva un comportamento estremamente elegante ed educato. Io lo conobbi prima del trionfo, noi due andavamo a cavallo nei dintorni di Hollywood. Ricordo che un giorno, per il mio compleanno, ci arrestammo in cima alla collina per guardare la città, che da quella altezza era una piccola macchia. A quell'epoca Rudi non aveva ancora interpretato *I quattro cavalieri dell'Apocalisse*, ma godeva di una certa reputazione. Sapete com'è la gente che ama fare delle chiacchiere: mi piaceva molto Rudolph, che male c'è? Il secondo film lo girò con me, si intitolava *Dietro le rocce*, ed era tratto da un romanzo inglese. Allora era considerato un libro un po' spinto, forse oggi è una storia che viene letta al giardino d'infanzia».

Ma la regina dello schermo è Greta, Greta Garbo. Conobbi Gustaf Molander, il suo primo regista, che fu anche l'inventore di Ingrid Bergman: «L'ho avuta in una particina» raccontava. «Poi diventò la Divina. Io ero suo insegnante al Dramaten. Era pallida, le labbra sottili, appena sottolineate le sopracciglia, paffuta, timida, scontrosa. Aveva fatto la commessa ai grandi magazzini Pub, reparto moda, poi l'indossatrice, poi una apparizione in una commedia dove si mostrava in costume da bagno. Tutto la spaventava. Suo padre era un modesto impiegato della Nettezza Urbana, morto giovane, e lei doveva guadagnare. Si è sempre dimostrata molto attenta al denaro. Appariva intimorita, si isolava, non aveva cultura, ma certo possedeva qualcosa in più delle altre. Il professore di lettere chiese quando era nato Strindberg, e lei rispose: "D'inverno". Fu il mio amico Mauritz Stiller, un ebreo di origine russa, a rivelarla. Fece da Pigmalione a quella slavata ragazza dalla frangetta da paggio, dai tratti irregolari, i fianchi troppo grossi, i grandi piedi piatti; ne intravide il destino. Stiller la mutò, la plasmò, le insegnò anche l'orrore per i fotografi e la diffidenza per i cronisti. Credo sia stato il solo, vero amore di Greta».

Ho rievocato quel tempo e quelle storie con Anita Loos; era ormai una vecchia signora, che aveva cominciato scrivendo didascalie per il leggendario Griffith. Un romanzo, *Gli uomini preferiscono le bionde*, l'aveva resa celebre. Ci cavarono anche un *musical* e due film.

«Allora» rievocava «non mi rendevo conto che stavo vivendo nell'età dell'oro. Adesso lo sappiamo, ma è troppo tardi. Un periodo di enorme spasso, interrotto dal 1929, quando la Borsa crollò. Da quel momento, tutto fu diverso: i modi, l'economia, la morale, e cominciò la triste carnevalata. Ho conosciuto da vicino Francis Scott Fitzgerald, e la moglie, la frenetica Zelda. Posso dire che erano infinitamente noiosi, e si faceva molta fatica a starci insieme, sempre ubriachi, esibizionisti, scatenati. Dovunque fossero c'erano catastrofi e il disastro va avanti fino al termine della loro esistenza: con la morte di Zelda, in una casa per malati di mente, che si incendiò, e il tramonto grigio di Francis, che aveva smesso di bere, ed era diventato ancora più pesante, lo sbronzo che si sente in colpa, e si umilia, e si scusa.

«Aldous Huxley mi confidò un suo colloquio con la Garbo. Lo aveva pregato di scrivere un copione sul Poverello d'Assisi. Non voleva interpretare Chiara, ma addirittura Francesco. Al problema della barba, si sarebbe potuto rimediare col trucco. Greta era un genio: eccentrica, strana come un animale selvaggio. Uno faceva una mossa verso di lei e scappava; se non la guardavi veniva a cercarti. Nessuno poteva paragonarsi a Greta. Le vissi accanto a lungo, ma non potrei dire di averla conosciuta davvero; era una persona estremamente sfuggente.

«No, non c'era più peccato. Più confusione, più infedeltà. Cambiavano marito e moglie ogni due anni. Lavoravano tanto che non rimaneva tempo per le orge; io, veramente, non ne ho mai viste. Forse ci scappava qualche cocktail fuori dalle regole. I divi erano piuttosto belli, direi, appartenevano al genere del maschio ideale per tutte le donne: forti, potenti, autoritari. Oggi l'avvenenza non è più importante, penso a Dustin Hoffman, è mutata anche l'estetica. Erano dei classici americani, molto infantili, intuitivi, semplici e gentili, e dovettero faticare di più per imporsi. Ma negli studi della Metro si vedevano anche Stravinskij, Rubinstein e René Clair, che facevano passare in seconda linea gli aitanti, i magnifici.

«Il sesso era tremendamente romanticizzato. Le relazioni apparivano sempre molto nobili, magari si concludevano con il divorzio, ma ricorrendo alle vie legali. Tutti pensavano che le loro storie fossero eterne. Finivano, ma almeno cominciavano con un certo sentimento. Non c'era un cattivo contegno in pubblico; quello era un periodo in cui tutti erano ipocriti e volevano mostrare una facciata rispettabile e raffinata. Si limitavano a giocare, ecco. Una sera, in casa di George Cukor, Tallulah Bankhead si abbandonò a uno spogliarello, e molte giovanette si esibirono in effusioni. Una dama, molto conosciuta anche per certe sue abitudini, chiese: "Cosa fanno, le lesbiche?" e Tallulah, brusca: "Se non lo sa lei, non lo sa nessuno".

«Capitai a Roma. La mia interprete insegnava anche al duce, e mi disse che lui voleva parlarmi e abbracciarmi, ma non sapeva quando sarei potuta andare a Palazzo Venezia, perché era molto occupato; avrei dovuto trovarmi in albergo verso le cinque, pronta a partire. Così ogni giorno indossavo i vestiti che avevo comperato a Parigi e aspettavo la telefonata, ma dopo un poco mi stancai e decisi che era meglio visitare i musei, andando in giro con un abito di cotone, che avevo acquistato, vede quanto sono piccola, in un negozio per l'infanzia e all'improvviso venne una macchina a prendermi e mi portò là.

«Stava in una stanza lunghissima, e bisognava camminare per arrivare alla sua scrivania, il salone era molto buio, ma c'erano lampade potenti che illuminavano il capo del fascismo: sembrava su un palcoscenico. Mussolini continuava a dire sbigottito all'interprete: "Bambina, ma è una bambina", e devo dire onestamente che lo sembravo davvero, anche per quel grembiule che avevo addosso.

«Fece il trucco al quale ricorrono tutti i grossi personaggi quando vengono intervistati, non mi lasciò dire una battuta, parlò sempre lui, mi raccontò che era un estimatore di Douglas Fairbanks, e io avevo scritto tutti i film di Doug, e continuava a farmi domande senza lasciarmi la possibilità di piazzarne qualcuna delle mie. Finalmente si interruppe e potei chiedergli se sarebbe venuto negli Stati Uniti, ma battendo il pugno rispose: "Sono legato a questo tavolo". Mi regalò una foto con dedica. La conservo. Dice: "Con simpatia".»

I bellissimi di Hollywood incantano le platee, e anche la nostra contessa Dorothy Dentice di Frasso, che ha conosciuto un giovanotto, non ancora famoso, ma che promette, un certo Gary Cooper, non se lo lascia scappare. Lo porta in Italia, gli insegna a vestirsi, lo conduce nei salotti che contano. Trasforma il cow boy in gentleman.

La mondanità si incontra a Capri, a Positano, a Brioni e a Montecarlo; i più raffinati frequentano Palm Beach, il Balaton, il Lido di Venezia, dove al bagno dell'Excelsior si vedono Marion Davies, Serge Lifar, Joséphine Baker o fanno viaggi a Salisburgo, per ascoltare Toscanini. Le valigie vengono coperte di etichette dei Grands Hôtels: si usa. Gli uomini indossano lo smoking a un petto, portano il braccialetto d'oro al polso, il nodo della cravatta va fatto larghissimo, vanno molto i pantaloni alla zuava e il pullover tipo Grande Gatsby.

Ed ecco, nel 1927, il cinema sonoro, con Al Jolson; il film si intitola: *Il cantante di jazz.* Walt Disney impone un invadente Topolino. Dall'Argentina è in arrivo Eduardo Bianco, il re del tango. Dal Danubio, le stangone dei fratelli Schwartz, che, sull'onda delle armonie del *Cavallino bianco,* conquistano aviatori, dentisti e industriali. D'Annunzio spedisce telegrammi, Pirandello soffre, racconta Corrado Alvaro, se Marta Abba si toglie una scarpetta davanti agli amici. Si portano molte pellicce di falso castoro e di falso persiano: il vero visone è il traguardo pressoché irraggiungibile. Due *renards,* possibilmente argentati, fanno molto chic.

A Parigi, in una casa sulla collina, solo con quaranta gatti e quindici cani, vive Paul Léautaud, e scrive il suo diario, che è tutto un inno di odio per le donne, cominciando da sua madre, che lo ha piantato tre giorni dopo la nascita. Ha una relazione con una certa madame Gaysac, battezzata, per le nevrotiche follie, «La Pantera», «sempre molto lasciva nei momenti buoni, molto felice di essere chiamata vecchia puttana e di esserlo».

Annota i loro dialoghi, descrive gli incontri, commenta: «Le ho detto: "Fammi vedere un seno". Lei mi accontenta subito. Poi è lei a chiedermi: "Volete vedere il...? La...? Non avete che a dirlo. Togli" mi ha detto mostrandomi le lenzuola e le coperte. Era nuda nel letto. Un corpo bellissimo, certo, e rimasto giovane, per niente appesantito. È dimagrita un po'. Le linee hanno ritrovato la loro snellezza. Ricoperta di baci».

Confessa Léautaud: «Tutte le storie d'amore si assomigliano. Che riposo, che sollievo, nel ritrovarmi a casa mia, la sera, con le bestie, i miei libri, le mie carte. C'è solamente questo che conta. Avrò passato la vita a rivivermi».

VII

VERSO LA TEMPESTA

Nel 1931 gli italiani si contano: 41 milioni 651.617. Più della metà sono donne. Venti su cento non sanno ancora leggere e scrivere. Roma ha superato il milione di abitanti, Milano resta un po' sotto: 992.000.

Il regime vuole che i cittadini siano felici, e organizza i treni popolari: con pochi soldi si va a Venezia, a Firenze, a Sanremo o a Riccione. I viaggiatori, di solito, si portano dietro la colazione: per questo, con lieve ironia, li chiamano «gli sportivi». Qualche convoglio si spinge anche all'estero: mete del sogno, Vienna e Budapest.

Tutto si fascistizza: anche il mangiare. I pranzi si chiamano «ranci camerateschi». Avremo in seguito le «agapi fraterne». Marinetti, senza successo, tenta di imporre la cucina futurista e di screditare le tagliatelle: nei suoi «aerobanchetti» propone di servire il «boccone dello squadrista», che sono poi cotolette di fesa con fette di mele bagnate nel rum, o il «carneplastico», una modesta scaloppina, con spinaci e carne tritata. Le ricette che le massaie copiano sono invece quelle inventate da Petronilla sulla *Domenica del Corriere.*

Umberto di Savoia ha appena sposato una bellissima principessa belga: Maria José. Si tassano gli scapoli e si incoraggiano le coppie prolifiche. Per i più piccini c'è subito pronta una tessera da Figlio della Lupa. Alla segreteria del Partito, va un ex capitano dei bersaglieri, che ha il culto della disciplina e dell'obbedienza assoluta: si chiama Achille Starace. È l'inventore del «Saluto al duce», un grido costante del cerimoniale politico.

Anche le automobili risentono del clima: nel 1932 dalle officine della Fiat esce la Balilla, tre marce, 85 chilometri all'ora, consumo minimo, prezzo 10.800 lire. Uno stipendio di 1000 lire è l'aspirazione delle masse. Tenere presente che c'è una lista di più di un milione di disoccupati.

Parliamo anche degli innegabili successi: dalle Olimpiadi di Los Angeles ritorniamo con dodici medaglie d'oro, secondi dopo gli Usa, e Luigi Beccali, detto Nini, è primo nei 1500. Nell'agro romano cinque milioni e mezzo di ettari vengono bonificati. «È questa la guerra che noi preferiamo» proclama Mussolini. Sulle ferrovie, che rispettano gli orari, corre la Littorina, una motrice Diesel che supera i 70 chilometri. Carnera è campione del mondo, battendo l'americano Sharkey al sesto round. Si legge in un giornale: «È una meraviglia di congegno muscolare, è tutto snellezza e agilità. È un lottatore della razza degli arcangeli». De Bernardi vola senza scalo da Milano a Mosca; Balbo, con 24 idrovolanti, va a Chicago e ritorna. Gli Sioux lo proclamano «Aquila volante». Il *Rex*, prodigio dei nostri cantieri, conquista il Nastro Azzurro. In 4 giorni, 13 ore e 50 minuti da Gibilterra raggiunge New York. Lo comanda un marinaio di Lerici, Francesco Tarabotto, che per la tensione perde cinque chili.

Anche tra gli avversari delle camicie nere c'è crisi e contrasti: Togliatti, che ha il nome di battaglia di Ercoli, si è rifugiato a Mosca. L'*Avanti!* pubblica un articolo intitolato *Le coglionerie di Ercoli.* A Parigi i comunisti accusano Nenni di essere «un provocatore». Qualcuno è preso, nonostante la firma di un patto di unità d'azione, dallo sconforto: «Compagni, dobbiamo avere il coraggio di dire che non ci proponiamo di abbattere il fascismo. Lo vogliamo migliorare, perché non possiamo fare di più».

Un grande giornalista tedesco, Emil Ludwig, è riuscito a intervistare per tredici sere di seguito, un'ora per ogni incontro, Benito Mussolini. Ecco la sua conclusione: «È un grande uomo, molto più grande di Stalin». Gli pone quattrocento domande, sulle idee, sulla vita, sull'arte e sulla storia. Anche sulle donne: non ne ha molta considerazione. Sono analitiche e non sintetiche, non hanno mai dimostrato talento creativo, sarebbe un errore farle votare. Il maschio, anzi, deve dominarle. «La massa» conclude «ama gli uomini forti. La massa è donna.» Confessa anche la sua solitudine: «Non posso avere amici, non ne ho. Ma non ne sento la mancanza». È conscio della sua opera, ma non nasconde il suo scetticismo: «Ogni rivoluzionario a un certo momento diventa conservatore».

Anche Hitler, che è appena salito al potere, si dimostra un suo estimatore e sostiene che i due movimenti sono uguali. Ma Mussolini lo tiene lontano, almeno in un primo tempo. D'Annunzio gli scrive una lettera e definisce il Führer «il marrano». Anche un altro famoso cronista, John Gunther, è dello stesso parere: «È una bolla misteriosa di ectoplasma», mentre il duce «è una molla d'acciaio» e Stalin «una roccia di freddo granito». Infatti, l'insensibile despota georgiano, a una deputata inglese che gli domanda: «Per quanto tempo continuerete ad ammazzare gente?», risponde tranquillo: «Finché sarà necessario».

Siamo alla vigilia della gloria africana, primi nel calcio, Agello vola sul Garda a 709 all'ora, l'ingegner Fumagalli, su Maserati 1100, corre in strada a 222, il ciclista Learco Guerra è enfaticamente definito «la locomotiva umana». Si balla la carioca, viene distribuita la Befana fascista, si organizzano i ludi giovanili, i littoriali della cultura e, ahimè, la premilitare, che occupa tutti i pomeriggi del sabato.

Due italiani vengono insigniti del Nobel: il vecchio Luigi Pirandello, che nel 1924 ha chiesto la tessera, perché ha scoperto che il fascismo non è forma, ma azione e fatti, e il giovane scienziato Enrico Fermi, trentasette anni, che invece ne ha già piene le tasche.

Si purifica anche la lingua: propongono che la parola «maquillage» venga sostituita da «risalto», «bar» da «qui si beve». Il Paese vibra per la collezione delle figurine che la Perugina include nei suoi prodotti, per le orchestre di Angelini e di Barzizza, che suonano all'Eiar, Ente italiano audizioni radiofoniche, per una bimbetta che guadagna 300.000 dollari all'anno, carica di boccoli e di moine: Shirley Temple. I divi del momento sono Clark Gable e Gary Cooper; quelli nostrani Vittorio De Sica e Nino Besozzi. La stampa pettegola rivela le passioni nascoste delle nostre attrici: Isa Pola, i cavalli, Elsa Merlini il golf, Assia Noris pilota addirittura l'aereo.

L'ideale femminile di questo tempo è rappresentato dalla ragazza che compare in copertina sul settimanale di novelle *Le grandi firme*: l'ha inventata il pittore Gino Boccasile, che finirà per dipingere manifesti di propaganda al servizio della Repubblica di Salò. È una ragazza dalle gambe forti, sottolineate anche dalle calze con la riga; i fianchi come si deve, si capisce che fa ginnastica e che deve essere soda; ha un petto, per intenderci, alla Mangano, che si impone; delle curve che mettono tutto in risalto e, nonostante venga sempre rappresentata in situazioni candide e un po' buffe – mentre rovescia distrattamente un vaso coi pesci rossi, o mentre si arrampica, mettendo in mostra il campionario, nel vano tentativo di raccogliere stelle alpine –, suscita notevoli suggestioni erotiche. Si canta:

> Signorina Grandi Firme,
> signorina Novecento,
> con le gonne sempre al vento,
> tu mi sembri il monumento
> dell'amor.

Una dattilografa milanese, Isa Miranda, che di giorno va a far l'impiegata da un avvocato, e di sera a imparare recitazione al Filodrammatici, è forse la personalità più singolare del nostro cinema. Esordisce all'Arcimboldi in una commedia dal titolo significativo: *Le tre ragazze poco vestite*, ed è il suo primo successo, perché una sera dimentica di mettere le mutandine sotto il tutù, e il pubblico applaude.

Manda qualche fotografia alla Cines e le propongono un provino. La scritturano per il film *Tenebre*. Le assegnano sempre parti drammatiche: una donna da marciapiede, una popolana costretta a emigrare. Quando la ingaggiano per la pellicola che la rivelerà, *La signora di tutti*, la prima cosa che fa il regista Max Ophüls è palparle i fianchi: «Non mi piacciono» le spiega «i bacini larghi delle italiane». Il produttore Rizzoli la trova troppo magra e depressa e le offre quindici giorni di vacanza a Gressoney perché si rinfranchi. Per rendere più sofferta una caduta, il direttore di scena, come lo chiamavano allora, le fa mettere una rosa con le spine nel petto, così l'espressione di dolore diventa più credibile. È la Dietrich nostrana, e va a finire anche a Hollywood, ma nel momento sbagliato.

L'ingenua è invece Maria Denis. L'occasione che conta gliela offre Goffredo Alessandrini: *Seconda B.* C'è una fanciulla che non è sempre angelica, ma si abbandona anche a qualche crudeltà. È un aspetto nuovo, perché, di solito, le affidano personaggi semplici, teneri, affettuosi. L'America ha Deanna Durbin, che canta anche; noi abbondiamo in collegiali. Maria Denis interpreta la sartina di *Addio giovinezza*, e una serva in *Sissignora*, tratto da un popolare romanzo di Flavia Steno, poi *La maestrina*, dalla commedia di Niccodemi: c'è sempre dentro un'Italia minore, ma autentica. «Credo» dice adesso «di avere dato agli spettatori la sensazione di una che faceva parte della loro famiglia. Una come loro, insomma.»

La «vamp» è Doris Duranti, bellezza fatale. Fa, soprattutto, film coloniali: l'africana, la mongola, la cinese; confessa che è negata al ruolo di madre e di brava massaia. Le piace il tipo strano, misterioso, alla Garbo. Rifiuta il candore un po' lezioso di Assia Noris. In *Carmela* è una matta che mostra le tette: sono le prime, e precedono quelle esaltate di Clara Calamai in *La cena delle beffe.* Nel clima dei «telefoni bianchi» si insinua la morbosità.

Ma ormai, l'esotismo lo abbiamo in casa. Per una falsa questione, una storia di pozzi, in una località di confine, Ual Ual, andiamo a conquistare l'Etiopia. Sette mesi, e le truppe agli ordini di Badoglio arrivano ad Addis Abeba. Mussolini aveva avvertito: «Abbiamo dei conti da regolare. Li regoleremo».

L'entusiasmo è generale, e sincero: perfino Guglielmo Marconi, che morirà tra poco, vuol partire volontario, perfino i veterani d'Africa, ricoverati all'Ospizio di Turate (il più giovane ha settant'anni) vogliono andare. Si arruolano i figli del duce, e il genero, Galeazzo Ciano. Sono aviatori della squadriglia «La disperata», bombardano anche villaggi inermi. Il tripudio è totale, si canta:

Faccetta nera, bella abissina
ti porteremo a Roma liberata,
dal sole nostro tu sarai baciata.
Sarai camicia nera pure tu.

Quando la piccola abissina accoglie nel suo «tukul» i valorosi legionari, inventano insieme un nuovo linguaggio del sesso: *niki-niki* sta per fare l'amore e nel senso biblico, *brombillo* è la traduzione in amarico-napoletano di una certa operazione che il Panzini chiamava «pneumatica»; mentre, avvertivano opportuni cartelli, «culo non ge sta».

Carmine Gallone realizza, ovviamente, *Scipione l'Africano*, e, viste le confuse riprese, Mussolini, che è andato a Cinecittà, commenta: «Sta' a vedere che le buscano i romani». Arriva il caffè di Harrar; sfilano, sulla via dell'Impero, i dubat, con i cammelli; Tito Schipa, con una canzone, *Vivere*, inneggia alla possibile felicità; la nuova auto economica è la Topolino, 500 di cilindrata. Sul palcoscenico della rivista trionfa Wanda Osiris con la pelle tinta color ocra, la «comicità innocente» di Macario, quella surreale di Totò e una attrice nuova, Anna Magnani, che, scrive Corrado Alvaro, «ha una capacità di osservazione e una forza che ne fanno un fenomeno unico». Beniamino Gigli è «il cantore del popolo».

La Spagna ha avuto i nostri «volontari», e occupiamo anche l'Albania. Il 1° settembre 1939 la Germania scatta all'attacco e invade la pianura polacca. Per alcuni mesi restiamo neutrali. Poi comincia la malinconica, disperata vicenda delle carte annonarie, per il pane, lo zucchero, le scarpe, il vestito, il ristorante; la prova delle sirene, ogni mattina alle 10; l'oscuramento; il caffè si trova, per i malati, soltanto in farmacia o al mercato nero; vanno molto i surrogati: si beve il Karkadè, e i giardini pubblici diventano «orti di guerra». Un romanzo di Alba De Cèspedes, *Nessuno torna indietro*, diventa il best-seller. La sola manifestazione di satira si trova sul *Bertoldo*, di Mosca, Metz e Guareschi. C'è, per un certo periodo, uno straordinario disegnatore: Saul Steinberg; nelle sue vignette i leoni piangono e tengono margherite tra i denti.

Il 10 giugno del 1940, tocca a noi. Africa, Grecia, Russia: «Svanimmo» scrive Mario Rigoni Stern «in una bufera di neve.» O di sabbia. Si cantano i motivi di *Rosamunda*, o di *Lilì Marleen*, povera innamorata che aspetta, davanti a una caserma, alla luce di un fanale. Il Trio Lescano, tre sorelline olandesi, e Alberto Rabagliati, dominano alla radio: a una certa ora, con tutte le precauzioni, si può ascoltare il tam-tam di Londra. Parla il colonnello Stevens.

Bombardano, e bisogna sfollare. Difficile è riscaldarsi, è un problema mangiare. Le scarpe delle signore hanno la suola di sughero. La bicicletta è preziosa: ricercatissimi i tubolari. Anche le sigarette sono razionate: chi non fuma, può combinare vantaggiosi baratti. Il sapone contiene pochi grassi e può provocare escoriazioni. Al posto del cioccolato imperversa la farina di castagne.

Il 25 luglio 1943, Rachele Mussolini apprende che il fascismo è caduto e che, da dieci anni, il duce la tradisce con una signora di buona famiglia, Claretta Petacci, che il poeta Trilussa, nelle chiacchiere di trattoria, chiama graziosamente Venticelli.

Così ricorda quel giorno: «Quella mattina tornò verso le tre o le quattro, non so i minuti precisi, ma era tardi e albeggiava. L'ho aspettato e gli avevamo preparato una tazza di brodo. Quando aprì lo sportello della macchina, gli dissi: "Bene, come è andata?".

«Lui rispose: "Abbiamo fatto il Gran Consiglio".

«Chiesi: "Li hai fatti arrestare almeno tutti?".

«E lui: "Lo faremo".

«Sapevo che mio marito non ne sarebbe stato capace. E mi raccontò che doveva andare a Villa Savoia in borghese.

«E io gli dissi: "Guarda, ti vogliono in borghese perché forse fanno prima a fare quello che io penso".

«E Benito mi spiegò che era molto importante andarci, perché chi aveva firmato la dichiarazione di guerra non era solamente lui. La responsabilità era sua, ma anche di Sua Maestà il Re. Io lo avvertii: "Ma ci vai? Tu non ritorni indietro".

«Abbiamo parlato un po' e poi, vedendolo così stanco – era già tardi –, ho preferito dire che andasse a letto. Ha bevuto una camomilla e siamo andati a riposare. E alla mattina si è alzato presto, e alle otto era già a Palazzo Venezia.

«La villa, il giorno dopo, era occupata. È venuto un colonnello e trecento soldati con i carri armati, con i cannoni.

«Io ero andata fuori per dar da mangiare ai polli, perché ero rimasta sola, e ho visto che l'ufficiale mi è venuto incontro e mi ha chiesto se era quella l'abitazione del duce. Io gli risposi: "Sì". E cominciò a parlare.

«Mi disse: "Sa, il signor Mussolini, ieri sera la radio ha dato la notizia che era scappato, e che l'hanno preso a Milano con una valigia piena di pellicce e di gioielli".

«"Ah," gli risposi "è stato furbo stavolta".

«E allora lui entrando guardò e commentò: "Ma è una gran bella villa, questa".

«Dissi: "È una casa".

«E poi girò da una parte, e vide che c'era il busto di mio figlio Bruno.

«Lui disse: "Ah, era tanto un buon ragazzo. Abbiamo fatto le elementari a Milano assieme quando stava al Foro Buonaparte".

«Mi chiese: "Lei, voi lo conoscevate?".

«Risposi: "Sì, lo conoscevo, perché era mio figlio".

«Mi venne vicino: "Ma non ce l'hanno detto che eravate qui. Adesso vado giù in portineria ad avvisare il colonnello, perché non lo sa neanche lui".

«E si misero a disposizione mia, e mandarono le guardie alla porta perché non mi facessero niente. Mi trattarono bene.

«E il giorno dopo venne un ragazzo all'ingresso di dietro e mi avvertì che sapeva dov'era mio marito. Io credevo che scherzasse, ma lui mi assicurò: "No, non si trova nella caserma dei carabinieri".

«Due giorni dopo mi mandò una lettera la principessa Mafalda che mi diceva di stare tranquilla perché non era morto.»

Anche gli italiani imparano che il duce non è solo sposo e padre: ha una amante, una ragazza bella e giovane, che si chiama Claretta Petacci. Nel giro dei gerarchi, e nel bel mondo di Roma, se ne parla da tempo: e Ciano ne riferisce a lungo nei suoi diari. Ha una sorella che fa l'attrice, col nome d'arte di Myriam di San Servolo, e Marcello, un fratello medico, ma che si occupa soprattutto di affari. Anche il padre, il professor Francesco Saverio, è dottore ed è archiatra pontificio, e collaboratore del *Messaggero*. È per questo che Mario Missiroli, a quanto dice quel maligno di Montanelli, si affida alle sue cure.

Gli antifascisti del 25 luglio provvedono a devastarle la casa, una villa alla Camilluccia, dove il Fondatore dell'Impero va ogni tanto, ma non, come assicura a un congiunto preoccupato, «per giocare a tennis». La polizia la arresta, coi genitori e con Myriam, e finiscono tutti nel carcere di Novara.

Intanto le chiacchiere, e le cronache scandalistiche, imperversano. Si parla di medagliette con incise massime appassionate: «Ben, io sono te e tu sei me», di intrecci politici, di sporchi affari; Galeazzo afferma che la famiglia della favorita «interviene a destra, protegge a sinistra, minaccia in alto, intriga in basso e mangia in tutti e quattro i punti cardinali».

Osio, il creatore della Banca del Lavoro, avrebbe perso il posto per contrasti con l'invadente Marcello; il ministro Buffarini sarebbe stato forte perché elargiva 200.000 lire al mese a Clara; l'ammiraglio Riccardi doveva la carriera ai premurosi interventi del clan. «La ragazza non è cattiva,» dice il segretario del capo del governo, Sebastiani «ma i parenti sono una banda di sfruttatori.»

In prigione Clara Petacci annota su pezzetti di carta, su ritagli di giornale, su vecchie buste i suoi pensieri, e prega. Sfida i custodi e con Mimi, la sorellina, intona le canzoni fasciste, e fa il passo romano su e giù per la cella.

I ricordi la assalgono, anche se la lingua italiana non sempre la soccorre: la neve «scricchiava», e Ben le ha «infelicitato» la vita, ma le memorie sono tenere, e la devozione totale: «Tu mi davi lo zucchero bagnato di cognac e ridevi come un fanciullo felice, e ancora la guerra era lontana», gli appuntamenti «delle 19, la sera, l'ora dolce dei nostri incontri, e poi alle 22, quella del telefono e dei pensieri brucianti».

Ma Clara non ha dubbi sui suoi sentimenti, e pare perfino che intuisca il futuro; scrive il 29 agosto: «Penso e fotografo quello che accadrà: mi vedo. Qui, contro questo muro abbagliato? Altrove? Non mi farò bendare, questo è certo, e griderò così forte che tutti mi sentiranno: "Per il mio duce, mio solo unico amore!"».

Ho rievocato quelle ore con Myriam, testimone di quelle giornate.

Era ancora una bella signora. Viveva in una casa borghese, a Roma, dalle parti dell'Eur. Il salotto era quello di Clara, e c'era un quadro che è quasi un presagio: una villa, un muro, un cancello, proprio come a Giulino di Mezzegra.

Clara amava dipingere e anche scrivere liriche: aveva un temperamento sentimentale, ma anche un forte carattere. «Tra i fascisti» scrive *l'Unità* in quei terribili giorni «un'amante è quella che ha saputo morire con più decoro.»

Clara Petacci, Claretta, incontra per la prima volta Ben sulla strada che porta al mare di Roma: lui corre sulla sua Alfetta rossa, lei, invasata, lo insegue sulla sua Lancia Astura. È fidanzata con un ufficiale d'aviazione e sta per sposarsi, ma fin da bambina delira per il capo, è una fanciulletta quando tira un sasso a un muratore che, sentendo ragliare un asino, commenta: «Parla il duce».

Il capo del governo frena, e Claretta, emozionata, esordisce: «Duce, è da tanto tempo che aspettavo questo momento». Due giorni dopo una telefonata: «Sono quel signore della via di Ostia; se volete venire da me a Palazzo Venezia, domani sera alle sette c'è il *passi*». Lei ovviamente, corre: e lo sa la mamma, e il moroso, e il padre, il professor Francesco.

Per un paio d'anni il rapporto è platonico: lui la riceve nel salone del «Mappamondo», e le suona anche il violino. Ha anche abbandoni poetici: «Senti la primavera? Io la sento molto in questa città, dove malgrado tutto vivo solo».

Poi lei si separa dal marito e le cose cambiano. Il duce si rivolge alla madre della ragazza, la religiosissima signora Giuseppina, e arditamente chiede: «Mi permette di amare Clara?». Risposta: «Mi conforta l'idea di saperla accanto a un uomo come voi».

Claretta è convinta di averlo conquistato con «la docilità umile e grata», ma il commendator Navarra, l'usciere che introduce le visitatrici, commenta: «Ho saputo che quello che attirava il duce erano soprattutto le tette».

Ha calcolato che, dal 1932 in poi, sono transitate da Palazzo Venezia almeno 400 disponibili camerate, ma Claretta è una che conta: è di eccellente famiglia, suona discretamente il piano, il violino e l'arpa, scrive racconti e, soprattutto, pazientemente lo ammira, e adora «quel corpo perfetto di gladiatore».

Ci sono, tra i due, trent'anni di differenza, ma lei non ci fa caso, e aspetta la telefonata di ogni sera, poco prima della mezzanotte, e le visite improvvise: Pia, la cuoca, prepara allora spuntini leggeri, a base di prosciutto cotto, pomodori ripieni al forno, verdura e frutta. Ben soffre d'ulcera.

Claretta gli scrive lettere infuocate, con dediche travolgenti: «Perché il tuo amore sia sempre fresco e si conservi ad ogni sorger d'alba e ad ogni nascere di stella, perché non sperda nell'aria malsana la fragranza e il profumo soave, perché nella sublime poesia del creato canti sempre il suo inno di vita e di gioia, e perché il mio bellissimo e dolcissimo Ben ami sempre più fortemente, teneramente, devotamente la sua piccola che l'adora».

Ben ha anche qualche altro pensiero, e nel 1942 tenta di rompere, ma lei minaccia il suicidio, e non se ne fa nulla. In casa Petacci, per non favorire il pettegolezzo degli indiscreti, lo chiamano «Papù». Ma la gente sa, e alla amante arrivano centinaia di lettere, richieste di aiuti, suppliche, che cominciano: «Fata benefica», «Vergine dal gran cuore», «Benedetta donna Clara».

Mussolini le ha fatto assegnare, dal ministero dell'Interno, una certa cifra, da destinare alle opere di bene, ma esige una rigorosa amministrazione. Troveranno, infatti, oltre 7000 ricevute.

Benito non si sente colpevole per quella relazione: «Anche Garibaldi, Mazzini, Cavour, Napoleone hanno avuto donne» si giustifica. «Cosa si pretende da me? Nella mia vita ho rinunciato abbastanza.»

Ha molta cura della sua persona: equitazione, scherma, nuoto, sci. Racconta Rachele: «Faceva ogni giorno la doccia e al ritorno dalle cavalcate nel parco si frizionava a lungo con acqua di Colonia».

Per gli appuntamenti, c'è una porta di servizio in via degli Astalli, e un appartamento trasformato in *garçonnière*, dove restano, documenti delle imprese amatorie del capo, forcine, nastri e giarrettiere. Claretta – dicono – dispone di quindici vestaglie, regalatele da Mussolini, va lì, si cambia e aspetta. Talvolta per ore e ore, e per vederlo per qualche minuto. Sulla spalliera del letto c'è una macchia d'unto: il segno della sua testa.

Clara ha una sorella più piccola, Myriam, che vuol fare del cinema. La battezzano subito «Eleonora Duce». Sceglie, come nome d'arte, Myriam di San Servolo, che è il posto dove si trova il manicomio di Venezia. Esordisce con *Le vie del cuore*, regia Mastrocinque. Vorrebbe per partner Fosco Giachetti, ma il burbero attore risponde: «Prima di fare un film con me deve imparare a recitare». Non è proprio granché, ma la critica la tratta benissimo.

C'è anche un fratello, medico, il dottor Marcello, che ha una spiccata attitudine per gli affari. «Fa più male al fascismo lui di quindici battaglie perdute» commenta il capo dell'Ovra, la polizia segreta.

Claretta è di certo disinteressata, e non riceve neppure regali. È innamorata, onesta e neppure sciocca, sente che il ciclone che li sconvolgerà sta arrivando, ma inutilmente: «Glielo ho detto che è circondato da traditori. Ma non c'è niente da fare: è un fesso».

Quando arriva il 25 luglio lo studio del professor Petacci viene devastato e Clara finisce in carcere. Ma non tradisce il suo duce, e si comporta con dignità. Lo segue anche sulle rive del Garda. «Detesto i laghi» confessa Benito. «Sono uno stupido compromesso tra i fiumi e il mare.»

E c'è lo scontro con donna Rachele a Villa Fiordaliso. La Chellina, come la chiamavano in Romagna, è gelosa; ma teme soprattutto che il marito venga ingannato. Vede, anche nell'amante, una che può tradire. Indossa una giacca quadrettata, e ha un impermeabile sul braccio: «l'altra» è in crêpe de Chine azzurro, con guarnizioni di pelliccia.

Una scenataccia: «Che eleganza, veste proprio bene la mantenuta».

Claretta risponde: «Non sono una mantenuta, appartengo a una famiglia benestante».

Interviene il duce, che ordina al tenente delle SS, indifeso testimone: «Se mia moglie insulta la signora Petacci imponetele di tacere».

Niente da fare.

«La mantenuta» segue il suo uomo fino al cancello dove li aspetta un plotone di partigiani. Quando le propongono di scappare in Spagna, e c'è già l'aereo pronto a decollare, rifiuta: «Non mi guarderebbe più in faccia».

Nessun tribunale equanime potrebbe mai condannarla più che a una multa per eventuali «abusi in beneficenza pubblica».

Con Myriam Petacci, rievocammo la storia di Clara, innamorata fedele fino alla morte.

– Come avvenne il primo incontro tra sua sorella e Benito Mussolini?

«Un caso fortuito: stavamo andando a fare una passeggiata, e incontrammo la macchina del duce sulla strada per Ostia. E Claretta disse piena d'entusiasmo: "Mussolini, Mussolini" e lo seguimmo fino a quando lui si fermò. E lei si fece coraggio e, accompagnata dal fidanzato, andò a salutarlo.»

– Come spiega l'innamoramento di Clara?

«Lei lo ha ammirato e amato fin da bambina, era una figura meravigliosa, un uomo stupendo che poteva salvare l'Italia.»

– È vero che gli mandava i suoi versi?

«Sì, ogni anniversario, ogni festa, trovava la scusa per inviargli delle poesie.»

– Che lui conservava?

«Che lui ha conservato.»

– Claretta come parlava di Mussolini? Aveva mai avuto dei momenti di crisi nella sua relazione?

«No, mai. Mai...»

– Si confidava con lei sulla sua storia?

«Sì, qualche volta parlava, diceva, ma non molto. Aveva forse il pudore del suo amore, della sua abnegazione.»

– Quando Mussolini veniva a trovarla alla Camilluccia, come si comportava?

«Ah, io non lo vedevo.»

– Ricorda qualche premura del duce nei confronti di sua sorella?

«Ricordo solo dei meravigliosi regali da parte di lui: una telefonata la mattina, e un sorriso al pomeriggio.»

– I suoi genitori come accolsero quel legame?

«Data l'epoca, forse male. Ma mia sorella era maggiorenne, sposata, separata. Era padrona della sua vita.»

– È vero che Mussolini rivolgendosi a sua madre disse: «Signora, mi permette di amare sua figlia?».

«Sì, è vero.»

– Ogni giorno sua sorella si recava in visita a Palazzo Venezia. Raccontò mai di quegli incontri?

«Ma io credo che le intimità di due persone rimangono nel sacrario dell'amore.»

– E quanto duravano queste visite?

«Dipende. Dipendeva dal tempo di lui, dalle loro decisioni.»

– Intendo dire per quanti anni sua sorella è andata a fargli visita...

«Fino al 25 luglio 1943.»

– Crede che Mussolini parlasse di politica? Le rivelasse i suoi progetti?

«Penso che quando un uomo ama una donna, nei momenti felici, nei momenti tristi, cerca di sfogarsi, di dire le proprie idee, di avere una parola di conforto, credo sia una cosa naturale, umana.»

– È vero che Mussolini le aveva assegnato una somma che lei doveva distribuire ai poveri?

«Mussolini non assegnava somme, non sapeva niente di denaro, e neanche ne passava per le nostre mani. C'era una segreteria apposta, dove erano inviate queste lettere con le richieste di aiuti, di ricoveri in ospedale, di affitti di case.»

– Clara riceveva molte suppliche da bisognosi?

«Sì, fino a due, tremila lettere al giorno, e lei si prodigava perché si facesse qualcosa per loro.»

– Il che vuol dire che molta gente sapeva della sua relazione col duce?

«Purtroppo, sì.»

– C'erano tra Clara e Benito trent'anni di differenza. Contavano?

«No, assolutamente.»

– Clara è rimasta anche incinta.

«Sì. Preferirei non parlarne, perché anche quella è una cosa talmente loro.»

– Ma non sa se Mussolini era contento?

«Ma io penso che per un uomo che ama sia una gioia infinita poter avere un figlio dalla donna, dalla sua donna.»

– Si ha l'impressione, leggendo le lettere, che Clara fosse dominata da un temperamento romantico e generoso, cosa del resto che ha dimostrato fino alla fine.

«Lo dice la sua lettera, l'ultima lettera. Scriveva: "Ninetta, mia piccola cara, non voglio farti troppe raccomandazioni, non ne hai bisogno. Tu sai affrontare la vita, sei forte, audace, decisa, hai in più tutto quanto manca a me e cioè la freddezza delle iniziative e delle decisioni. Non fidarti e non essere ostile. Non esporti inutilmente, fida nella tua buona stella, ma non commettere imprudenze, più la gente sorride, più mente. Sii paziente, equilibrata, prudente. Rifletti sempre prima di agire. Tu per natura parli poco: parla ancora meno. Sarai dopo qualche tempo il centro di attenzione e a te tenteranno di comporre i fogli del nostro ormai voluminoso e drammatico volume nazionale. Se la situazione dovesse all'improvviso divenire insostenibile, senza indugi spostati altrove. Meglio la vita che qualche successo. Data la tua giovinezza, hai tempo. Ricordati che sei robusta, ma anche delicata, quindi non abusare di te, non penare per noi. Farò di tutto per salvare i nostri veci e li salverò. Dio mi proteggerà. Io seguo il mio destino che è il suo. Non lo abbandonerò. Non lo abbandonerò mai qualsiasi cosa avvenga. Non distruggerò con un gesto vile la suprema bellezza della mia offerta e non rinuncerò ad aiutarlo.

«"Qualunque cosa accada fa sì che sia finalmente detta la verità, su di me, su di lui, sul nostro amore sublime. Lunghissimo, divino, oltre il tempo, oltre la vita."»

– Ciano, nei suoi diari, accusa la famiglia Petacci di intrighi e speculazioni, invece sembra che soltanto Marcello, vostro fratello, abbia tratto dei vantaggi dall'amore di Clara.

«Difatti è morto anche lui a Dongo. Però il capro espiatorio della famiglia bisogna sempre trovarlo, e a infangare le persone si fa molto presto.»

– Come è morto suo fratello?

«È stato fucilato con gli altri.»

– Questo lo so. Ma perché si trovava lì?

«Perché ha voluto seguire mia sorella. Perché voleva salvarla, perché non la voleva abbandonare.»

– Quali sono secondo lei gli sbagli di Mussolini?

«La sua grande bontà.»

– Insomma, Clara Petacci, chi era?

«Era una donna, soprattutto una donna e che altro si può dire, me lo dica lei.»

– Signora Petacci, come ricorda il 25 luglio, e dove si trovava?

«Lo ricordo come un grande dramma per la nostra famiglia. Stavo a Roma, perché ero ritornata da Arenzano dove vivevamo con mio marito. C'era stato il bombardamento. Ero molto preoccupata per i miei, e mi trovai nella catastrofe. Eravamo tutti insieme e ci avvisarono di andarcene perché avevano arrestato Mussolini.»

– E che cosa avete fatto allora?

«Lasciammo la casa: ma fummo costretti a tornare. Ci confinarono a Meina, nell'abitazione di mio marito. Poi fummo trasferiti nel carcere di Novara.»

– E come veniste trattati durante la detenzione?

«Be', si può dire in modo iniquo. Con tutte le soperchierie, tutte le cattiverie e forse tutta la malafede della gente che prima aveva detto osanna e poi ha detto crocifiggi.»

– Ma lei stava nella stessa cella con Claretta?

«Io ero con mia madre e con lei; mio padre invece in isolamento, pover'uomo.»

– E come passava le giornate?

«Pregando. Mia sorella volle iniziare una novena alla Madonna di Pompei. Lei credeva molto, credeva in santa Rita, quella degli Impossibili. Al dodicesimo giorno avvenne il miracolo. Mussolini fu liberato e noi anche.»

– Sapeste che Mussolini era stato prelevato sul Gran Sasso dai tedeschi mentre eravate ancora prigioniere?

«Avvenne un fatto strano, ci fu un ammutinamento, e lì per lì pensammo di andarci di mezzo, e poi sentimmo degli ordini tedeschi e capimmo che qualcosa stava succedendo.

«Intervenne il direttore che disse: "Potete andare, finalmente Mussolini è stato liberato", quando prima diceva: "Speriamo che Mussolini muoia e che tutto sia finito, che arrivino gli inglesi". Cose che succedono.»

– Quando Claretta rivide Mussolini?

«Lo rivide quando ritornò in Italia, ossia a Gardone.»

– Chi fu a cercare?

«Fu lui per sapere dove eravamo.»

– Perché volle ritornare con lui?

«Perché lo amava.»

– Com'era la vostra vita?

«Se vogliamo chiamarla vita, non lo so; era una sofferenza, era un'attesa continua, una speranza, che quest'uomo si riprendesse, che qualche prodigio avvenisse, ma ormai le storie incredibili non potevano più accadere. Ero molto giovane, e forse vedevo la realtà più di loro.»

– Sua sorella Claretta come passava le lunghe ore nella villa sul lago?

«Aspettando come sempre la telefonata, una parola che era forse la sua forza per continuare a vivere.»

– Le parlò mai di uno scontro burrascoso che ebbe con Rachele, la moglie di Mussolini?

«Sì, ma non ne vorrei parlare io.»

– Vide mai il duce in quel periodo?

«Due o tre volte.»

– Dove? In che occasione?

«Quando ritornammo da Merano ci trasferimmo a Villa Fiordaliso, e fu una grande emozione, non era più lui, ma un uomo stanco, amareggiato, triste.»

– Clara aveva la sensazione dei rischi che stava correndo?

«Credo di sì, d'altronde lo pensavano tutti. Ma se anche lo sapeva, lo nascondeva dietro a un sorriso per farci coraggio. Però era certa che non l'avrebbe mai abbandonato, qualsiasi cosa potesse accadere.»

– Quando vi rendeste conto che tutto era perduto?

«Forse dal 25 luglio.»

– Crede che Clara abbia avuto il senso del destino che stava per compiersi?

«Sì. Perché una notte si svegliò di soprassalto, e mi disse:

"Lo stavano uccidendo, però io stavo davanti a lui. Lo difendevo e colpivano prima me e dopo cadeva lui". Era come un presentimento.»

– Lei quando ha saputo di piazzale Loreto?

«Purtroppo in Spagna. Una mattina dai giornali. In quel momento seppi che Claretta era morta con lui.»

Arrivano i «liberatori»: portano il boogie-woogie, la gomma da masticare; il Ddt; Rita Hayworth «l'irresistibile rosso-chiomata»; Ava Gardner, «il più bell'animale del mondo»; Lana Turner, «bionda bellezza levigata»; e Ingrid Bergman, volto pulito. Dice il regista Litvak: «Possiede una sorta di magia, una presenza regale». Christian Dior annuncia: «Le idee nascono come i fiori. La guerra ha dato alle donne il gusto dell'uniforme; voglio ridargli quello della femminilità». E allunga le gonne di mezzo metro.

L'Italia ha la faccia tesa e pallida di Anna Magnani in *Roma città aperta*. Commenta Georges Bernanos, per tutti i superstiti: «Ci sono tanti morti nella mia vita, ma più morto di tutti è il ragazzo che io fui».

da
AMORI
[1988]

Questo è il dolore della vita:
che si può essere felici solo in due;
e i nostri cuori rispondono a stelle
che non voglion saperne di noi.

EDGAR LEE MASTERS, *Antologia di Spoon River*

Noi rimarremo insieme, la mano
nella mano, anche nel regno delle
ombre.

THOMAS MANN, *Brindisi a Katia*

È una canzone che ci somiglia
tu che mi amavi
e io che ti amavo.
E vivevamo, noi due, insieme
tu che mi amavi
io che ti amavo.
Ma la vita separa chi si ama
piano piano
senza nessun rumore
e il mare cancella sulla sabbia
i passi degli amanti divisi.

JACQUES PRÉVERT, *Le foglie morte*

I

Quasi una prefazione

GIRO DEL MONDO SULLE VIE DEGLI AMORI

Quando la guerra fu finita, sul muro di una triste baracca che aveva ospitato soldati di ogni Paese vennero trovate delle scritte curiose. Esprimevano gli ideali dei prigionieri.

L'ultimo, il tedesco, conservava, anche nella disgrazia, la sua fede nella «Germania sopra tutti»; l'inglese aveva scarabocchiato il rituale «Dio salvi il re»; il francese, naturalmente, inneggiava alla «Francia eterna»; un ignoto italiano, dando prova forse di scarso patriottismo, ma di una certa spontaneità, si era limitato a scrivere: «Viva l'amore».

Donna e amore sono le parole più usate dal cittadino del nostro Paese: perché se ne parla tanto? «Per noia,» spiegava Ennio Flaiano «l'amore è spesso un miraggio di evasione.»

«È il motore dell'universo» aggiungeva, più tollerante, lo scrittore Luigi Bartolini.

Diceva un illustre e spiritoso fisiologo, il professor Enzo Boeri: «Metà del piacere non sta nell'impresa amorosa, ma nel raccontarla l'indomani stesso agli amici».

È infatti in nome dell'amore che si affrontano incredibili imprese o si escogitano furbeschi espedienti. Invaghitosi di una piacente giovinetta negra, un cameriere bergamasco emigrato a Johannesburg, sfidando leggi, minacce e pregiudizi razziali, si travestì da watusso, si tinse ignobilmente la faccia e tutto il corpo, fu amato e affrontò poi, soddisfatto, sei mesi di carcere e l'inevitabile espulsione.

Per potersi scambiare un bacio i fidanzati poveri inventati da Achille Campanile andavano regolarmente alla partenza dei treni simulando dolorosi distacchi.

E per l'amore si trova anche la forza di affrontare il dramma: c'è stata una moglie che, dopo l'8 settembre, partì da sola verso la Iugoslavia per andare a cercare il marito disperso. Lo trovò senza le gambe, se lo riportò a casa, un po' di strada ogni giorno, caricandoselo sulle spalle, come un grande bambino.

Ho girato il mondo, e ovunque ho trovato storie di passione, e di pena perché, ha scritto Lev Tolstoj, «è nel cuore dell'uomo che risiede il principio e la fine di ogni cosa».

Ricordo il bellissimo racconto di un giovane scrittore polacco, si chiamava Marek Hlasko: *L'ottavo giorno della settimana.* Narrava le buffe e tristissime vicende di due «morosi» che volevano baciarsi, amarsi, ma non trovavano, nella Varsavia appena liberata, una stanza, un bosco, una siepe che li proteggesse, che li potesse difendere dalla invadenza degli altri. «Non mi piacciono le stazioni» ha scritto. «Sanno sempre di separazione.»

Ho in mente la ragazza che conobbi su una pensilina nebbiosa di Cracovia, salutava un mio giovane collega svizzero. Parlava poco, portava una borsetta di plastica nera, lucida, un soprabito molto aderente, di quelli che non usavano più, sulle labbra aveva un'ombra di rossetto.

I polsi erano segnati da due piccole cicatrici; presa dallo sconforto una mattina aveva tentato di andarsene. La trovarono nella camera che divideva con un'amica, in una di quelle umide case dove i muri odorano di lisciva e di patate bollite.

«Ci vedremo» le diceva il mio giovane amico «da qualche parte; questa estate potrai venire a Ginevra.»

La ragazza lo ascoltò in silenzio, pareva distratta o assorta: «Forse, se tornerai. Io non posso uscire, non ho il passaporto perché sono una nemica del popolo».

A Budapest, mi capitò di leggere due pagine di un diario. Le aveva scritte un semplice impiegato di municipio; nell'epoca stalinista di Rákosi venne deportato con la famiglia, la moglie e due ragazzi. Era accusato di avere servito il regime di Horthy, l'ammiraglio reazionario.

Lessi: «Ci hanno condotti in una casa isolata, nella grande pianura. Dai tetti piove. Con il sussidio che riceviamo possiamo acquistare appena il pane. Quando il sole tramonta ci corichiamo, così la fame si sente meno. I bambini non si lamentano, non chiedono mai nulla. Non sappiamo con che cosa accendere il fuoco. Lo sterco di vacca può servire, ma il pastore non vuole che lo raccogliamo all'abbeveratoio se non gli paghiamo cinque fiorini. Così facciamo lunghe passeggiate per raccogliere il letame.

«Oggi ricorre il dodicesimo anniversario del nostro matrimonio. I bambini sono andati per i campi e sono tornati con un mazzetto di fiori per la mamma. Hanno recitato anche una poesia. Io ho scovato nella valigia un tubetto di crema per le mani per metà consumato. È stato il mio dono a Eva. Eva era contenta, mi è sembrata molto bella.»

«La felicità» scriveva Trilussa «è una piccola cosa.»

A Praga andai a far visita a Olga Scheinpfugova: era stata la moglie di uno scrittore, Karel Čapek, e per qualche tempo la compagna di Jan Masaryk, l'ultimo ministro degli Esteri liberale, il suicida di Palazzo Czernin. (Lo gettarono, dice qualcuno; si buttò, dicono altri.)

Karel Čapek aveva immaginato i robot, queste macchine senza sentimenti che lavorano e uccidono, e solo quando due automi, Primis ed Elena, pronunciano parole d'amore, solo allora si vede una speranza di salvezza, perché uomini sono soltanto coloro che amano.

La signora Olga aveva i capelli candidi, era attrice e parlava con tenerezza di un personaggio tenero e gentile, che credeva in qualcosa: «Il suo difetto era l'ingenuità» raccontava. «Per diciassette anni siamo stati amici, lui scriveva, io recitavo: veniva ogni giorno a trovarmi; poi per tre fummo marito e moglie, negli ultimi tempi l'incomprensione ci divise. Le creature sono deboli, vero?

«L'accordo di Monaco lo sconvolse, decadde anche fisicamente. Capì che si avvicinava la fine: lui vedeva giusto e prima degli altri. Anticipava nelle sue pagine il comune destino. Morì che nessuno se ne accorse, dolcemente, il pomeriggio di Natale del 1938.

«Nel primo giorno dell'occupazione il campanello suonò: entrò un ufficiale della Gestapo con la scorta. Non sapevano che non c'era più, erano venuti per arrestarlo. L'ufficiale scivolò sui gradini di legno, rotolò giù.»

La vecchia dama era la testimone di due grandi ardori e di due grandi fallimenti: un cuore che si spezza, un cervello che non vede più chiaro attorno a sé, due persone sconvolte che non possono sopravvivere al destino del mondo.

Sul tavolo della stanza di Jan Masaryk trovarono la Bibbia aperta per la lettura. Il passo segnato diceva: «Ma il frutto dello Spirito è amore, gioia, pace, temperanza».

La rivoluzione non cambia le emozioni, non cancella le usanze.

Anche a Mosca Nataša, Ol'ga, Irina, il giorno delle nozze vogliono vestirsi di bianco. Disse un giorno la signora Furceva, ministro della Cultura: «Le nostre danzatrici devono essere pure come il gelato alla crema sovietico». Però, spiegava il personaggio di un romanzo, «ogni donna ha bisogno di tre uomini nella vita: un amante, un marito e un padre».

Scriveva Casanova che «la Russia è il Paese dove le donne vi offrono immediatamente la bocca».

Dai tempi del cavaliere di Seingalt parecchie cose sono evidentemente cambiate; secondo un osservatore odierno, ciò avviene soltanto la notte di capodanno ma «senza malizia».

Pare che i nazisti, quando occupavano le città dell'Urss, si impegnassero anche a indagare sulla virtù femminile: a Rostov e a Novorossijsk trovarono che l'85 per cento delle nubili erano vergini. È anche vero che c'erano molti giovanotti chiamati al servizio militare.

Si legge nei *Fratelli Karamazov*: «La donna russa, il diavolo solo sa cos'è; io non ci capisco nulla». E chi pretende di sostituirsi a Dostoevskij?

Anche nella vicenda privata di Lenin c'è l'amore per Inessa Armand: era separata dal marito, si incontravano in un caffè. Una francese, ma conosciuta nei dintorni di Mosca, e più attraente di Nadežda Krupskaja che dipingono «noiosa, priva di fascino, intellettualmente mediocre».

«Tu sei una di quelle creature» scriveva Vladimir Il'ič a Inessa «che sprigionano gioia di vivere, che irradiano forza quando si è soli al timone.»

Inessa morì di colera in un villaggio del Caucaso, in un giorno del settembre del 1920. Ai funerali, racconta Aleksandra Kollontaj, «Lenin era irriconoscibile. Barcollava, pareva non reggersi in piedi».

Era un puritano: «Per le signore borghesi» sosteneva «il libero amore si traduce in libertà di adulterio».

Vladimir Vladimirovič Majakovskij, «il cantore dell'Ottobre», a Lenin non piaceva: lo considerava «un buffone», definiva la sua poesia «un tarara bum bum». Stalin lo proclamò invece il più grande poeta dell'èra sovietica.

Quando scriveva a Lili Brik si firmava Cucciolo e la chiamava Gatto. E poi: cara Lili, cara Ličika, cara Lisik, cara Lisiok, cara Liliоček: un'orgia di diminutivi.

La vecchia signora, nel mio ricordo, sfoglia un pacco di lettere, uno scialle le copre le spalle, e nella sua voce non c'è malinconia. Nel samovar d'argento bolle il tè, e noi parliamo di Pietroburgo, dello zar e di Lenin, di una giovane donna di nome Lili Brik e di un giovane poeta, Vladimir Majakovskij.

«Quando vidi per la prima volta Vladimir Vladimirovič» racconta «avevo ventitré anni, e lui ventidue. Era amico di Elsa Triolet, mia sorella. Apparve in un bosco; portava una blusa gialla, una berretta da proletario e un fazzoletto rosso intorno al collo.

«Entrò nella nostra dacia e gridò: "Elsa, vieni a passeggiare" e io andai con loro.

«Vladimir Vladimirovič camminava tra le betulle e leggeva dei versi, e alla fine mi domandò: "Posso dedicarvi questo poema?", e io capii subito che lo amavo. Ma ero sposata con Osip Maksimovič Brik, il suo compagno più devoto.

«Osip Maksimovič lo avevo conosciuto da bambina, al ginnasio. Mi incantavano la sua intelligenza, il suo entusiasmo. Un amore da adolescente. Gli dissi che Majakovskij e io ci volevamo bene, e lui comprese. Tutti e tre decidemmo di non lasciarci mai, di rimanere insieme nel tempo. "Non posso permettermi di essere geloso" diceva Vladimir Vladimirovič.

«Lo so, non è facile accettare questo discorso, ma era un legame molto onesto, e così fu che noi vivemmo la nostra vita spiritualmente uniti, e anche nella stessa casa. Quanti fatti sono accaduti da allora, che ormai sembrano dimenticati: gente, avvenimenti, circostanze. Molti sono scomparsi, e io ho vissuto.»

L'ideologia non ha cambiato le antiche regole dell'amore. Una giornalista francese ha scoperto, infatti, che le giovinette sovietiche non sognano l'eroe della propaganda, il lavoratore d'assalto o il cosmonauta, ma al Principe Azzurro sono richiesti i collaudati e tradizionali requisiti borghesi: deve essere bello, intelligente, generoso e tenero, raffinato.

Non è difficile trovare conferme. Sul palcoscenico del Bolšoj Raisa Stankova rappresentava i tormenti di Giselle. La scena era monotona, cimiteriale. A un tratto la danzatrice si abbandonò a un oleografico gesto romantico: sfogliava una margherita e i petali cadevano con leggerezza. Il pubblico applaudiva.

Si proiettava una breve pellicola: raccontava la storia di un suonatore di oboe, che si innamora di una ragazza sordomuta, e vorrebbe farle capire quanto è bravo e dirle, con la musica, quanto la ama, ma il suo concerto è impossibile. L'incomunicabilità intesa alla russa.

Nel romanzo *Giudicateci, o uomini*, di Aleksandr Andreev, il capobrigata Pëtr Gorndenko fa queste illuminanti considerazioni: «Da noi non si fa altro che parlare, scrivere, calcolare quanta ghisa, o energia elettrica, o petrolio si producono per abitante, e si esaltano i risultati che otterremo fra quindici anni. Ma di quanta felicità dovrebbe toccare a ciascuno, di questo non si discute».

Neppure certi «pregiudizi» della morale occidentale sono stati cancellati in più di settant'anni di esperienza della ricetta comunista. I teorici del marxismo-leninismo predicavano la libertà del rapporto sessuale, dicevano che l'atto amoroso è una vicenda che ignora il dramma, qualcosa di semplice e di dilettevole, facevano un paragone volgare con il bicchiere dell'acqua. Un episodio, dunque, senza emozione, soprattutto, senza rimorsi. Ma scopro ora in una poesia di Evtušenko la smentita: «L'unica gioia prima di morire è ricordare i propri peccati».

La donna russa la vedi anche nelle lettere dei giornali, rivela i suoi problemi, la sua solitudine. C'è pure una alienazione socialista.

Queste righe si leggevano sulla rivista *Junost'*: «Ho l'impressione che qualcosa stia per dividermi da mio marito. Troppo diverse sono le nostre esistenze, troppo raramente possiamo stare assieme, andare a teatro, fare una gita. Tutti sanno che un amore vero può resistere a qualsiasi prova. Ma quale prova? Separazione, malattia, morte? Insomma, casi straordinari, di emergenza? Oppure prove piccole, insignificanti, che si ripetono ogni giorno che Dio ci manda? Forse l'amore può resistere anche a questi ostacoli, ma darà mai gioia?».

Amori esotici, amori senza domani. Saigon, durante la guerra. Sono belle le vietnamite, fiere e gentili, snelle, il portamento da principessa, indossano con eleganza il vestito di seta, e hanno maniere graziose, e i ragazzoni del Texas e dell'Ohio, che siedono al banco del bar, per ore e ore, e guardano quei volti luminosi, e ascoltano quelle parole sommesse, tante parole, si sentono, finalmente, importanti.

«Ehi, tu» dice la giovane donna per incominciare. «Vieni, siediti. Tu sei il numero uno. Sei forte. Dammi la mano, lasciami guardare. Vedo, in questi segni, una storia meravigliosa: la tua. Io mi chiamo Than Van. Sai che cosa vuol dire? "Nube azzurra". E tu? Senti, John, andrà tutto bene. Posso stare un poco con te? Come sei forte, John. Te ne prego, offrimi da bere.»

John ride e ordina scotch con ghiaccio, mentre ronza il ventilatore, e sulla giungla e sui campi cadono le bombe al napalm, e qui c'è tutto, aria fresca e allegra compagnia, e un altro whisky, e un altro ancora, e «Nube azzurra» sorbisce invece tè freddo, o sciroppo di menta, e parla, senza dire nulla, e dall'altoparlante piove una voce un po' stridula, una canzone vietnamita, e «Nube azzurra» traduce: «Ricorda il tuo villaggio e il colore del mandorlo vicino alla tua casa».

Ma John sonnecchia e ascolta senza attenzione l'amica che ripete sempre lo stesso racconto: la fuga dalla campagna, non si poteva più vivere, una volta arrivavano quelli del governo, una volta quelli di Hanoi, e tutti pretendevano, e tutti portavano via, il bufalo o il porco o il sacco di tapioca, e sempre gli aerei, incendi, fragore, morte: ma, dicono i contadini, «Noi siamo come le piante di riso, ci pieghiamo nella direzione dello scirocco», e il vento portava la famiglia di «Nube azzurra» a Saigon, e così la ragazza si guadagna la vita, come si può in questi giorni, senza alterigia e senza disprezzo, con rassegnazione.

Quando era bambina le avevano insegnato che gli sposi devono giurarsi «un amore che dura cent'anni»; ma lei non si aspetta più nulla, i giovani legionari francesi, ricorda, cantavano un motivo che dice: «Non c'è rimasto che il tempo di morire».

Non si sa quanti bambini illegittimi sono nati, quanti sono finiti negli orfanotrofi. Le altre guerre fecero la fortuna di 60.000 geishe giapponesi, di 10.000 coreane e di 13.000 Mädchen tedesche; non so quante vietnamite sono diventate cittadine degli Usa.

Io ho visto la Cina puritana, donne e uomini vestiti nello stesso modo, non c'erano case per gli amanti, non esisteva quasi la vita privata. Adesso il sesso non è più tabù: nel film *Il vecchio pazzo* si raccontano i tormenti di un uomo sposato per una compagna di scuola e sui manifesti i due protagonisti sono ritratti seminudi.

Si riscoprono anche antichi manuali che venivano dati in dono alle giovani coppie: anticipano le teorie moderne sull'erotismo. Son dolori quando quello che poeticamente vien chiamato «stelo di giada» non vuole erigersi. Consiglio: «Prima di unirsi alla donna, l'uomo deve intrattenerla con giochi gentili». Nel *Libro delle odi*, una giovane sposa canta:

> È dolce il mio signore
> ma la vera soavità della vita
> è nella varietà delle pose.

La riservatezza, o il pudore, o i modi composti, fanno parte del costume dei cinesi, i quali non parlano volentieri delle loro faccende personali.

Chiesi a Cha Ling, una grande attrice dell'Opera di Pechino, se esiste un dramma classico, con una scena dove due innamorati avvicinano con una certa intensità le labbra.

Ci pensò un poco: «No, non è nella tradizione. L'intimità con l'amore non viene rappresentata; si lascia immaginare.

Ciò è nella natura e nel costume del nostro popolo. In alcuni copioni è previsto l'abbraccio».

Per tanto tempo la politica e l'impegno rivoluzionario hanno dominato l'esistenza: il piacere sembrava sovversivo, perché deviava dai compiti sociali. Per stabilire chi era un buon partito, che cosa rendeva pregevole un giovanotto, tre erano le qualità assai apprezzate: se era iscritto al Partito, militare, studente; poi si è dato peso agli scienziati e ai tecnici. Le ragazze del Kiangsi chiedevano ai corteggiatori: «Li hai i tre movimenti?», formula magica che sottintendeva l'orologio, la bicicletta e la macchina da cucire. Per le nozze, la coppia aveva diritto a tre giorni di ferie supplementari.

Quando Mao vinse furono chiusi 40.000 bordelli, e le puttane venivano invitate a raccontare la loro storia fatta di umiliazioni, di congiunti cattivi, di miseria, di seduttori torvi, di percosse, di poliziotti corrotti, che ripetevano puntualmente a richiesta. Era una specie di recita che mirava alla rieducazione; adesso non si replica più.

Secondo le testimonianze di allora, i casini si distinguevano per le lanterne rosse sulla porta; ai clienti venivano offerti tè, frutta e suoni di chitarra, e la più raffinata cortesia delle fanciulle. La loro professione non era di ostacolo a onesti matrimoni.

Deng Hsiaoping ha rivelato l'esistenza e il ritorno delle sgualdrine per invitare le giovinette a non frequentare gli stranieri, strumenti di corruzione. Sacche di «immoralità confuciana», così la chiamano, resistono a Canton, dove si possono vedere prostitute all'angolo delle vie, con acconciature arzigogolate e abbigliamenti pittoreschi. Le chiamano «pollastre al bordo della strada», e c'è anche un linguaggio convenzionale. Lui dice: «Motore»; se lei risponde: «Figlio di motore» il contratto è concluso.

Nascere femmina in Cina è sempre stato un guaio: si poteva essere uccisa o venduta. La bambina era considerata una disgrazia di cui bisognava liberarsi presto. Doveva obbedire prima al padre, poi al marito e, se restava vedova, al figlio maggiore. Per un debito la davano in pegno. I ricchi erano poligami, i poveri, se non avevano soldi, restavano scapoli.

La Cina è un Paese virtuoso. Le relazioni prima del matrimonio sono quasi sconosciute. Sempre insieme, sui banchi scolastici, alle riunioni di Partito, nello stabilimento, ma divisi.

C'è poco tempo per conoscersi, e mai nel significato popolare. Non è possibile, del resto, la convivenza extra coniugale, né andare in albergo, e l'automobile, questo comodo rifugio che offre la società consumistica, è un mezzo pressoché sconosciuto.

Del resto, una volta si sposavano senza essersi mai visti. Il fidanzamento veniva combinato. Se lui decedeva, la giovinetta prendeva il lutto, come una moglie, e non doveva rimaritarsi.

Marco Polo raccontò di avere assistito a una strana e poetica cerimonia, allo sposalizio tra due bambini morti. I genitori univano i fantasmi dei piccoli, disegnandone le immagini su fogli di carta, che poi bruciavano, e il fumo che saliva al cielo era il segno dell'accordo.

A Canton, nel parco Yue Xin, c'è un posto che chiamano «il Padiglione dell'Amore». Durante la guerra civile, un giovane operaio comunista e una studentessa che gli faceva da staffetta vengono arrestati. Si erano visti durante gli incontri clandestini, ma senza dirsi niente.

Li portano davanti al vecchio edificio per fucilarli; vi assiste un piccolo gruppo. Il condannato grida: «Vorrei, anche se devo morire, dire alla compagna che mi è accanto qualcosa che non ho mai osato confidarle. Non conosco altro che il suo nome di battaglia, ma sappia che l'amo e desidero che diventi mia moglie».

Poi si rivolge ai presenti: «Vi domando di sposarci in nome del popolo e del movimento di liberazione».

«Sì» urla la gente.

Ero già stato al Mikado, un grande night, qualcosa che assomigliava al Lido parigino: le piccole giapponesi, con le tettine nude, passavano, su una specie di teleferica, davanti al pubblico della galleria.

C'erano a Tokio migliaia di bar e i riverberi del neon ferivano, nella notte, il cielo di perla: con pochi yen si poteva entrare in squallidi locali, dove qualcuno degli spettatori, all'invito, saliva su una specie di palcoscenico rotondo e la ragazza lo spogliava con garbo, gli sistemava gli abiti con cura, poi gli ridestava il sesso con qualche abile carezza, lo proteggeva con un profilattico, saltava sopra il predestinato e a tempo di musica, e in un silenzio rispettoso e teso, gli faceva dono, tra gli applausi della platea e i compiti mugolii del maschietto, di una asettica gioia.

Il beneficato teneva gli occhi chiusi, non so se per concentrazione o per vergogna, mentre l'amante dei cinque minuti sorrideva ebete e soddisfatta.

Mi accompagnarono anche a passare una serata dalle geishe: mi spiegarono che era un breve viaggio nella tradizione, nel passato e nella cultura. Un fatto letterario, anche.

Quando le ragazze entrano nella casa da tè e sono ancora vergini, la padrona, detta anche «mama-san», sceglie alcuni gentiluomini esperti che per una settimana si dedicano all'insegnamento delle raffinatezze amatorie. La geisha si trasforma in una sacerdotessa del piacere, che pensa soprattutto allo spirito del maschio; per il corpo ci sono altre specialiste.

La sensualità per i giapponesi è, giustamente, un fatto privato; e non essendo religiosi non è un peccato, di cui non esiste neppure l'idea, e tanto meno una colpa.

La sala, ricordo, era adorna di paraventi di seta dipinta: montagne e ruscelli, voli di gazze e di colombe, e il pavimento tutto coperto di quelle stuoie che chiamano *tatami.*

Ci togliemmo, come si usa, le scarpe e ci sedemmo per terra, e io sentivo che, con molte probabilità, sarei rimasto anchilosato per sempre. Ma la curiosità e la buona creanza mi impedivano di chiedere una sedia e di respingere il pesce crudo intinto in una salsetta a base di soia.

Entrarono le fanciulle, con le faccine ovali di porcellana, il chimono intonato alla stagione, vi erano ricamati simboli primaverili, fiori di pesco e giaggioli, il trucco assurdo e pesante: il volto, il collo e le spalle erano coperti di una biacca bianca, gessosa, le labbra segnate da un rosso sanguigno, i capelli nerissimi, o le parrucche di un vago rococò, e la più giovane cantava una nenia accompagnandosi con la *shamisen*, la chitarra.

C'era, in quegli inchini, nelle infinite attenzioni, nei gesti misurati, qualcosa di lezioso: tutto ispirava, se vogliamo, armonia, tranne il fatto che ero costretto a stare accosciato.

Non capivo quella liturgia che doveva essere dispensatrice di gioia: tutto pareva sottinteso, ti vedo e non ti vedo, le danze e la musica, le donne mi sembravano tracagnotte e forse sotto quelle splendide sete nascondevano gambette corte e muscolose; una raccontava a un americano estatico che lei non era Madama Butterfly, non stava aspettando nessuno, forse un giorno avrebbe fatto la segretaria in una grande azienda, forse sarebbe tornata da «mama-san», guadagnava bene, andava a letto con chi voleva, investiva in Borsa.

Mi annoiavo: guardavo oltre la finestra il giardinetto illuminato dai fari, con il ponticello, i cespugli, le piante ordinate, l'erba tagliata e i grovigli di rose gialle, un torrentello gorgogliava tra pietre consumate dalla corrente; in poco spazio, i giapponesi inventano un universo.

A un tratto, cominciò a cadere una pioggia calda, spinta dai monsoni: la sentivo battere sul tetto, e fu la sola nota allegra.

Una geisha venne a sedersi vicino a me: aveva l'aria estatica delle figure femminili disegnate da Utamaro, e mi fissava, capiva, credo, la mia malinconia. Fu una fortuna che non potevamo parlarci.

Andai all'isola di Elephanta. È nel golfo di Bombay e sette miglia la dividono dalla città. Per arrivare alle grotte del tempio bisogna salire una lunga scalinata.

La caverna era dominata da un enorme fallo di pietra e dalla figura del dio Shiva, con la moglie Parvati, che rappresentava vari momenti della vita e i misteriosi richiami dell'amore.

Mi venivano in mente le miniature sensuali del *Kamasutra*, questo garbato corso di educazione amatoria concepito una quindicina di secoli fa per la possibile felicità della coppia e che teneva conto, prima di tutto, della natura, e divideva i maschi a seconda della dimensione di quel tale organo, in uomo-lepre, il meno dotato, poi uomo-toro e uomo-cavallo, e le femmine, basandosi invece su larghezza e profondità, in donna-cervo, donna-giumenta e, figuratevi, la donna-elefante.

Trentadue, non una di più o una di meno, sono le posizioni per accrescere il piacere: c'è quella «Appoggiati pure» in cui la signora chiude l'amante tra le cosce; quella «Ora Non Mi Scappi Più» e la signora passa una gamba sopra quella del compagno; «Eretta»: in piedi contro il muro, o uno appoggiato all'altro; e poi la «Sacra Vacca» e la «dama», stavolta disposta, come dire?, a quattro zampe, vien presa da dietro.

Francamente, che cosa vorreste sapere ancora del sesso? Ricordo la battuta di un grande scultore mio amico, Luciano Minguzzi, che a una mostra dell'arte etrusca commentò: «Ci hanno copiato».

Parigi, oh Parigi. Un nome che ha acceso tante fantasie: letterarie e non. In *Eva*, una operetta di Franz Lehár, un ritornello attacca: «La parigina bella ed elegante, / così carina, così affascinante, / col suo sorriso fa innamorar, / col suo profumo fa inebriar».

È in questa metropoli che si inventano le essenze, come mi spiegò il signor Jean-Pierre Guerlain, «destinate ad aumentare il potere di seduzione di una donna. Non devono essere soltanto gradevoli, ma sottolineare la personalità di chi le usa e accrescere il fascino».

Monsieur Jacques, l'antenato, il fondatore, aveva in catalogo un innocente Jardin de Mon Curé, che era una cosa linda e contro tutte le tentazioni, ma poi si accorse che bisognava andare nel raffinato, nell'allusivo e nell'esotico, e fece disegnare le etichette da Gavarni e commissionò le ampolle a Baccarat.

Ci si adegua e i campionari propongono Femme, Vertige, Eau folle, Je reviens, Je tu il.

È da Parigi che partono il taglio corto, le mèches, la permanente, il pizzo trasparente, le piume nei cappelli, e Coco Chanel fa sfilare il primo completo di jersey, e le demoiselles hanno in testa il berretto alla Bonnie e Clyde, e nel 1947 Dior allunga le sottane.

Parigina: vuol dire, nell'immaginazione della gente, gli abiti, la grazia, la spregiudicatezza, la felicità di vivere.

Parigi è la capitale del piacere, il modello e la meta. C'è l'arte e c'è la vita, la perdizione e la severità della scienza. È una città che si identifica anche con l'immagine femminile: pensate alle opulente dame di Renoir, la «belle Otéro» piaceva per il profilo a S, o alle perverse lanciate da Coco e da Victor Margueritte, nel primo dopoguerra, mascolinizzate, capelli «à la garçonne», lunghi bocchini d'avorio per sottolineare lo spirito maliardo, o lo sguardo di Michèle Morgan: «Tu as des beaux yeux, tu sais» le diceva Gabin, o il tutto di Brigitte Bardot.

Per me il simbolo di Parigi era una negra: Joséphine Baker. Arrivò dall'America nel 1925. Più tardi venne in Italia, e fu una gran festa.

Manouche a Joséphine Baker dava del tu. Ma anche a Yves Montand; e anche a Marcel Achard e a Mendès-France, che le avevano fatto la corte. Prima di diventare la «legittima», o quasi, del re dei traffici di Marsiglia, aveva rallegrato un lord inglese, un celebre professore, il pittore Fujita, e un tale Charlot, lo sventrato, e bevuto champagne con Stavisky, «il più grande truffatore del secolo», con Cocteau, e con Sacha Guitry. Possedeva, ai bei tempi, undici pellicce di visone azzurro e bianco, e non so quante paia di scarpe di coccodrillo.

Da Lipp, ho chiacchierato con Manouche. È cancellato il ritratto che le fece Van Dongen: «occhi celesti, piccolo naso all'insù, guance tonde, bocca esperta a tutti i baci, lunghi capelli castano chiaro, il seno provocante». Non ha quattrini. «Un tempo» dice Peyrefitte «collezionava amanti, ora colleziona sbornie.»

È sfatta, gonfia, non si intravede la grazia che fu; solo la battuta è sempre viva, ironica e sferzante.

– Che ricordo ha del primo uomo della sua vita?

«È talmente lontano che non l'ho neppure presente.»

– Raccontano che ce ne sono stati molti altri: artisti, industriali, banchieri, malviventi. Qual è quello che ha contato di più?

«Il gangster, il padre di mio figlio.»

– Cosa voleva dire essere la compagna di un bandito?

«Non era male, perché in quei momenti tutti mi temevano, mentre adesso, quando sono sola, ci sono certi individui che si permettono delle cose che non dovrebbero fare.»

– Che cosa conta? L'amore, la gratitudine, l'amicizia?

«Credo che l'amore sia la cosa più seria. L'amicizia è talmente rara.»

– Lei ha avuto tutto nella sua vita. Cosa le è rimasto?

«Dei ricordi, ed è già abbastanza, una salute buona, la voglia di scherzare, che è fondamentale.»

– Cosa rimpiange?

«Niente, ho vissuto bene, se dovessi nascere un'altra volta farei le stesse cose.»

– Ma se potesse ricominciare, quali rifarebbe e quali lascerebbe perdere?

«Farei ancora di più la ruffiana.»

– Che consigli darebbe a una ragazza che incomincia a vivere?

«Di far bene l'amore: è essenziale.»

– Cos'è la cosa più importante per una donna?

«Essere carina, soprattutto quando si è giovani, e più tardi sapere invecchiare con spirito.»

– E per un uomo?

«Per un uomo è avere un bell'arnese da dare alle signore.»

– Se lei dovesse dare una definizione della vita?

«È molto complicato, perché non si sa da dove veniamo e dove andiamo. Bisogna approfittare del meglio di tutti i giorni.»

«Il sesso» ha detto Malcolm Muggeridge, che fu direttore del satirico *Punch* «in America è un'ossessione.»

Lo illustrano e lo esaltano, nelle sale cinematografiche, dove viene idealizzata e diffusa la tipica bellezza del giorno, sia Jean Harlow o Marilyn Monroe; e quando non è opportuno, per gli scarsi meriti del soggetto, o per le mutabili preferenze del momento, puntare dollari e pubblicità sul personaggio, sul tutto, si passa a reclamizzare il particolare. Così la signorina Jane Russell fu battezzata il Seno; Mary MacDonald affidò la sua reputazione al Corpo; e Angie Dickinson fu nota alle platee come le Gambe.

Perfino nei fumetti destinati agli adolescenti si insinua qualche figuretta di fanciulla rapinosa, e anche le compagne di Mandrake e di Flash Gordon, le rivali o le amiche degli eroi dell'avventura, devono avere un ragguardevole torace e un insinuante incedere.

E a proposito di torace, una considerazione balza evidente anche all'osservatore occasionale: il petto, per i locali consumatori di emozioni cartacee, ha un valore predominante e deve essere maestoso, enorme, e più dà nell'occhio, più va incontro all'aspettativa.

Anche il romanzo giallo, che cercava il brivido nel delitto, o nell'intrigo, nell'astuzia del criminale e nella superiore intelligenza del detective, ha dovuto adeguarsi, e Mickey Spillane picchia delinquenti e donne, trangugia in continuazione caffè, whisky, sandwiches a tre piani e torte di mele, e senza soste divide il suo tempo fra le faticose indagini e il consolante canapè.

Tre leghe – una cattolica, una protestante e una formata da cittadini senza pregiudiziali religiose – tentano di far rispettare la decenza ma, a quanto risulta, con modesti risultati. La pornografia si va sempre più perfezionando, travalica limiti che parevano insuperabili, si spinge a rivalutare i vizi nascosti, si diffonde in ardite descrizioni della tortura, o in analisi senza ritegno dell'omosessualità. Fanny Hill e Lady Chatterley sembrano due smarrite collegiali.

La scienza sta sempre più investigando e di recente, nei laboratori di Stanford, in California, un topino ha aiutato il dottor Levine a dimostrare che il dramma di Wilde, di Proust e di Gide ha una causa organica. «L'omosessualità umana» ha spiegato il medico «è la conseguenza di un avvenimento effimero accaduto durante l'evoluzione biochimica dell'individuo.»

Adesso il delicato inconveniente (non si deve parlare di malattia, di un terremoto genetico) non è più nascosto, ma spesso ostentato. C'è il Gay Liberation Movement, che si batte per i diritti di quella minoranza che i reazionari chiamavano *Queer Pinkos,* finocchi rosa. *Gay* intanto si usa al posto di omosessuale, che è brutto, sgradevole, è come dire *nigger.*

Si celebrano anche matrimoni fra gli «allegri» giovanotti, e uno fu ripreso, con furiose proteste, dalla tv, e anche questa minoranza organizzata ha le sue mode, la sua stampa, le sue chiese, i suoi sacerdoti, i suoi riti, i suoi capi politici: c'è, anche qui, sinistra e destra, e specialmente la sinistra si affanna perché si imponga l'Omosessuale Nuovo, che non rinuncia né alla protesta né alla violenza.

Non è che i rivoluzionari tradizionali, riconosciuti, diciamo, li capiscano: si sa che le Guardie Rosse usarono crudeli ritorsioni sui «degenerati», che Malcolm X ce l'aveva «con tutti i biondi dagli occhi azzurri» e che le Pantere Nere li disprezzano.

Kinsey lasciò delle statistiche che, se attendibili, dimostrerebbero come su 100 cittadini o cittadine degli Usa 10 non si regolano secondo le norme consuete: il che rappresenta una bella quota. Si citano, a giustificazione, i precedenti illustri: George Gershwin e Cole Porter, Walt Whitman e Somerset Maugham, ma, racconta Fernanda Pivano, «Hemingway si era vantato di aver rotto un bicchiere sul tavolo una volta che un omosessuale famoso era entrato in un ristorante», sostenendo che tutti i gentiluomini dovrebbero regolarsi, nella stessa circostanza, così. È vero che ci sarebbe spesso da passeggiare su dieci centimetri di vetri.

Ho chiesto alla bella sociologa Shere Hite, che in materia di sesso si può considerare un epigono aggiornato del dottor Kinsey, se negli ultimi dieci anni negli Usa è cambiato qualcosa; e mi ha spiegato il risultato delle migliaia di confessioni che ha raccolte: «Ora la stimolazione clitoridea è accettata, mentre non lo era per nulla in passato. Il fatto che le donne raggiungano l'orgasmo più facilmente con una sollecitazione esterna è qualcosa che tutti riconoscono e celebrano. Prima era considerata una vergogna.

«Il matrimonio è sempre molto di moda. Ma le donne si lamentano di essere considerate di seconda categoria. Vorrebbero amare e dare tutto, ma vorrebbero che l'uomo ricambiasse.

«Cos'è l'amore per un americano? È impossibile dirlo. Ovunque tutti si pongono la stessa domanda. Forse è passione, forse è imparare a crescere insieme; c'è anche chi dice: "È solo infatuazione", per altri invece è solo libidine. Tuttavia, se si pensa a Tristano e Isotta...»

Le ho chiesto anche chi dà di più in senso sentimentale, l'uomo o la donna, ma la signora Hite non aveva alcun serio elemento per arrivare a una conclusione.

Chi non nutriva dubbi era Malcolm X, il leader dei *black muslims,* i musulmani neri. Era sicuro che i suoi fratelli rappresentano, anche in materia di riproduzione, il meglio, il super. «Maometto ci insegna che l'uomo negro è l'uomo originario, l'uomo dal quale derivarono tutti gli altri.

«In biologia e in genetica spiegano che la pelle nera, i capelli neri, gli occhi neri, sono dominanti. Maometto ci insegna che i neri possono generare i bianchi mentre i genitori bianchi non possono avere una discendenza negra.

«Se c'è stato un momento nella storia del mondo in cui vi era una sola persona, questa persona doveva essere nera; la prima gente al mondo doveva essere nera e da questa gente vennero tutti gli altri.

«Noi crediamo in questo, l'uomo nero è il primo e siccome lui era il primo al principio, Maometto ci insegna che il negro sarà il primo anche alla fine.»

Sono convinto che in queste faccende il colore della pelle non conta. Feci questo incontro tanto tempo fa: lo spogliarello era ancora un genere scandaloso, e il mio accompagnatore, un pudibondo funzionario del governo di Washington che mi portava in giro, arrossì quando gli raccontai la mia avventura.

La principessa La Homa possedeva quel che si dice un bel personale; e lo sottoponeva quattro volte al giorno, senza alcuna difficoltà, al giudizio dell'attento pubblico del Minsky di Chicago.

La Homa era alta, di colorito bruno, capelli nerissimi, il portamento fiero, entrava in scena nel finale lanciando il grido di guerra dei suoi battaglieri antenati: e sempre ululando, e dimenandosi al ritmo delle marcette che accompagnavano gli squadroni del generale Custer e i personaggi del regista

John Ford, provvedeva, in sei minuti, a liberarsi di penne, reggipetto e mutandine tra il rispettoso silenzio della platea.

Le penne restavano sul tavolato, gli indumenti finivano tra le accoglienti braccia di un omone dall'aria annoiata che attendeva dietro le quinte.

La Homa rimaneva per qualche istante sotto la luce dei riflettori «come mamma la fece», avrebbe detto Emilio Cecchi, e finalmente i negri che gremivano le prime file, i marinai di Great Lakes in permesso e anche i signori con moglie o fidanzata davano sfogo alla loro letizia applaudendo.

La Homa aveva studiato in un college con altre ragazze indiane di diverse tribù, poi non le era più andato di ritornare a casa e si era fermata a New York. Aveva diciotto anni; per qualche mese fece la cameriera in una caffetteria. E dopo un'amica la introdusse nel coro di una compagnia di operette. Bill, il marito, suonava la tromba in orchestra: si conobbero a Broadway e dopo un anno si sposarono. Adesso lui lavorava laggiù a New York e lei andava in giro per l'America. Infilata nello specchio teneva la fotografia di Bill e quella del bambino: «Mi fanno compagnia» diceva.

«Faccio il burlesque» raccontava La Homa «perché guadagno di più. Non credo di avere grosse qualità di attrice, e allora cerco di sfruttare altre risorse. Molte di noi sono sposate. C'è gente perbene o disonesta dappertutto. Non mi vergogno del mio lavoro. Ha mai sentito parlare di Gipsy Rose Lee? È stata famosa. Si spogliava declamando versi di Baudelaire o di Cocteau. La gente impazziva. Dicono però che avesse il petto di gomma: gli americani apprezzano il seno abbondante e lei si arrangiava. Ha sposato un riccone, era amica della migliore società. Ha scritto alcuni racconti e ha esposto i suoi quadri alla Galleria Guggenheim. Non era mica una cretina, capisce? Certi libri ne parlano come di una gran donna.

«Io mi mostro nuda, ma tutto finisce lì. Ci sono ragazze che fanno le ballerine e che, dicono, non accetterebbero mai una scrittura per lo strip-tease. Poche, per la verità, ma io le capisco: sono fatte male. Del resto, lo spogliarello fa parte della consuetudine americana, come i saloons, il rugby e la torta di mele. A modo mio, faccio anch'io un po' di storia.»

Il presente offre tante possibilità: quasi tutti i limiti sono stati valicati. Quasi nulla è proibito, altro che il whisky, e nessuno fa più caso alle droghe leggere.

Forse anche per questo dilaga la nostalgia. Nostalgia della Bella America. Secondo Alvin Toffler, l'autore di un libro di successo, *Lo choc del futuro*, «questa grande ondata riflette l'inconscio desiderio di un passato più semplice e meno turbolento».

Rimpiangono gli anni della Hollywood delle dive, i tempi di Topolino e dei trenini Lionel, di Bing Crosby che cantava *Bianco Natale*, di Shirley Temple in costumino da bambina sudista, della pistola di Tom Mix, di Johnny Weissmuller («Io Tarzan») e di Maureen O' Sullivan («Tu Jane»), degli *shorts* di Rita Hayworth, dei dischi di Bessie Smith e di Alice Faye.

Organizzano festival dedicati a Buster Keaton, ristampano le vecchie riviste, la Parker rilancia la Big Red, «la grande penna che usava vostro padre nel 1927», le radio, ogni tanto, rimettono in onda un famoso programma di Orson Welles: *La guerra dei mondi.* Il volto di Humphrey Bogart viene usato per vendere cravatte.

Rimpiangono le commedie di Lubitsch, i balli di Fred Astaire, ma dimenticano i drammi della depressione economica. Ricordano le lunghe, magiche gambe di Rita, negli *hotpants* versione 1944, ma si scordano che, in quello stesso anno, mezzo milione di fanti americani morirono in guerra. Disse Marshall McLuhan: «Stiamo marciando indietro verso il futuro».

Anche molta gente, fra i venti e i trent'anni, prova una struggente curiosità per una stagione che non ha mai conosciuto. Gli adulti guardano a quei tempi con l'orgoglio dei sopravvissuti, i loro figli si sentono attratti da un lontano e irraggiungibile passato. I troppi discorsi sull'avvenire li hanno spinti verso le memorie.

Una sera, in una famiglia di compatrioti che abitava a Brooklyn, ascoltai una triste storia d'amore, che aveva in sé qualcosa di fatale e di misterioso, come un segno del destino.

Noi chiameremo Vincenzo il personaggio principale, ma il nome è falso, vogliamo usargli questo estremo riguardo.

Vincenzo, dunque, emigrò con i suoi a New York da un villaggio dell'Aspromonte, aveva otto anni e quando partì, la nonna, abbracciandolo, gli fece una raccomandazione: «Ragazzo, se vuoi campare sereno, non andare lontano dalla tua casa, accontentati di quello che troverai».

Trovò una strada nera, edifici neri con le scale sulla facciata – per fuggire se scoppia l'incendio –, trovò altri ragazzi che come lui cercavano di sopravvivere e che parlavano altre lingue: irlandesi, russi, portoricani; andò a scuola, crebbe, riuscì ad aprire una bottega da sarto, ma non si mosse mai dal quartiere, non andò mai oltre i tre «blocchi», si ricordava l'avvertimento, se lo era portato dietro nel viaggio e nel tempo.

Si sposò, ma né la moglie né gli amici riuscirono a indurlo a un breve viaggio, ad andare almeno un po' più in là, a Manhattan, a vedere le insegne di Broadway, o le navi del porto.

La sposa, tutte le domeniche, faceva un salto a Queens, a trovare una zia che non poteva muoversi, ma Vincenzo non l'accompagnava, restava solo con il suo cupo timore. Qualche volta si sedeva al caffè o prendeva il fresco su un marciapiede.

Un giorno, all'improvviso, saltò su un treno, volle fare una sorpresa a quella zia della moglie, volle scoprire il mondo. All'indirizzo di Queens, da dove lei telefonava sempre, trovò una macelleria, nella vetrina c'erano anche, per richiamo, due grandi corna infiocchettate. Cadde per terra. Uscì da Brooklyn, ancora una volta, e per il cimitero.

«Ma cos'è questo amore?» si chiedeva già, ma senza angosciarsi troppo, l'umorista Achille Campanile.

A Londra sono andato a domandarlo anche a Ronald Laing, uno dei maestri della psicologia alternativa. È un personaggio di rilievo internazionale.

Ronald Laing ha dedicato le sue ricerche anche alla coppia e all'amore, che per lui ha un ruolo fondamentale. «Noi possiamo utilizzare la tecnologia,» dice «ma se è senza cuore, inumana, lasciamola da parte. Talvolta parlare di cuore non è fare del romanticismo, dell'umanesimo, né del ritorno alla natura, o di tutti gli altri stereotipi di cui la gente si gratifica. Tutto ciò che si dice può essere ridotto a uno slogan: ciò rivela del buon senso.»

Il suo atteggiamento verso gli altri è condensato in una massima ricavata dal libro *L'albero della saggezza* di Nāgārjuna e può essere detta così: «Se colui che protegge provoca la paura, chi vi proteggerà dalla paura?».

Gli ho chiesto che cos'è l'amore, magari da un punto di vista psichiatrico. Mi ha risposto: «Lei potrebbe sfogliare migliaia e migliaia di libri della mia materia e non trovare la parola amore, e così anche in infiniti trattati di biologia non viene mai nominato, e io credo che, grazie a Dio, forse, non c'è una parola professionale per spiegare in che cosa consiste. È tuttavia sempre presente nella pratica medica.

«L'amore è in un certo senso stimare e ammettere in modo lieto e affettuoso la presenza di un altro. L'amore deve essere un sentimento di benevolenza; in amore si deve desiderare il bene dell'altra persona o delle altre cose o del mondo così com'è.

«Questa è la definizione tradizionale; in termini più intellettuali si può dire che nell'amore c'è un valore che porta a conoscenze scientifiche, che non può essere sostituito da niente altro. Se una cosa non si ama non si può neppure capire pienamente.

«Se non esiste un elemento di interesse e di rispetto, se non c'è un'accettazione comprensiva e lieta della natura dell'altro, del suo carattere, e non solo per quello che può rappresentare per me, quella persona non si ama. C'è una separazione netta tra l'idea che si può conoscere una persona facendola a pezzi, forse anche letteralmente, o analizzandone il pensiero o sezionandola fisicamente e mentalmente, o ancora usandola, manipolandola o facendo degli esperimenti. Nessuno mi può convincere che di me si avrà una cognizione migliore, torturando topi, mettendoli in un labirinto o facendoli girare attorno a una ruota o nel sezionare delle rane o con il fare esperimenti sui muscoli o sui nervi.

«Se qualcuno vuole sapere come la mia mente funziona, bisogna conoscerla, e la si conoscerà soltanto se si avrà un certo rispetto, se la si lascerà così com'è, accettandola e apprezzandola e anche traendone un certo diletto, altrimenti per paura, e anche per precauzione, si chiuderà in se stessa e quindi non si manifesterà né si rivelerà e neppure si aprirà agli altri.

«In inglese, per esprimere l'intimità sessuale con una donna o con un uomo, si usa una frase di origine biblica: diciamo che la conosciamo, ma quella reciproca confidenza senza amore non produce poi molta comprensione.

«Assai spesso si confonde l'amore con il desiderio, e secondo me sono due cose ben separate. Non è facile, e infatti è raro, che succeda di unire ambedue. Desiderio significa soltanto soddisfare il proprio ardore. Ciò molto spesso non ha niente a che fare con l'amore. Ma se l'amore, la brama, la conoscenza si trovano tutti uniti, allora sì che ci si mette a cantare.»

Anche la Gran Bretagna è cambiata.

Ne è passato del tempo da quando il rigore puritano imponeva di offrire alle signore soltanto il petto di pollo perché la coscia poteva assumere significati allusivi e il toro era, nei discorsi, «il marito della mucca».

Poi è venuto Freud a dirci che gran parte delle nevrosi hanno una origine sessuale, ed è arrivata Connie Chatterley che con il guardacaccia Mellors ci hanno spiegato la gioia e l'umanità di certe funzioni.

Non credo che l'epoca vittoriana possa essere considerata un modello di esemplare virtù, e la letteratura e gli archivi confermano questa riserva.

Anche la regina Vittoria, si è scoperto adesso, aveva un suo ganzo a Buckingham Palace, e tra gli intimi del principe ereditario, il futuro Edoardo VII, c'era Lord Arthur Somerset, le cui attività inconsuete procuravano fastidi alla corte. Il nipotino della sovrana, Albert, si imponeva come libertino nel giro dei viziosi per la disinvoltura con la quale passava da un sesso all'altro.

È vero che Oscar Wilde finì dentro, perché non rispettò quelle regole di discrezione che la società esigeva: la legge contro gli omosessuali era stata concepita per le classi inferiori; Oscar Wilde dimostrava che certe debolezze potevano prender piede anche tra gli aristocratici.

Ora questa «colpa» è considerata «normale»; un avvocato che difendeva un noto gentiluomo esordì: «Si tratta solo di un caso irrilevante, perfettamente corrente, di un signore accusato di condotta oscena con quattro o cinque guardie».

È noto che a Green Park, dove si assiste ad «abbracci completi», si son dati talvolta appuntamento sentinelle della residenza reale e onorevoli deputati, ed è scandalo ricordato quello del leader liberale Jeremy Thorpe, accusato da un ex indossatore «amico» nientemeno di aver escogitato un omicidio, fortunatamente fallito. Ci lasciò la pelle un povero cane.

Sugli usi erotici dei tempi dorati in cui Vittoria regnò, è illuminante il *Diario* di un gentleman che confidò ai quaderni le sue conquiste e le sue pene amorose. «Ho posseduto» scrive «una tale varietà di bellezze e di forme femminili quali un inglese non ha mai conosciute.»

Nonostante questa fortuna, il dubbio lo tormentava: «Chiedevo sempre alle donne se il mio pene fosse più piccolo di quello degli altri uomini. Quando mi rispondevano che era normale, non ci credevo, e avevo l'abitudine di dire ogni volta: "Facciamolo crescere, non è abbastanza grosso"».

Non c'è dubbio che il costume si è evoluto, anche se certi episodi riportano alla vecchia mentalità quacchera. Una dama si è rivolta al tribunale perché le dava fastidio vedere i pigiami maschili stesi ad asciugare, appesi alla corda «in modo indecente», e la direttrice di un collegio pregava le alunne di rinunciare alle scarpe di vernice «perché gli uomini potrebbero vederci riflessa la vostra biancheria intima».

Basta leggere, per rendersi conto della profonda trasformazione, i titoli dei giornali domenicali: «Come ho celebrato antichi riti di magia nera in una roulotte di lusso»; «Come ho partecipato a feste dove ci si scambiavano le mogli in compagnia di una bella bruna di 32 anni»; «Come fondai un circolo giovanile nonostante la mia fedina penale».

L'amore è diventato un argomento esplicito: non si parla di una eternità in cielo, ma piuttosto di una notte da passare a letto. Un grande successo dei Rolling Stones è stato *It could be the last time*, potrebbe essere l'ultima volta, ma non significa: se non ci stai, mi ammazzo, no: sta' attenta, perché l'offerta non si ripete. Le ragazze, infatti, non vogliono più rimanere in famiglia, ma desiderano vivere in un appartamento proprio, come gli scapoli, solo che la maggior parte, si osserva, non aspetta che il celibe sia uscito.

Cento anni fa le donne non contavano nulla, non potevano votare, avevano pochi diritti di proprietà, non entravano nella politica e nelle professioni. «Adesso» dicono ironici Frost e Jay «hanno il loro giusto posto, che è il lavandino di cucina».

Sui mutamenti e sulla situazione attuale della cittadina britannica ho interpellato una autorevolissima fonte, Germaine Greer, autrice di un best-seller, *L'eunuco femmina*, una specie di Bibbia del «Women's Lib», docente universitaria. Graziosa di aspetto e pronta di battuta, anche in un comprensibile italiano.

È stata sposata per tre settimane con un maschiaccio che posava anche nudo, Paul De Feu, muratore-laureato che aveva conosciuto in un bar, e che poi, con scarsa discrezione, ha rivelato i retroscena di quell'esperienza a un settimanale scandalistico.

Gli hanno chiesto se Germaine aveva molte pretese nell'intimità. Risposta: «Non mancava né la domanda né l'offerta». Pare che lei abbia cucinato una sola volta – una bistecca e un uovo –, preferiva far l'amore piuttosto che occuparsi della casa, ma Paul ammette: «Era la donna più sexy e più dolce che abbia mai incontrato».

Si vedevano solo per il weekend: «Arrivava con una valigetta in cui teneva i contraccettivi e qualche indumento. Non aveva né la camicia da notte né lo spazzolino da denti». Più libera di così.

È evidente che il nostro dialogo è stato improntato a garbati discorsi su questioni generali. *No personal matters* è un motto locale, niente faccende personali.

Le ho chiesto che differenza c'era tra la sua generazione, quella di sua madre e le ragazzine.

«Uno può conoscere solo la propria vita. La mia mamma è nata e cresciuta durante la grande depressione, quando non c'era abbastanza da mangiare, è diventata indossatrice, ha sposato il più bello, che aveva anche la macchina sportiva, e anch'io avrei potuto fare lo stesso. Tra me e lei non ci sono molte differenze. Le teenagers sono diverse: più ciniche e anche più ottimiste. Hanno anche una differente sensualità, senza pudore. Hanno una libertà che un po' mi impaurisce.»

Ho domandato che cosa ha conquistato la battaglia femminista.

«Qui ci si è battuti per il voto, ma prima lo hanno strappato le donne della Nuova Zelanda.

«La ferita più importante che la donna ha sofferto è alla volontà: non ha saputo trovare il suo posto. E così ti scopri a quarant'anni con i figli che non ti vogliono parlare, con il marito che si occupa di una più giovane, che sta sempre in ufficio, e tu resti qui, a guardare la televisione, e mi dici che sei libera, e mi racconti che hai fatto quello che volevi: ma che cosa? Nulla. Ti sei lasciata trascinare per il mondo.»

È inglese Mary Quant, protagonista, ha detto qualcuno, «dell'unica rivoluzione della moda di questo secolo». Ha lanciato la minigonna, offrendo alle donne un'occasione per emanciparsi e la felicità di una conquista. Riconosce: «Devo essere grata ai Beatles; noi cavalcavamo nella loro scia».

Racconta che l'idea le venne una sera, ballando alla taverna del Savoy, a Londra: «Vidi le ragazze con la sottana sotto al ginocchio fare una fatica terribile a tenersi in piedi con quel ritmo forsennato», e decise semplicemente di accorciarla, perché potessero muoversi liberamente e mostrare, se le avevano, le belle gambe.

Aveva capito l'atteggiamento mentale di una generazione anticonformista e lo sfruttava; del resto, qualcosa del genere c'era già stato nei ruggenti anni Venti.

«Mary» assicurano quelli che la conoscono «sa le cose che vuole la gente.» All'inizio faceva l'apprendista da un cappellaio, a 20.000 lire al mese, adesso è una grande signora che vive di rendita sulla sua leggenda.

C'è un'attrice che forse rappresenta meglio di ogni altra la donna inglese, quella di adesso; non soltanto perché l'ha interpretata molte volte sullo schermo e in palcoscenico, ma anche per il suo temperamento, per l'intelligenza e il fascino. È Glenda Jackson, protagonista straordinaria di Shakespeare che ha fatto dire ai critici: «Potrebbe essere un grande Amleto».

È semplice, modesta, diretta, non ha niente della diva; non nasconde le rughe, e il suo viso scarno è illuminato da qualcosa che viene da dentro. Ha vinto un Oscar.

«In effetti,» mi ha raccontato «ci sono stati da noi enormi cambiamenti. Sono aumentate quelle che chiamiamo eufemisticamente famiglie di un solo genitore, in cui l'uno o l'altra vive per conto suo e tira su i bambini. Ma non credo che l'ideale di una buona situazione sia cambiato. Voglio dire che c'è sempre stato un aspetto da presentare all'esterno e un altro che solo i membri della famiglia conoscono. Sarebbe più salutare, quando le cose non funzionano, andarsene. Passiamo attraverso una fase di transizione, perché la famiglia ideale, come tutti i sogni, non è mai esistita e tuttavia è qualcosa che noi desideriamo.

«Io, per esempio, sono nata e ho vissuto in un posto circondata dai miei che non si sono mai mossi di lì: ma la mia generazione se ne è andata. Oggi non moriamo tutti nella casa dove siamo nati, come era normale una volta. Ma io penso che i legami siano enormemente più forti di quanto noi razionalmente o logicamente siamo disposti ad ammettere, anche se i danni più gravi che infliggiamo l'uno all'altro si scatenano attorno al focolare. Del resto, anche il bene più grande ce lo scambiamo tra quelle mura.»

Alle tradizionali K che dovevano regolare la vita della donna tedesca – Kirche, Küche, Kinder, chiesa, cucina e figli –, se ne è aggiunta una quarta, Kombinat o Konzern, perché ora lavora nelle fabbriche o negli uffici, è indipendente, va sempre meno alle funzioni religiose, sta poco accanto ai fornelli e, quando è possibile, desidera controllare la distribuzione delle nascite.

Frau Müller vuol essere più amata e desiderata, e chiede anche un maggior rispetto. Ha preso coscienza del suo ruolo: sa che rappresenta la maggioranza del corpo elettorale.

Rifacendosi al motivo di Lola Lola nell'*Angelo azzurro*, le femministe cantano: «Dalla testa ai piedi, ci avevano fatto su misura per il maschio. Leggevamo parole vuote, in politica contavamo zero. Adesso finalmente le cose sono cambiate.

Siamo fatte su misura per lottare, e questo è il nostro mondo, sì, è così».

Nelle vecchie cartoline al platino, Frau Müller, quando è «sorpresa» nella sua intimità, è una panciona dal sedere basso, con in testa, come un'aureola, una enorme margherita di garza, oppure un angelo con le ali bianche, e dietro, nell'ombra, si intravede un fante del Kaiser con l'elmo chiodato; la sua spregiudicatezza è illustrata da una serie di istantanee, un gioco di gambe, quelle di lui, quelle di lei, che si incrociano, che si toccano, si accavallano, si sovrappongono, e il commento sottolinea il crescendo del gaudio, con frasette maliziose e punti esclamativi: «Eccitante!», «Che estasi!», «Che meraviglia!».

Frau Müller è diventata aggressiva: non rinuncia a tutti gli strumenti del fascino, *topless*, tanga, minigonna, *hot-pants* e, quando ce n'è bisogno, niente di niente.

Ha riscoperto le tette, che madre natura le ha fornito con generosità, e le mette in mostra: la circonferenza media nazionale è di 92 centimetri, e con gli estrogeni e le pillole se ne sono ritrovate anche uno in più. La produzione dei busti è in ripresa. Qualcuno ha preso questo ritorno alle rotondità come un nuovo slancio romantico, ma ogni tanto i gusti evolvono.

Scrive Brecht: «Nell'amore abbiamo messo dentro un po' di sentimento; il piacere sensuale per noi ha un che di banale».

È vero, ma sono aumentate, contemporaneamente, la solitudine e la libertà. C'è un antico male, nato da un'estenuante sensibilità, da infelici passioni, da impossibili sogni, che si avverte spesso nella storia della Germania.

Pare che nei momenti di crisi il tedesco cerchi nella morte la sua pace e la sua riabilitazione. Chiamano questo desiderio di annullarsi «la febbre di Werther». Un medico, il dottor Klaus Thomas, che ha fatto particolari studi sul suicidio, ha dichiarato che, tra i 250 casi da lui presi in considerazione, 88 erano giovani sotto i sedici anni, che cercavano nella rivoltella un rimedio alle pene amorose, o si sentivano incompresi dagli adulti o turbati da difficoltà di origine sessuale.

La civiltà dei consumi provoca perfino nuove forme di

«tradimento». Certe responsabilità sono attribuite anche agli architetti che, decentrando nei quartieri satelliti, tra gli alberi e i giardini, tante amene casette, hanno costretto molte mogli a vivere in solitudine e a vedersi con il marito soltanto la sera. Uno psicologo di Gottinga le ha chiamate «le vedove verdi»; ebbene, poiché la giornata è lunga e la carne è debole, pare che non poche, vittime della nevrosi, siano cadute sotto le lusinghe del lattaio o dell'esattore del gas, di quei maschi che si facevano vivi, insomma, con una prevedibile assiduità.

Se 92 mariti su 100 si ritengono soddisfatti, 81 mogli dichiarano esplicitamente di no. Lui ricorre, nei momenti critici, ai decotti di Beate Uhse, lei alle toilettes intime sconvolgenti. Ma i risultati non sembrano positivi.

Sulla *Bild Zeitung* apparve lo sfogo di una lettrice che narrava le prodezze del coniuge; durante gli ultimi mondiali di calcio era stata amata quasi ogni giorno, ma negli intervalli tra il primo e il secondo tempo.

Un settimanale illustrato ha condotto un'inchiesta per capire come si comporta Sigfrido sul canapè: le risposte vengono da loquaci straniere, che dispongono, è ovvio, di termini di paragone. Una cantante di jazz negra: «Sono soltanto degli egoisti senza tenerezze. Dopo qualche minuto dormono come ghiri». Jasmin León, ecuadoriana: «Hanno su di me l'effetto del Valium». Una francese: «Parlano della luna o delle stelle soltanto dopo essersi riempiti di birra».

Sempre da Parigi, l'opinione tecnica di Madame Claude, che gestiva una catena di *call-girls*, posta al servizio di emiri, finanzieri, boss di grandi compagnie esigenti ma pronti a riconoscere il disturbo. Su 30 ragazze, 10 erano Fräulein. «Ne ho il miglior ricordo» dice Madame. «Hanno un buon carattere, sono serie e organizzate, ed esercitano il mestiere con coscienza e allegramente. A letto – come spiegarmi? – sono un po' semplici, ma erano sempre le più richieste. Credo che i clienti apprezzino la loro costanza. Non eccellono per particolare fantasia, ma tutti restano soddisfatti. Non conoscono l'egoismo. Imparavano diligentemente il francese e prendevano anche lezioni di musica. Nel tempo libero frequentavano concerti classici. Le mie compatriote sono più dotate per l'amore, ma mancano di disciplina.»

Diceva Marx che «per il borghese la moglie è solo uno strumento di produzione». Anche nei paesi proletari, il severo giudizio regge. Il Partito, l'impiego, lasciano ben poche ore per la casa.

Scriveva una lettrice di Berlino Est alla *Freie Presse*: «Trovo che le donne occidentali hanno più tempo per la famiglia; del resto anche mio marito deve partecipare alle riunioni dei sindacati e non è mai con noi. Qui tutto ruota attorno alla politica, e anche i bambini cominciano a discuterne a scuola, e quando ci si riunisce a tavola sembra di partecipare a un comizio».

L'ideologia entra dappertutto: nell'esercito, nelle sale operatorie, perfino nelle faccende sentimentali. Ecco due «avvisi» letti su un quotidiano: «Vedovo cerca spregiudicata con visione vita progressista»; «Giovane non ballerino, colcosiano, molto attivo, bella casa, cerca amica». Su un portone della Luise Strasse è esposto questo cartello: «Humboldt Universität. Facoltà di medicina. Reparto marxismo-leninismo». Per un medico, si tratta di nozioni fondamentali.

L'italiano dice Svezia, e pensa ai cuscinetti a sfera, al sole di mezzanotte, a Greta Garbo, al circolo polare artico, alla giustizia sociale e all'amore.

Ha visto qualche film e gli pareva che i protagonisti, i vari Lars, le varie Astrid, affrontassero con maggiore letizia le fatiche della vita quando si liberavano dall'impaccio degli indumenti; ha fatto, magari, qualche piacevole incontro balneare; e ha letto molti articoli, molte storie curiose: immaginate che, sulle rive del Baltico, l'adulterio non è una colpa e la gelosia è addirittura considerata un sentimento riprovevole. La chiamano, con severità: «la malattia nera».

Ha imparato che a Stoccolma per dire: «Io ti amo» si usano queste dure parole: *Jag älskar dig*, e se ha la stessa necessità a Helsinki, ecco la frase corrispondente: *Mina rakastare sinua.* Anche se ha scarsa disposizione per lo studio delle lingue, questi utili concettini arriva a esprimerli subito. Dispone, insomma, di una certa preparazione sul tema.

Si sa che dal 1946 nelle scuole del regno c'è una cattedra

di insegnamento di una delicata materia: il sesso. Scriveva Piovene: «È un Paese didattico, non licenzioso». Ai bambini delle medie spiegano il problema della pubertà, l'anatomia degli organi della riproduzione, cosa sono i cicli mensili, come l'ovulo viene fecondato; più tardi l'aborto, lo stato giuridico della madre non sposata, le deviazioni, il controllo delle nascite.

«Non vogliamo» dicono «che comincino la loro esperienza fisiologica in una nuvola di emozioni. Desideriamo che si incontrino razionalmente.»

Aggiunge la signora Maj Bergström-Walan, che dirige un istituto di ricerche: «Bisogna insegnare alla gente a servirsi del sesso come del cucchiaio e della forchetta». In definitiva: un po' di galateo.

Non hanno dissacrato nulla, perché non attribuiscono a certe funzioni significati liturgici, o valori segreti e inalienabili, ma considerano perfettamente legittima la ricerca del piacere, nel presupposto che la felicità resta sempre un affare personale.

Nessuno si meraviglia perché nelle vetrine, anche in mezzo ai giocattoli, ai cavallucci di legno del Dalarna, o ai sigari cubani, sono esposte diapositive colorate, che non riproducono il castello reale, o la pensilina a forma di fungo di Stureplan, ma biondone prosperose che esibiscono, con disinvoltura, anche le grazie più riposte.

Ci sono pubblicazioni che hanno titoli e copertine dal significato inconfondibile: *Sex Orgies, Virgins, Saffo.* La censura è severa con la violenza; una volta venne coinvolto, per qualche impresa di Paperino, anche l'innocuo Walt Disney, ma sono distribuite senza difficoltà pellicole dove anche gli animali non hanno funzioni favolistiche. Leda, il cigno, o l'asino si danno realisticamente da fare.

Ho letto nella pubblicità di una Sexy House: «Le nostre commesse si impegnano in dimostrazioni pratiche di ogni prodotto, in un bellissimo ambiente porno». Una prova di serietà commerciale, non di spirito libertino.

Questa gente, che considera la timidezza un male nazionale, ha tolto ai rapporti amorosi ogni mistero, e forse anche ogni malizia, e adesso va alla ricerca di nuovi stimoli. Quando tutto è ammesso, bisogna trovare qualcosa che provochi l'interesse, che ecciti la curiosità; probabilmente un'ombra di occulto non guasta.

Sono tutti d'accordo nel considerare la «purezza» qualcosa di ingombrante, e alla stagione dei fremiti di Giulietta quasi sempre la verginità è un ricordo.

Ne è passato del tempo dai giorni in cui Strindberg scandalizzava le platee con le vicende della *Signorina Giulia*, una tormentata giovinetta borghese che durante la notte di San Giovanni, nell'esaltazione dei fuochi, della birra e delle danze, si concedeva al cameriere Jean, buttando all'aria le differenze di classe, le convenzioni e i precetti dei pastori luterani. Che vergogna, commentava il pubblico, una nobildonna che finisce tra le braccia di un servo. «Salvate il mio onore, salvate il mio nome!» gridava la poveretta, sconvolta dall'umiliante esperienza, e usciva dalla scena impugnando, quale strumento di redenzione e di morte, un affilato rasoio.

Non vorrei che tutta questa «praticità» cancellasse le ansie dei sentimenti, dei tremori, delle illusioni, o il conforto della realizzabile e pacata letizia.

Confessa Liv Ullmann, la grande attrice che per cinque anni è stata la compagna di Ingmar Bergman: «Avevo paura di piacere e timore di offendere, paura di fare a pezzi il grembiule di brava ragazza, perché non è semplice infrangere certe regole».

Poi, quei giorni indimenticabili: «Ero stordita di contentezza. Passeggiavamo sulla spiaggia senza parlare, senza chiedere niente, senza nulla temere». Nascondevano monete per ritrovarle nel caso fossero diventati poveri, segnavano con le pietre un rifugio dove erano stati felici.

«Il nostro amore» scrive Liv nelle sue memorie «è forse nato dalla nostra solitudine. Avevo uno straordinario bisogno di protezione. Il suo sogno era di trovare la donna che era in lui. Poi tutto finisce: ci siamo conosciuti o troppo presto o troppo tardi. Nessuno può possedere un altro essere umano.»

C'era, a Copenaghen, una riproduzione del David di Michelangelo; era esposta al centro di una piazza e tutti potevano guardarla. David era bello, ma anche completamente nudo, e vi fu chi trovò poco conveniente che l'innocenza dei passanti fosse turbata da quelle membra scoperte. Così David venne sepolto tra il verde di un parco; nessuno trovò ragioni per protestare contro il provvedimento, la decisione non fu giudicata cretina, ma opportuna: si trattava di salvare la forma.

Capita poi, passeggiando per Vesterbrogade, di vedere le vetrine dei negozi gremite di manichini che mostrano liberamente, e anche senza castità, senza il minimo senso d'arte, parti femminili che di solito sono tenute nascoste; ma non si ascoltano proteste, perché nessuno si sente colpito nel proprio pudore.

Istegade è la via dei negozi che smerciano prodotti eccitanti e degli spettacoli audaci, la frequentano soprattutto gli stranieri. I danesi sono stati i primi a legalizzare la pornografia, considerandola, specifica la legge, «un bisogno naturale che non turba in alcun modo l'equilibrio della società».

«Il mondo nordico» scrive Alberto Arbasino «giudica imbecille regalare ai bambini strumenti di morte e non atlanti di educazione sessuale.» Sostengono alcuni psicologi che le visioni impudiche liberano dalle alterazioni nervose e che il sesso va in ogni caso smitizzato.

Per contribuire alla crociata, hanno inventato il *Live-Show*, la recita dal vivo, con partecipazione totale. Lui e lei, o anche due signorine tra di loro, e poi il pubblico viene invitato a intervenire. Una musica ritmata dai singhiozzi e dai sospiri fa da commento. Qualcuno si butta.

Chi sono i clienti delle botteghe e dei teatrini? Curiosi, tanti, e poi inibiti, frustrati, incapaci, gente che, per eccitarsi, ha bisogno di vedere, ed esige che il realismo sia assoluto. Così le effusioni di due lesbiche devono apparire del tutto spontanee.

Esistono bagni dove uomini e donne si immergono senza costume e tutti assieme, e ciò non offende. I nordici ignorano la malizia: per noi una donna nuda è una donna nuda, per un danese o un norvegese o uno svedese è una cosa o un problema.

Il sesso non è soggetto di barzellette o di provocanti discorsi, ma di tranquille lezioni. Dal 1971, l'istruzione è obbligatoria. Sono fiorite, in proposito, anche le storielle.

«Perché» chiede il maestro «non si vedono più le cicogne?»

«Perché abbiamo imparato a far l'amore in casa» risponde Pierino.

I nordici hanno una diversa scala di valori. Una giovanetta che rinuncia alla verginità non perde, come dicono i meridionali, «l'onore»; è assai facile che una donna si conceda ma senza complicazioni psicologiche o sentimentali. L'amore per loro è soprattutto sogno, e il resto non conta.

In *Field* la scrittrice cattolica Sigrid Undset parla di fanciulle il cui più forte desiderio è quello di «stendersi nude sull'erica del prato» e c'è, nella frase, tutto il candore del naturalismo.

Situazioni che per noi hanno un sapore erotico, qui sono ritenute prive di qualunque mordente; renderle normali, nel senso, magari, di diffonderle, di illustrarle, da alcuni sudditi del regno di Danimarca è considerato come un contributo alla cultura contemporanea.

D'altra parte la libertà sessuale non è che un aspetto di una singolare concezione della vita, dominata da un impulso egoistico, pagano: la felicità dell'individuo conta più di tutto, sta al di sopra di tutto.

Su questo atteggiamento dello spirito c'è tutta una letteratura e forse molta retorica. In un trattato di fisiologia trovai una classifica del potenziale di attrazione di cui sono fornite le cittadine di vari paesi: in testa, mi pare, erano le georgiane, seguivano le francesi di Arles, al terzo posto, guarda un po', le ragazze di Cesenatico, e quarte le svedesi di non ricordo dove.

È vero che in Scandinavia l'iniziativa in amore è delle donne, gli uomini sono più tiepidi e forse per questo gli italiani godono di una ragguardevole considerazione, e i giornali se ne lamentano e fanno la morale alle turiste che si mettono in viaggio per la nostra penisola. Mi hanno detto che una studentessa di Uppsala schiaffeggiò un giovane laureato italiano il quale, dopo una festa da ballo, l'aveva accompagnata a casa comportandosi – credeva – da gentiluomo.

«Sei italiano e non hai neppure tentato di baciarmi. Vuol dire che mi giudichi molto brutta» disse l'offesa.

Non bisogna però eccedere in senso contrario, come fece anni fa un noto poeta, il quale appena arrivato a Helsinki notò che la cameriera dell'albergo era belloccia e decise di passare subito all'attacco.

Detto e fatto: si spogliò e suonò il campanello. Poco dopo la cameriera arrivò, vide l'originale esposizione, scosse il capo e si allontanò ritornando subito in compagnia di due signori robusti che volevano a ogni costo accompagnare l'intraprendente intellettuale al manicomio.

La morale non pone rigide barriere agli amplessi, ciò che però frena è il timore dello scandalo. «Skandal» è parola tipicamente scandinava, come «Kolossal» è espressione tipicamente germanica. Hedda Gabler, mi diceva uno studioso di letterature nordiche, è un'eroina che incarna una preoccupazione collettiva. Hedda Gabler si uccide per paura dello scalpore.

Le persone colte citano Cristina, la regina di Svezia, come esempio di indipendenza, un personaggio che anticipa la storia.

Conosceva sette lingue, la matematica, l'astrologia; un vecchio cancelliere le aveva insegnato i segreti della politica, e all'alba, nel freddo della biblioteca, ascoltava le lezioni di Descartes, lavorava dodici ore al giorno e cavalcava nei boschi come un giovin signore.

Non bella, capelli biondi e figura strana, sbigottiva le corti d'Europa per le sue relazioni, per i peccaminosi legami: amava gli studi, ma preferiva le emozioni forti. Soffriva di disturbi psichici che le procuravano la febbre e cercava di curarli divertendosi, andando ai balli, facendosi accarezzare.

Odiava il matrimonio, ma non era una femminista. «Mi piacciono gli uomini non perché sono uomini,» diceva «ma perché non sono donne.»

Rinunciò al potere, abdicò, si fece cattolica, scelse la sua vita: il mantello di velluto blu, i guanti orlati di ermellino, lo scettro d'oro, la corona le parvero troppo ingombranti. Si tagliò i capelli alla maschietto (anche in questo precorritrice), si vestì da giovanotto e, montando un cavallo bianco, andò alla ventura. Fu, insomma, una ribelle e una contestatrice. Come lo sono, in genere, i figli dei ricchi.

«Se dovessi adoperare una parola per descrivere le finlandesi,» ha scritto John Steinbeck «direi: dovunque.» Olli e Ritna, per stare accanto ai loro Terttu e ai vari Penti, hanno imbracciato il fucile o buttato le reti, sono state in trincea, con le Lotta Svärd, intrepide e leggendarie, e le incontri negli ospedali, medici e dentisti, sulle cattedre, nelle banche, nei negozi, anche i barbieri portano la gonnella.

Sono, in genere, abbastanza alte, fresche e sane, di un biondo paglierino, e hanno uno sguardo fiero e acceso. Andate a vederle al mercato all'aperto, sulla banchina, da dove partono i vaporetti e dove espongono sui carretti le loro mercanzie: lamponi, fragole, cetrioli, mazzetti di ramoscelli di betulla, mirtilli gialli della Lapponia, e poi acciughe del Baltico appena pescate e salmoni che ancora sgocciolano. Sono eleganti nei bei maglioni e nei pantaloni turchini.

Oppure guardate le *akkas*, quei donnoni opulenti che fanno le bagnine e le massaggiatrici e che ignorano la malizia e pensano alla salute: «Posso prendere in prestito la sua schiena?» chiedono, e hanno nozioni anatomiche piuttosto precise per non confondersi.

Non c'è pornografia in Finlandia e l'amore per la famiglia è forte: registrano la metà dei divorzi degli svedesi. Anche qui, i giovanotti hanno allungato i capelli e le ragazze accorciato le sottane, ma la psicologia è differente.

Le donne sono romantiche, cortesi, alla verginità non danno alcun peso, ma pretendono la galanteria. Esistono riti che vanno rispettati: per la notte di San Giovanni, si infioccano anche le corna delle vacche, si decorano con frasche le porte, le auto pubbliche, i tram. Le fanciulle si rendono seducenti e si rotolano sull'erba umida a mezzanotte. Basta – per sapere da quale parte arriverà l'innamorato – gettare una coroncina sul tetto della sauna e l'estremità indicherà la direzione. Poi, se si recitano formule magiche, nude, attorno a una fonte, si può vedere la fisionomia dell'amato bene tremolare nella corrente. Desiderano essere conquistate, non prese, con il corteggiamento discreto, con qualche cerimoniale.

Non sono delle retrograde (è dal 1906 che hanno ottenuto il diritto di voto, e furono tra le prime) né delle frigide: l'erotismo è, anzi, violento, il sangue, l'universo, fatto di cespugli, di muschi, di anse, di torrenti, di cieli di perla, e l'angoscia della precarietà, e la sensualità è pura ed esaltante nei giovani, con un fondo di colpa nei vecchi: uno slancio, un impeto quasi pagano, o il disgusto del peccato imparato con il canto dei salmi.

Il seduttore è timido, beve per dichiararsi, come sempre davanti alle prove che possono scivolare nel patetico e tende a sposarsi presto: verso il ventiquattresimo compleanno, ci si presenta al pastore e al fotografo, abito lungo bianco e marsina, anche perché si ottiene una detrazione sulle tasse. E quasi sempre l'amore supera i contrasti e le inevitabili crisi, e resiste nel tempo.

Sono un po' tristi i finlandesi, con la loro musica, come i racconti che i garzoni e le ragazze si fanno nelle lunghe notti di gelo, nel tepore delle stalle, quando gli alberi sotto la luna brillano come terse pietre preziose o, carichi di neve, sono immobili e solenni come baldacchini, racconti dove l'amore e la morte lottano perché lo spirito del Male vuole rendere infelici gli uomini.

Allora, per concludere questa specie di giro del mondo sui sentimenti, che cos'è quest'amore? Cito alcuni versi di Gabriele Rossetti (1783-1854), librettista del San Carlo di Napoli:

> Saper tu vuoi se amore
> sia gioia, o sia tormento?
> So che nel cor mel sento
> eppur che sia non so.

Bruttini, ma esplicativi.

Umberto Giordano, l'autore dell'*Andrea Chénier*, aveva più di ottant'anni quando fu sorpreso da Salvator Gotta, sotto la Galleria di Milano, intento a seguire con sguardo compiaciuto il passaggio di una graziosa fanciulla. «Ma Umberto», intervenne Gotta, fingendo di scandalizzarsi «alla tua età.» «Questo» rispose il celebre musicista «è un vizio che non finisce mai.»

II

Boris Pasternák e Olga Ivinskaja

«IO NON AMO CHI NON È MAI CADUTO»

Finalmente anche nell'Unione Sovietica possono leggere *Il dottor Živago.* Lo ha pubblicato il *Novyj Mir,* la più importante rivista culturale, mezzo milione di copie. Mi ha detto Sergej Zalygin, il direttore: «No, non posso dire di avere conosciuto personalmente Boris Leonidovič; l'ho incontrato parecchie volte durante le passeggiate a Peredelkino, e poi sono andato ai funerali per l'ultimo addio.

«Il suo carattere molto indipendente, che rifiutava qualsiasi compromesso, tutta la storia della sua vita gli hanno procurato parecchie antipatie.

«Allora, c'era una situazione poco favorevole alla letteratura e ci sono stati anche degli equivoci.

«Neppure nell'ottica di quell'epoca si scorge nel racconto qualcosa che giustifichi la campagna polemica contro Pasternák: *Il dottor Živago* non rappresenta una opposizione al sistema.»

Il manoscritto fu respinto da un lettore stupido che si credeva semplicemente patriota e ortodosso, quando lo stesso Nikita Chruščëv ammise che bastava tagliare trecento parole per stamparlo. Quel rifiuto segnò il destino di Pasternák: una creatura che, come disse Il'ja Erenburg, testimone di quei giorni, «viveva dentro di sé, con sé e di sé». Il poeta Mandel'štam lo aveva avvertito: «Badate che non vi adottino». E Pasternák aveva saputo restare solo, e fedele a se stesso, e a un'arte consacrata «al rumore dell'erba».

«La sua gloria» scriveva il critico Viktor Šklovskij «è sotterranea.»

Non diventerà come Majakovskij e, come altri amici, un «ingegnere delle anime», anche se Stalin lo cercherà al telefono, anche se non sempre si mostrerà impavido; non sarà mai strumento del Partito, come il «cantore dell'Ottobre». Dice del compagno Vladimir che finisce suicida: «Non comprendevo il suo zelo propagandistico, l'integrazione forzata di se stesso nella coscienza sociale, la mania associativa, la sottomissione alle esigenze del momento».

E Pasternák cerca di spiegare anche il mistero di quel gesto disperato: «Secondo la mia impressione Majakovskij si è sparato per orgoglio, per avere condannato qualcosa in sé o attorno a sé, qualcosa con cui non poteva conciliarsi il suo amor proprio».

E quando il «culto della personalità» passa da Vladimir Il'ič Ul'janov, detto Lenin, a Iosif Džugašvili, detto Stalin, Pasternák scrive: «Un *djadja* [uno zio] ha dato il posto a un altro *djadja*».

Pasternák si rifugia nella solitudine spirituale, lontano dalle clamorose ribalte: «Dava l'impressione di non essere un uomo,» ha scritto Evtušenko «ma un profumo, un raggio di luce, un fruscio. E chi si accorge di un fruscio in un mondo in tempesta?».

È convinto che «i potenti non possono cambiare il corso della storia», ma si sente anche fuori del suo tempo, che non lascia spazio all'individuo e agli ideali: capisce che il suo lavoro è destinato a pochi, qualche intellettuale, magari ebreo come lui, qualche attento lettore.

Certo gli piacerebbe essere riconosciuto per quello che merita da quelli che gli stanno attorno; condivide quanto gli dice l'amica Marina Cvetaeva, di cui è anche invaghito: dei posteri non gli importa nulla; un operaio può forse avere interesse per uno stipendio che gli verrà pagato dopo la morte?

«Le opere di un autore» scrive «devono trovare una eco durante la sua esistenza, perché l'arte vive negli altri.»

Sa che le vicende di Jurij Živago, «la reincarnazione di se stesso», non sono forse destinate al giudizio dei contemporanei; è apparsa ora la corrispondenza con la cugina Olga Frejdenberg, compagna nei giochi dell'infanzia, e confidente per sempre, e in quelle righe senza ritegni c'è la sua gioia e la sua infelicità: «Esistono persone (invero non molte) che mi amano profondamente, e gliene sono grato nel mio cuore.

Per loro sto scrivendo questo romanzo, è come se gli indirizzassi una lunga lettera. Voglio presentare un'immagine storica della Russia degli ultimi quarantacinque anni, e sviluppare nei particolari tutti gli aspetti di questo difficile e triste soggetto, come hanno fatto Dickens e Dostoevskij».

E poco prima di andarsene confessa alla poetessa Elena Blaginina il compiacimento per un impegno rispettato: «Non so ancora che cosa mi attende. Probabilmente di quando in quando si avventeranno su di me ogni sorta di sorprese, ma qualunque cosa accada, per quanto possano essere spiacevoli o addirittura terribili, non supereranno mai la soddisfazione che mi procura il fatto di non aver ceduto all'ipocrisia e di essermi espresso completamente».

La cugina delle corse sulla spiaggia di Odessa, e delle lunghe conversazioni notturne nella «stanza dei fanciulli», che non lo abbandonerà mai, lo consola: «Il tuo libro è al di sopra di ogni giudizio. Quello che respira è immenso».

Nel 1957 Feltrinelli ha fatto uscire, prima in Italia poi in tutto l'Occidente, *Il dottor Živago*: la drammatica vicenda del giovane Jurij, indeciso tra la moglie e la bella Lara, Larisa Fëdorovna che, così Pasternák la descrive, aveva «una intelligenza limpida, un carattere mite. Ed era molto graziosa».

Sullo sfondo della contrastata passione, i tormenti del popolo russo nella stagione folle, generosa e crudele delle lotte e delle illusioni rivoluzionarie.

La signora che ha ispirato la figura di Lara si chiama Olga Ivinskaja: quando incontrò Pasternák aveva poco più di trent'anni, lui poco meno di sessanta. «Era» rievoca «snello, sorprendentemente giovanile, con una voce grave e sorda, e un bel collo robusto.»

Lui non si apprezzava molto, si considerava anzi «un brutto muso»: la faccia oblunga, denti irregolari, che vennero poi sostituiti, le labbra bronzee «che parevano quelle di un negro». Ammise subito: «Ho fatto piangere molte donne».

Due mogli, e ha piantato la prima, Evgenija, con un figlio, per andarsene con Zinaida, la sposa del famoso pianista Genrich Nejgauz, un suo grande amico, che tale rimase, senza rancore.

Non è felice con Zinaida, e neppure generoso: lei invecchia precocemente, ha un carattere duro, non capisce, forse, le contraddizioni, gli slanci, l'insicurezza di Boris Leonidovič. «Viene da una famiglia di un colonnello dei gendarmi» spiega Pasternák.

Olga Ivinskaja è bionda, tenera, spregiudicata, sincera: ha conosciuto tante infamie e le confessa. Il primo marito si impicca, perché Olga lo tradisce con un suo avversario; il secondo, che muore tra le sue braccia, forse ha denunciato sua madre, colpevole di una irriguardosa battuta su Stalin, e l'ha fatta spedire al gulag. «E poi» dice Olga «c'erano state tante esaltazioni e molti dolori.» Ma Pasternák ascolta quelle spietate confessioni senza pronunciare condanne, il suo Jurij Živago dice: «Io non amo la gente perfetta, quelli che non sono mai caduti, e non hanno mai inciampato. La loro è una virtù spenta, di poco valore. A loro non si è svelata la bellezza della vita».

È sconvolto e segnato dalla miracolosa presenza di Olga. «Sei il mio regalo di primavera, anima mia» sospira Borja. È Olga, Lailjuša, Olečka, Oljuša, quanti vezzeggiativi inventano gli innamorati, che forse gli ricorda il primo amore, quello dell'adolescenza, una certa Mademoiselle V. alla quale dava ripetizioni; nelle sue memorie annota: «Ma quanta felicità, quanti orrori e quanto scompiglio mi portò quell'uomo».

L'ho ritrovata a Mosca nel modesto appartamento di un caseggiato popolare: cucina, un salotto con due divani coperti da drappi sfilacciati che si trasforma in camera da letto, pochi mobili che invadono lo scarso spazio, solo qualche fotografia che documenta il passato: un tormento senza fine, dei morti, due volte il campo di concentramento, e il ricordo impietoso e consolatore della parte che lei ha avuto accanto a un genio di questo secolo, di cui ha vissuto gloria e fragilità, debolezze e struggenti abbandoni. Boris è pur sempre colui che ha inventato Lara e Jurij, e ha trovato «parole eterne per la passione dell'uomo e per le debolezze della donna».

Mi ha offerto formaggio, una rarità, e cognac armeno; mi ha accolto con grande disponibilità e ha parlato di sé e di Borja con abbandono: c'era ancora, nel suo volto teso, il segno di una antica grazia, di un fascino che nasce dal mistero dei sentimenti e dall'intelligenza.

Lei è Lara, si sente Lara: anche se, lo riconosce, nel personaggio c'è un po' di Zinaida, la rivale, la moglie. Lara è diventato addirittura il suo secondo nome.

Di sicuro in Jurij Živago si ritrova il romanziere: anche i rimorsi che lo affliggevano quando urlava che la loro avventura doveva finire, perché lui aveva ancora il senso dell'onore. Scrive alla diletta cugina Olga: «Avevo un nuovo grande affetto, ma poiché la mia vita con Zena è vera, prima o poi era inevitabile che sacrificassi il primo».

Olga, o Lara, se preferite, ricorda: «Io lo adoravo, da studentessa. Quando era la fine del 1946, entrò, giovane, bello, elegante nella redazione del *Novyj Mir*, davvero sembrava un dio africano.

«Fu per me un incontro previsto, predestinato. Il giorno dopo mi portò dei libri, mi accompagnò a casa, incominciammo a parlarci, e in poco tempo ci innamorammo. Ma Boris non si decideva a dichiararsi.

«Una sera, mentre andavamo verso piazza Puškin, mi pregò di dargli del tu: ma io non acconsentii. Allora non avevo il telefono, gli passai il numero della mia vicina e la nostra rivelazione d'amore fu una lunga telefonata. La vicina mi avvisò battendo sui tubi del termosifone, io scesi, e fu in quel momento che Borja confessò di amarmi».

E cominciarono così le lunghe passeggiate sulla neve, sotto i tigli del vicolo Potapovskij, e a primavera l'aria odorava di miele, sotto la pioggia, accanto a uno stagno, e li accompagnava il concerto delle rane. «Come ha fatto bene Dio a farti nascere donna» sospirava il poeta.

E cominciarono anche le scenate in famiglia, che Boris odiava, e Zinaida, la rigida Zinaida, che lavorava in cucina e nell'orto, gli urlava: «Su questo amore io posso sputare».

Pasternák è umiliato, ma non sa decidere. Anna Achmatova diceva: «Boris Leonidovič è un divino ipocrita».

Parlano di tutto, di arte, di ciò che accade attorno a loro, di quello che è stato. Olga vuole rassicurarlo; degli antichi idilli non è rimasto nulla; e scrive anche dei versi:

> Se non ricordo neppure più i volti
> di chi ti ha preceduto.
> Sono tua da sempre.

Per quattordici anni avranno tutto in comune: le poche speranze, i pentimenti, i contrasti, e sconvolgenti prove da affrontare in un plumbeo mondo dominato dalla paura.

«Io» racconta Olga «non mi considero infelice. Certamente mi toccarono molte esperienze difficili. Due volte vedova, il mio primo marito morto suicida, e io che lo avevo abbandonato per un altro mi assumo la colpa di questa costernazione.

«Anche Boris aveva lasciato Evgenija, e il suo figlioletto, per Zinaida: e fu consapevole della tristezza di quell'addio.

«Vi furono altre che lui amò, con le quali la convivenza risultò impossibile; per esempio una interprete, Mar'ja. Di noi diceva che eravamo "come due fili elettrici": quando è cominciata la stesura del *Dottor Živago* gli ho dedicato tutto il mio tempo, perché potesse lavorare tranquillo.

«A volte gli dispiaceva di avermi coinvolta così pesantemente nella sua esistenza, glielo rimproveravano gli amici, ma non io, perché condividevo le ore festose e la sua amarezza. L'amore arrivò così, all'improvviso.

«I suoi rapporti con Zinaida erano da tempo molto freddi. Mi confidò una volta che di lei apprezzava soprattutto il modo con cui suonava il pianoforte. Più tardi mi disse che aveva passato dieci anni d'inferno. Forse mi mentiva: era una brava massaia, sapeva mandare avanti la casa, ma certamente non si era accorta quando una colomba si era posata sulla finestra.

«La nostra relazione era così intensa che richiedeva di stare insieme, ma la sua indecisione non lo consentiva. Aveva una duplice personalità; rassegnato, credeva nella volontà di Dio, nell'intervento del destino, che ci avrebbe uniti.

«Poi, nel 1956, quando tornai dal campo di concentramento, scoprimmo che non potevamo più vivere separati. Affittammo una casetta fuori città, dove ci vedevamo ogni giorno; lui mi affidava incarichi letterari, che io eseguivo volentieri, e insieme pensammo alla trama del *Dottor Živago.*

«A volte, mi sentivo stanca di questa situazione: litigavamo, ci sembrava tutto finito. Ma dopo un po' io tornavo da lui, e lui da me. Non l'ho mai tradito.»

– Nel 1949, lei è stata arrestata: cinque anni. Perché?

«Rimasi stupefatta quando quattro militari entrarono nella mia stanza e cominciarono a perquisire. Spiegazione: articolo 58, comma 10. Era una pena abbastanza lieve per i reati politici: rapporti, chiacchiere con gente sospettata. La *trika*, il tribunale della Lubjanka, ha emesso la sentenza dichiarandomi colpevole di aver comunicato con qualcuno indiziato di spionaggio. Gli interrogatori si svolgevano sui libri che mi avevano sequestrato.

«Mi hanno imputato anche di avere incontrato persone alle quali Boris leggeva i primi capitoli del *Živago*: mi hanno chiesto di raccontare il contenuto di quelle pagine.

«Ho capito subito che godevo di un trattamento speciale. Boris aveva particolari attenzioni per me, cercava di proteggermi in ogni modo. Ho provato anche la disgrazia di abortire, privandomi così della letizia di avere il bambino.

«Mi trattavano in maniera umana. Il giudice istruttore che doveva passare con me certe ore le impiegava a recitare poesie, mi chiedeva cosa scriveva Pasternák. Ma ho passato anche momenti atroci, quando mi hanno condotta nel corridoio col pretesto di un appuntamento, e poi nella camera mortuaria perché volevano impaurirmi.

«In seguito mi hanno portata a Potzmark: era un lager. Lui mi scriveva fingendo di essere mia madre, ma riconoscevo la sua calligrafia. Mi hanno consegnato anche una sua lunghissima lettera che conteneva molti versi; oggi fanno parte del patrimonio letterario nazionale.

«Non provai molte sofferenze fisiche. A momenti mi sentivo in difficoltà perché non ce la facevo a svolgere tutto il lavoro. Non potevo sopportare il sole. Alla Lubjanka, dove ho passato un anno, e dove ho perso mio figlio, il nostro figlio, mi interrogavano ogni tanto.

«È lì che ho conosciuto Šašinka, una ragazza carina, che soffriva di tiroide. La ricordo con tenerezza. Era la nipote di Trockij, e non capiva il perché della sua prigionia. Non sapeva neppure che cosa Trockij aveva scritto. Io la misi al corrente della situazione. Il suo destino non fu fatale; sopravvisse, e si riunì alla madre, dopo cinque anni di esilio. Tornò a Mosca dove la rividi.

«Boris era profondamente afflitto; mi hanno strappato da

lui quando eravamo al culmine della nostra felicità. Aiutò la mia famiglia e i miei figli, che vivevano del mio salario.»

– Quali erano i suoi pensieri più gentili? Visite improvvise, telefonate, fiori?

«Diceva: "Per meritarti io lavorerò, e potrò tornare alla piccola casa dove mi sento felice".

«Non sopportava i fiori in camera. La nostra vita, dal 1946 fino alla sua scomparsa, fu un dialogo lirico. Tutte le sue opere di poesia sono un colloquio con me.

«A volte componeva nella stanza in cui vivevamo, così nella letteratura sono rimasti l'abat-jour color arancio, le camminate sotto i salici, la dacia. Nell'anno che precedette la fine, aveva espresso il presentimento della sua morte.

«C'è in *Živago* una poesia intitolata *Agosto*: "Nel bosco, in mezzo al cimitero, stava, / agrimensore ufficiale, la morte / guardando nel mio volto inanimato / per scavarmi una fossa secondo misura".

«C'era anche una strofa che diceva: "Donna che hai gettato una sfida all'abisso / delle umiliazioni, separiamoci!"»

Scriveva ancora a Olga, a Leningrado: «Bisogna che la morte si limiti alla nostra persona, e non coinvolga anche il ricordo che lasciamo di noi». E ancora: «La mia vita non mi appartiene più, è una parte ormai conosciuta e prevedibile da recitare con dignità fino alla fine».

Dice la signora Ivinskaja: «Non voleva che io mi turbassi per quel presagio. Era ancora pieno di forze a maggio, quando si ammalò; a marzo discusse con gli attori che mettevano in scena il *Faust*. Accadde a un tratto: probabilmente era l'effetto di un'ansia che non lo abbandonava mai. Era offeso dalla caccia che gli davano».

Lo portarono al cimitero una sera di giugno; la bara, come si usa in Russia, era scoperta, e il morto aveva attorno ai capelli grigi tante dalie. C'era nel corteo la gente del villaggio, le persone che lo avevano amato, qualche amico. Sinjavskij e Julij Daniel reggevano il coperchio della cassa. Svjatoslav Richter suonava al piano la marcia funebre di Chopin e le note uscivano dalla casa di legno, leggere.

Lo deposero sulla collina, sotto un vecchio pino. Sul marmo è scritto il suo nome, e due date: 1890-1960.

«Vivere una vita non è attraversare un campo» si legge nel *Dottor Živago.* Già nel 1952 aveva avuto un infarto, mentre Olga era detenuta. «Viveva» ricorda la signora Ivinskaja «un periodo molto difficile per lui. La mia sorte era terribile, e nella sua immaginazione anche di più. A causa del suo stato di tensione perse tutti i denti; in seguito gli hanno fatto una protesi che ha cambiato la sua fisionomia. Una volta per la strada cadde, svenne e Zinaida lo ha fatto resuscitare con le sue mani. E lui si sentiva legato alla moglie da un senso di gratitudine e di dovere.

«Cercava di convincermi dicendomi che Zinaida, se amava lui, avrebbe amato anche me perché avrebbe visto come stavamo bene insieme. I suoi tentativi di conciliazione non ebbero mai successo: Zinaida accettava la nostra relazione che era ormai di dominio pubblico.

«Io sapevo che la realtà era diversa: non potevo liberarmi di tutte le calunnie sul mio conto; allora, e anche adesso, vivo seguendo il motto di Boris: "Non aspettarti mai i guai, tanto arrivano da soli" diceva. "Cerca di superare tutto con le tue forze, di cavartela da sola e di sentirti sicura di quello che fai".»

Diceva Erenburg: «Pasternák è l'unico tra di noi ad avere una coscienza» e Boris non entrò nelle schiere di quelli che si piegavano al vento del Cremlino. «Non tollero i nostri intellettuali,» confidava «il loro servilismo di fronte al potere.»

E i nemici lo accusavano: «Vive fuori dal tempo, ha assunto un atteggiamento da eremita, la letteratura sovietica non può venire a patti con la sua poesia».

Boris Pasternák taceva, soffriva e non si perdonava di vivere: «I miei compagni» diceva «sono stati sterminati dal destino, e io sono libero».

Non ebbe un solo premio, una sola decorazione, in tutta la sua vita. Solo il Nobel, e fu una condanna, e dovette respingerlo. «L'uomo privato della sua libertà» commentò «idealizza sempre la sua schiavitù.» Solo gli abeti e i prati di Peredelkino videro la sua infinita solitudine.

La dacia, la casa di campagna, è chiusa. C'è un giovanotto che sta verniciando di bianco le pareti, aggiustando le imposte, stendendo i fili per le lampadine. Diventerà un museo, la sorella, che vive in Inghilterra, manderà i mobili e gli oggetti che furono suoi, e che lo ricordano.

Boris Pasternák amava lo studio al primo piano, lo chiamava «la nave». Dalle finestre si vedono la dolce collina, gli alberi e i campi, e il succedersi delle stagioni. Riceveva pochi amici, e si guadagnava il pane traducendo Shakespeare e Goethe: qualche fotografia lo ritrae in un momento giocondo, bolle il tè nel samovar d'ottone, una allegra compagnia beve nei piccoli bicchieri vino bianco della Georgia.

Non guadagnava molto, ma non aveva grandi bisogni: gli bastava poco ed era molto generoso. Importante, diceva, «è vivere momenti straordinari». Del resto c'erano altri che la pensavano come lui; ad esempio, la poetessa Marina Cvetaeva: «Le cose più ragionevoli, elementari e legittime sono le follie».

Le cose semplici lo rallegrano; scrive in una lettera: «Come è indescrivibilmente bella la vita nel bosco, nel gelo se si dispone di una buona scorta di legna. I tuoi occhi errano da una delizia all'altra abbagliati dalla bellezza. Abbiamo metà cantina piena delle nostre patate, due barili di cavoli e due di cetrioli in salamoia».

«Pasternák» aveva scritto Marina Cvetaeva «è soprattutto il poeta della natura. Ogni lirico nell'albero riconosce se stesso; Pasternák invece si sente albero.»

Bussava, alla casa di Olga Ivinskaja, all'alba, dopo avere passato la notte passeggiando; aveva grandi slanci e profondi turbamenti, ingenue paure e fredde determinazioni.

Una volta andò all'estero e non passò da Berlino a salutare i suoi genitori che non vedeva da dodici anni; e non ci fu più un incontro.

«Questo fatto straordinario» racconta Olga Ivinskaja, la sua «grande, grande amica», «lo caratterizza. È convinto di poter rifare il viaggio, e poi si pente, e i parenti, e anche la Cvetaeva, lo rimproverano: come aveva potuto mancare una visita al padre, dopo una così lunga separazione? Fu tormentato per tutta la vita da questo rimorso.»

Forse, quello di chiudersi in se stesso era una difesa. Non si attendeva nulla dagli altri. Era pessimista: «Non pubblicheranno mai *Živago*, non posso credere che stampino questo romanzo».

Non frequentava e non amava i suoi colleghi: «Konstantin Fedin,» mi dice la signora Ivinskaja «segretario degli scrittori, che lo voleva convincere a cambiare idea, a rinunciare al Premio Nobel, gli sembrò subito un "ipocrita freddo" (lo chiamava così), uno che mostrava un finto sorriso, che non era un amico, ma un compagno.

«I giovani gli erano vicini in quel periodo, anche se venivano istigati contro Pasternák, e molti studenti andavano a trovarlo, e se ne infischiavano del sistema ufficiale.

«Fu Aleksej Surkov a portarci tanti dolori, l'autore di *Io canto la vittoria.* Forse lo invidiava, anche se non c'era una vera rivalità fra di loro. Fece scoccare la scintilla che provocò lo scandalo. Istigava i contrasti, e scatenò la caccia a Boris. E molti si accodarono, perché non volevano mostrarsi indifferenti in quell'ora così delicata. E gli furono contro.»

Confidava ad Ariadna Efron, figlia dell'amata Cvetaeva: «Permettimi di non riferirti l'origine del mio silenzio, quali sono le mie paure e il motivo per cui devo, e mi piace, spingere il lavoro in modo così disumano, il mio e quello di traduzione».

– E lui – chiedo – difese abbastanza il povero Mandel'štam?»

Osip Mandel'štam aveva scritto due versi: «Si sente soltanto il montanaro del Cremlino / l'assassino, lo sbaraglia mugik». Racconta Nadežda, la moglie: «Vennero nella notte tra il 13 e il 14 marzo 1934». Mandel'štam se ne andò verso il lager portandosi dietro Dante; gridava, battendo i pugni contro la porta della prigione: «Dovete rilasciarmi, non sono fatto per la cella». Sparì.

Dice Olga Ivinskaja: «Boris cercava di aiutarlo; con la Achmatova scrisse una lettera a Stalin. Stalin gli rispose con una telefonata, ma Boris giudicò questa conversazione poco riuscita. Era convinto di avere detto troppo poco. Stalin gli chiese: "Che si dice di Mandel'štam?", trattava Boris col tu.

«Boris cominciò con uno sconclusionato discorso, disquisizioni estetiche: voleva denunciare le cose sbagliate che avvenivano tra gli scrittori.

«Stalin lo ascoltò, poi con voce beffarda disse: "Bene, non hai saputo difendere un compagno". E troncò di colpo. Boris voleva parlare ancora con Stalin: della vita e della morte.»

– Pubblicò versi in onore del capo? – domando. – Sulle *Izvestija,* nel 1936, lo descrive così grande come la terra intera.

«È vero che da giovane scrisse poesie per Stalin; ne dedicò anche a Lenin, e a tutt'e due insieme, ma era agli esordi. Con Iosif Džugašvili aveva rapporti piuttosto strani: hanno preso me dandomi una pena ridicolmente breve. Le persone che venivano imprigionate per cinque anni non venivano neppure rispettate. Non avevo materiale compromettente, a parte le lettere di Pasternák e alcuni suoi libri. Però era tutto contro di lui, senza coinvolgerlo in maniera diretta.

«Boris Leonidovič non firmava documenti che avrebbero provocato la condanna a morte dei colleghi, e quindi poteva aspettarsi delle rappresaglie, ma non aveva paura. Come se Stalin avesse detto: "Nessuno deve toccare quell'uomo che vive sulle nuvole". Aveva fatto molto per la poesia georgiana; forse questo era piaciuto a Stalin.

«Quando l'affare *Živago* dilagava, gli fissarono un appuntamento con Chruščëv, ma invece trovò Polikarpov, nella Sezione cultura del Comitato Centrale, un poveraccio in una situazione ambigua, che si stringeva le mani sudicie e sudaticce.

«Pasternák si chiedeva: "Perché non giocano a carte scoperte? Io ero pronto a parlare molto sinceramente con Nikita Chruščëv".»

Lo accusano di essere contro il Partito, di colpire la Rivoluzione che «non era stata raffigurata come una torta di crema».

Anche i più benevoli ammettono: «Certo è un artista molto grande, ma non ha niente in comune con noi». Diceva Majakovskij: «È un lirico geniale».

È vero che Boris Leonidovič «odia ogni religione ufficiale trionfante», ma è anche condiscendente: per quel suo *Živago,* e il nome del personaggio lo ha pescato in una piastrella di rame, ed è quello del fabbricante, è pronto ad accettare correzioni, non considera affatto la stesura definitiva.

E non pensa al Nobel: è convinto che toccherà ad Alberto Moravia. Già un'altra volta le preferenze erano andate ad Hemingway. Ma il 23 ottobre 1958 l'Accademia di Svezia smentisce le sue tristi e rassegnate previsioni: tocca a lui, adesso, il massimo riconoscimento «per il ragguardevole contributo alla poesia contemporanea e alla grande tradizione dei prosatori russi».

Sconvolto, Boris Leonidovič Pasternák va a spedire un telegramma di ringraziamento agli illustri signori di Stoccolma; è «infinitamente grato, commosso, orgoglioso, stupito, confuso», di sicuro sincero.

Ma ecco che arriva il compagno Fedin, che rappresenta la cultura ufficiale, e lo invita a rifiutare «spontaneamente» quel grande omaggio.

La critica parla di «spazzatura letteraria»; qualcuno scopre nel romanzo dell'odio per il popolo russo, lo scrittore ufficiale Surkov proclama: «*Il dottor Živago* non ha alcun diritto di giudicare la nostra realtà».

Pasternák vive ore disperate: è iniziata la campagna contro le streghe, e anche qualche devoto è pronto a tradirlo. Lui è disposto al compromesso: a correggere quei passi che sembrano poco ortodossi, a cedere tutto il denaro, quelle migliaia di corone, al Consiglio per la pace, ma ammonisce i colleghi, «tutto questo non vi porterà né felicità né gloria».

Racconta Olga, la sua Lara, quella donna di cui Boris diceva «mi è molto vicina»: «Da più di un anno correva voce che forse il Nobel sarebbe stato assegnato a Pasternák. Boris non ci credeva, anche se nel suo intimo lo desiderava molto. Subito dopo, la gente fu presa da una gran paura, e invece delle congratulazioni ricevette delle minacce. Vivevamo già in una situazione difficile: io non ricevevo più offerte per il mio lavoro di interprete; c'era stata una disposizione.

«Quando quelli del Comitato Centrale andarono da lui per indurlo a rinunciare al Nobel, per qualche tempo Boris non acconsentì, ma alla fine cedette e chiese in cambio che mi facessero fare qualcosa.

«Dentro di sé era contento che *Živago* fosse pubblicato all'estero, voleva che fosse letto, e io sono sicura che tutto ciò non accadrebbe ai giorni nostri.»

– Lei ricevette dall'Italia dei diritti d'autore, e contemporaneamente fu condannata ad altri quattro anni di gulag. Come accadde?

«La domanda non è esatta. Boris scrisse che tutto quello che veniva pubblicato all'estero lo dovevo correggere io, e i diritti relativi alle sue opere spettavano a me. Anche queste lettere furono pubblicate da Feltrinelli mentre io ero prigioniera.

«Feltrinelli aveva spedito dei soldi e Boris aveva chiesto di dividerli tra me e Zinaida Nikolaevna, la moglie, ma non ricevemmo nulla perché rimasero depositati presso una banca svedese.

«Ora le racconterò che cosa accadde dopo. Feltrinelli pubblicò le lettere di Boris e su questa base venne confermata l'eredità e la Corte internazionale si rivolse a me per confermarmi che quella somma mi spettava, e che non ero tenuta a dividerla. Ma io la spartii tra noi della famiglia.»

– Quali erano le qualità di Boris Leonidovič Pasternák?

«Direi la generosità, la bontà. Diceva che se faceva del bene a qualcuno dormiva meglio. La felicità degli altri era la sua.»

– E i difetti?

«Era un po' ambiguo, indeciso, si aspettava che le soluzioni cadessero dal cielo.»

– Che cosa le è rimasto di quest'uomo, di questo amore che ha segnato la sua vita?

«Tutte le poesie che ha scritto dopo il 1946 sono ispirate da me, e questa è la più grande testimonianza di affetto che ha potuto darmi. Tutto, mi è rimasto tutto di lui. Ogni nostro incontro era come se fosse il primo. Fino all'ultimo momento, si è comportato da uomo innamorato della propria donna. Io non ho bisogno di altro.»

E questa è la testimonianza di Evgenij Pasternák, figlio di Boris e della sua prima moglie, Evgenija Vladimirovna, che il poeta aveva abbandonato.

È una persona gentile e severa, e assomiglia moltissimo al padre: stessa faccia lunga, stesso sguardo malinconico e profondo. È ingegnere e insegnante, ma ora si occupa di letteratura.

«No,» racconta «Pasternák non era un uomo ambiguo: era la vita che lo aveva reso così. L'amore con Olga Ivinskaja cominciò dopo la guerra quando Zinaida Nikolaevna perse il suo figlio maggiore, e la tragedia la cambiò profondamente: era ormai una donna stanca, affranta e difficile da trattare.

«Fu allora che Pasternák incontrò Olga, e tra loro nacque una storia sentimentale ma, quando stava per finire, l'Ivinskaja fu mandata in un campo di concentramento e quando tornò Pasternák non se la sentì più di lasciarla, le rimase fedele per senso del dovere, e non per amore, e questo complicò ancora di più una esistenza che era già difficile.»

– Lei è nato dal primo matrimonio di Pasternák: che ne è stato di sua madre?

«Era pittrice, faceva la pittrice di professione. La loro separazione si spiega col fatto che lei desiderava lavorare in modo autonomo. Avevano un unico studio, e lo dovevano dividere. Questo rendeva complicato il loro rapporto. Continuò a occuparsi della sua arte senza più sposarsi. Lui ci faceva visita ogni settimana, e l'ha aiutata per tutta la vita. Lei è morta cinque anni dopo di lui, nel 1965.»

– Come viveva Pasternák a Peredelkino?

«Si alzava verso le otto, faceva colazione nella sua stanza bevendo un bicchiere di tè. Si metteva a lavorare, e verso le due usciva per una passeggiata nel bosco. Poi tornava, una doccia, pranzava, e si rinchiudeva nel suo studio fino a tardi.

«Era un artista, nel senso più completo della parola, quello per cui, ad esempio, un uomo è contadino. A parte alcune poesie, ha cominciato a occuparsi di prosa fin dai tempi della prima guerra mondiale. Non avrebbe potuto pensare a *Živago* prima, perché gli mancava la maturità, e anche per questioni materiali: doveva guadagnare dei soldi, e scrivere versi era, in fondo, più semplice che affrontare la stesura di un grande romanzo. Poté farlo soltanto verso la fine della vita.

«Era una persona molto semplice, ed era orgoglioso di non avere mai guadagnato in maniera disonesta. Nel suo ambiente, non aveva amici, tranne Vsevolod Ivanov, che ha scritto della guerra civile, e che era un vicino di casa, e Anna Achmatova, che incontrava spesso.

«Vedeva il suo predecessore in Blok. Pasternák era cresciuto in una famiglia molto vicina ai circoli di Lev Tolstoj, e i pensieri e la filosofia di Lev Nikolaevič erano per lui oggetto di riflessione. Era anche molto legato a Dostoevskij, e bisogna riconoscere che senza Puškin e Lermontov non sarebbe mai esistito.

«Conosceva molto bene le lingue europee, e in gioventù aveva assai cari Rilke e Proust, in seguito ebbero peso anche Swinburne, Goethe e soprattutto Shakespeare, di cui tradusse le tragedie, dando modo al pubblico sovietico di conoscerle.

«Majakovskij significava moltissimo per Pasternák: lo amava sinceramente e aveva capito che prima o poi si sarebbe ucciso, lo presentiva, cercava di fermarlo, di liberarlo dal pericolo incombente, e questa pena la si legge anche nei suoi versi.

«Considerava Babel' un narratore di talento. Si conoscevano, andarono insieme a Parigi nel '35 al Congresso per la difesa della cultura. Non posso dire però che gli fosse intimo.»

Chiedo: – Se dovesse sintetizzare con delle parole che lui ha scritto la vita di Boris Pasternák, che cosa citerebbe?

«L'uomo, l'artista, non deve rinunciare neanche alla minima parte della propria personalità e deve essere vivo fino alla fine dei suoi giorni.»

Nel cimitero di Peredelkino, la prima tomba è quella di suo figlio Leonid, detto Lenja; se ne andò a vent'anni, di tubercolosi. Accanto a lui riposa Zinaida, la moglie non amata. Qualche timido fiore, e il canto degli uccelli a primavera.

Il 30 maggio 1960, quando chiuse gli occhi, i giornali sovietici annunciarono la morte di un membro del «Litfond», la mutua degli scrittori.

Olga, o Lara, vive giorni oscuri, consolata solo dalla certezza di avere avuto un posto importante nella vita e nelle pagine di Boris Leonidovič Pasternák che, finalmente, può raccontare la loro turbinosa vicenda anche alla gente russa.

Nella poesia *Convegno* (la traduzione è di Mario Socrate) Pasternák si chiede: «Perché, chi siamo e di dove, / noi due già morti al mondo, / quando son solo le chiacchiere / quel che resta di questi anni?».

III

Arthur Miller e Marilyn Monroe

«AMAMI PER I MIEI SOLI CAPELLI BIONDI»

Arthur Miller ha avuto tre spose: purtroppo ho conosciuto soltanto la prima e l'ultima. Andai a scoprire la mia America nel 1952: e fu un viaggio fortunato e felice. Presi il tè nel piccolo salotto di Eleanor Roosevelt: mi raccontò dei lunghi anni passati alla Casa Bianca, di quello che suo marito pensava di Stalin: «Non ha stima di nessuno, ma faremo tutto quello che abbiamo promesso. È onesto, ma sospettoso».

Cenai, a Chicago, nella modesta casa da professore di Enrico e Laura Fermi: il grande fisico era un caloroso ammiratore di Guareschi e dei primi film neorealisti.

Un pomeriggio, la mia amica Natalia Murray mi accompagnò a Brooklyn a conoscere il giovane commediografo che entusiasmava gli Usa; si chiamava Miller, e la moglie, di cui conservo una immagine gentile, Nancy.

Nelle vetrine di Times Square era esposto un calendario che riproduceva, su un fondo di raso scarlatto, una donna nuda, bianca e abbandonata; una sconosciuta attricetta, Norma Jean Baker, aveva posato per cinquanta dollari. Diventò poi Marilyn Monroe, e per quattro anni fu la sposa di «Art», o «Pappy», o «Papà», come lei lo chiamava.

Inge Morath, quella che divide con Miller le pacate giornate del Connecticut, tra la quiete dei boschi e l'urlo dei coyotes, e i brevi viaggi a New York, la vidi a Parigi a una *convention* della Magnum: è una «eccellente fotografa», così la presenta Arthur.

Andammo anche a spasso con quello straordinario personaggio che è, e da ogni punto di vista, Henri Cartier-Bresson. Era una allegra e libera ragazza austriaca, e penso abbia saputo capire i tormenti di quell'assorto e complicato compagno.

Andai una sera a Los Angeles al 1218 del Wilshire Boulevard. Il luogo si chiama Westwood. È un cimitero: un muro lo isola dal fracasso del traffico. Qui è sepolta Marilyn. Il collega che mi accompagnava spiegò che era il solo personaggio importante che aveva la tomba in quel posto. Una lapide, il nome, due date, 1926-1962, alcune rose rosse. «Joe Di Maggio» disse «ha dato ordine di cambiarle tre volte la settimana. Ai funerali c'era lui solo dei suoi uomini. La fece vestire con un abito di seta bianca.»

Il bianco era il suo colore preferito.

Pensai ad Arthur Miller, e a *Dopo la caduta*: a Maggie, la donna-bambina che è incapace di fare il male, e che vorrebbe aprirsi al calore dei sentimenti veri, e a Quentin, l'intellettuale orgoglioso, il Pigmalione fallito, che, quando l'ex moglie si uccide, si processa inutilmente per ricercare la sua parte di responsabilità, lui che credeva di avere dato «un cuore alla statua».

Marilyn aveva rappresentato, per milioni di spettatori, il sex-symbol («È il più potente mito sessuale del secolo» ha scritto Anthony Burgess) e anche la metafora di una certa America drammatica e stordita: figlia illegittima, violentata quando era una adolescente («A dodici anni» racconta «ero ancora una bimba, ma il mio corpo era quello di una donna»), sposa a sedici, per sfuggire alla fame, tre divorzi, un successo clamoroso, il declino.

Una carriera che comincia con una foto erotica, e una battuta intonata alla situazione: «Che cosa indosso la notte? Chanel N. 5» e finisce con un desiderio inappagato: «Vorrei recitare la parte di Grušenka nei *Karamazov*».

In mezzo c'è un marito operaio, un campione di baseball, uno scrittore, l'Actor's Studio, un po' di Freud, un po' di Dostoevskij, un idillio passeggero con John Kennedy, che non valutava quegli svaghi «più di una tazza di caffè o di una fetta di torta», e un amore impossibile per Bobby, ma aveva sette figli, e troppa disponibilità per le avventure.

Tutto, per lei, si consumava in fretta: e l'atleta durò appena nove mesi, con Arthur, molto di più, ma con lunghi distacchi: cercò anche di avere un figlio, ma due tentativi finirono male.

«Miller è intelligente,» disse quando si lasciarono «un meraviglioso autore, ma ritengo valga di più come artista che come marito.»

«È troppo faticoso vivere con un genio» disse Rita Hayworth quando divorziò da Orson Welles.

Per arrivare, o per sopravvivere, non si era imposta tanti rigori: «Quando si è una "stella"» ammise «non si può dormire come si vuole». Non chiuse la porta a Sinatra, a quanto narrano gli impietosi biografi, né al regista Elia Kazan; il miliardario Howard Hughes la congedò con le guance arrossate dalla ispida barba e una spilletta di scarso valore, e anche un autista, il massaggiatore, e perfino una insegnante di recitazione, lesbica, la coinvolse «ma» riconobbe «fu un errore. Non era come con un uomo».

E mentre interpretava, accanto a Yves Montand, *Facciamo l'amore*, e Arthur era a New York per via dei suoi copioni e Simone Signoret si trovava in Europa, forse galeotta fu la trama della pellicola, forse la facilità delle occasioni, occupavano due bungalow vicini, il 20 e il 21 del Beverly Hills Hôtel, ci fu una rapida passione consumata senza apparenti strazi.

Scrive Simone Signoret nelle sue memorie: «Non ho voluto giudicare quello che avvenne tra un uomo, mio marito, e una donna, mia amica, che lavoravano insieme, vivevano sotto lo stesso tetto, e di conseguenza condividevano le loro solitudini, le loro angosce, il loro humour, i loro ricordi di bambini poveri».

La signora Montand prova solo compassione per Marilyn che «struccata, priva delle ciglia finte, scalza, il che la rendeva un po' tracagnotta, aveva la faccia e l'aspetto della più bella contadina dell'Île-de-France».

Gli impudichi confidenti dicono che, oltretutto, questa maliarda dai molti amanti conobbe raramente il piacere.

Chi l'ha conosciuta, traccia il suo ritratto di quella esuberante creatura che invocava con una ingenua poesia: «Amami per i miei soli capelli biondi».

Chi era Marilyn Monroe? Joe Mankiewicz che la diresse in *Eva contro Eva* dice: «Non era una solitaria; era sola, semplicemente».

Ricorda Billy Wilder, il regista che la guidò in *A qualcuno piace caldo*: «Difficile stabilire se si trattava di una persona autentica o di uno dei migliori prodotti inventati dalla Du Pont. Esibiva due seni sodi come il granito, ma un cervello pieno di buchi come il formaggio Emmenthal. Vagava nel vuoto, al di fuori della legge di gravità».

Robert Mitchum, che girò con lei *La magnifica preda*, racconta un episodio che rivela, in fondo, l'innocenza di Marilyn, e il suo proposito di migliorare. Le avevano messo in testa che doveva leggere libri importanti, e stava affrontando un dizionario di psicoanalisi.

Mitchum le chiese perché faticava proprio su quell'opera tutt'altro che leggerina.

«Penso sia utile per poter sostenere una conversazione» rispose Marilyn.

«E dove sei arrivata?» incalzò l'attore.

«Alla voce "Erotismo anale"» ribatté lei.

«Interessante. Credi che ti capiterà di trattare questo argomento in qualche salotto?»

La signorina Monroe non rispose e continuò a sfogliar pagine, ma dopo qualche istante alzò la testa e domandò: «Che cosa è l'erotismo?». Ottenuta la spiegazione ripiombò nella lettura, ma dopo qualche minuto insistette ancora: «Che cosa vuol dire anale?».

Uno degli attori che si trovava lì vicino, e che aveva ascoltato il dialogo, non poté trattenersi e sbottò: «È un clistere...».

Diceva Harry Lipton, suo primo agente: «Lei recita una parte, quella del sesso». Per questo, sostengono le propagandiste del Women's Lib, «fu la vittima dell'alienazione femminile». In chi l'ha incontrata, lasciava una forte impressione di candore e di onestà. «Ispira nella gente» dicevano «la voglia di proteggerla, di aiutarla, di farle da padre e da madre». Poteva sembrare, nello stesso tempo, un uccellino sperduto e il presidente di una grande società.

Aveva tentato parecchie volte di farla finita: se ne andò una calda notte di estate, il 5 agosto 1962. Oggi avrebbe passato i sessanta.

La trovarono nuda sotto il lenzuolo, la testa appoggiata

sul cuscino, la cornetta del telefono abbandonata: dicono che tentò disperatamente di parlare con Robert Kennedy, gonfia di tranquillanti, di whisky e di sconfitte. Un suo verso dice: «Io sento che la vita si avvicina, quando tutto ciò che voglio è morire». Aveva anche alle spalle due matte: una madre e una nonna. E anni di analisi.

La trovarono coi capelli in disordine e con le unghie sporche, e forse aveva confidato a un libretto che è sparito le più dure umiliazioni.

È stata l'ultima diva, l'ultimo scandalo e l'ultimo rimorso di Hollywood; «questo mercato che fabbrica menzogne» come diceva Bertolt Brecht. Adesso i turisti che con un biglietto da quattro dollari sono ammessi a visitare i teatri della Universal, o le costruzioni dei colossal dei *golden years,* dell'epoca d'oro, possono ammirare la carrozza che correva sulle praterie del West, la nave del *Bounty,* la villa leziosa di Rossella O'Hara in *Via col vento,* il balcone al quale si affacciò Norma Shearer, attempata Giulietta, per ascoltare i sospiri di un maturo Romeo, Leslie Howard. E possono contemplare, nientemeno, il letto della Monroe, che ha anche il malinconico onore di essere esposta, con la sottana sollevata dall'aria sopra i ginocchi, nel locale Museo delle cere.

La sua firma, e le orme dei piedi e delle mani, sono eternate sul cemento del Grunman Chinese Theater, ma si capisce che anche questo rito non ha più senso. Ha detto Jane Fonda: «Le impronte delle mani e dei piedi le lascerei volentieri sulle facce e i sederi di chi penso io».

Ho incontrato Arthur Miller, dopo un quarto di secolo, nell'appartamento che ha a Manhattan, una specie di recapito, stanza per dormire, cucinino, bagno, un soggiorno disadorno: è in città per il lancio di *Svolte,* un grosso libro in cui rievoca le sue complicate traversie umane, compreso il breve amore della regina di Hollywood (forse la parte che più appassiona il pubblico) con un uomo che, come dice Gloria Steinem, «amava il silenzio contemplativo e viveva in un mondo in bianco e nero».

E questo è il resoconto del nostro colloquio: che è anche una sincera confessione.

– Perché ha deciso di raccontare la sua vita?

«Per diversi motivi. C'era chi voleva scrivere una mia biografia, e mi aveva chiesto di aiutarlo. Ho pensato: "Se devo passare un anno a spiegare le mie vicende agli altri, tanto vale che lo faccia io".

«Poi mi sono accorto che le persone della mia generazione hanno dimenticato tutto quello che ci è accaduto, e io volevo esprimere il mio punto di vista su questa parte della nostra storia, sui giorni che abbiamo vissuto, anche perché mi sono reso conto che era abbastanza originale.

«E infine a me piace narrare fatti; insomma mi è parsa una buona occasione.»

– I bei tempi per lei quali sono stati?

«Forse è adesso il momento migliore. Sto bene, e mi diverto come non mi era mai successo prima. Lavoro molto, e poi mi godo la mia famiglia, la mia libertà. Molti anni fa c'era un teatro migliore; allora era più bello lavorare per il palcoscenico. Negli anni Cinquanta, negli anni Quaranta, l'ambiente era molto vitale. Oggi, invece, è diventato un affare puramente commerciale.»

– E i momenti brutti?

«Quando non sapevo che cosa sarebbe accaduto, da un giorno all'altro, perché era il periodo di McCarthy. C'era una atmosfera diffusa di paura, ma nessuno voleva ammetterlo, e questo spaventava anche di più. Tutto sembrava e doveva essere normale, ma in realtà non era così. Nessuno però era disposto a riconoscerlo. Per questo ho scritto *Il crogiolo.*»

– Allora, lei ebbe qualche difficoltà?

«Sì. Un esempio: mi era stato chiesto di scrivere una sceneggiatura cinematografica su quella che allora si chiamava "delinquenza giovanile".

«C'erano molte bande di ragazzi a New York che arrivavano perfino a uccidersi. Per le strade si avvertiva un clima barbarico. Le autorità, per cercare un rimedio, mandavano tra questi scatenati degli "infiltrati", che cercavano di civilizzarli.

«L'ho fatto anch'io, ho vissuto con loro, ho imparato moltissimo. Ho cominciato a buttar giù il mio soggetto. Improvvisamente sono stato attaccato da molti giornali. Chiedevano che mi fosse proibito di trattare questo tema, perché ero troppo di sinistra.

«Anche la città con il sindaco Wagner era coinvolta nel progetto, perché naturalmente c'era bisogno della collaborazione della polizia. Fu chiesto il parere dei vari capi dipartimento: per un solo voto l'idea venne respinta. Non ci fu nessuna protesta, nessuno disse niente.»

– Prima di scrivere, lei ha fatto molti mestieri: quali erano le condizioni della sua modesta famiglia?

«Durante la guerra io lavoravo in un cantiere navale: non sono stato arruolato perché mi ero ferito a una gamba, da ragazzino, giocando a pallone. Riparavamo le navi: facevo il carpentiere, tredici giorni su quattordici, per quattordici ore. Poi ho sbrigato lavori d'ogni genere, anche il camionista. Mi piace adoperare le mani, anche adesso: lei siede su una seggiola che ho costruito io.»

– Essere ebreo per lei che cosa vuol dire?

«Durante la guerra, e anche prima, qui c'era molto antisemitismo. Non veniva considerato un atteggiamento inconsueto. Se si cercava un posto, o si apriva il *New York Times* per scorrere le inserzioni, le poteva capitare di leggere l'avvertenza: "Ebrei astenersi", oppure "Cattolici astenersi", "Negri astenersi". Il razzismo era esplicito, e non si faceva nessun tentativo per nasconderlo. C'erano degli alberghi, particolarmente nel New Jersey, non so perché, con una insegna sulla porta: "Vietato l'ingresso agli ebrei".»

– Le sue trame da che cosa nascono: dall'esperienza o dall'immaginazione? Chi è il commesso viaggiatore?

«Da una cosa e dall'altra, direi. Non so quanti personaggi ci siano nella mia vita.»

– C'è uno scrittore che lei non ama: Norman Mailer. Perché?

«Preferisco non parlare di lui. Non c'è alcun rapporto, alcun legame tra noi.»

– Come giudica il libro che ha dedicato a Marilyn?

«Non l'ha mai vista. Non può conoscerla.»

– Durante il primo incontro con Marilyn lei le disse: «Sei la ragazza più triste che ho conosciuto». E lei rispose: «Sei il solo che me lo ha detto». Che donna era?

«A quell'epoca non era ancora famosa. Non si immaginava neppure che avrebbe avuto un grande futuro. Non ci credeva neppure lei. Allora io non la conoscevo bene; sono dovuti passare altri cinque anni. Perché io, allora, la frequentai pochissimo, solo uno o due giorni. Mi era sembrata una persona assai depressa; faceva credere a tutti di essere felice, ma io non ne ero convinto. A me pareva molto prostrata, e lo era. Ma aveva lo straordinario talento di riuscire a mascherare benissimo il suo vero stato d'animo.»

– Perché mai dissimulava?

«Per cercare di soffrire meno. Non era assolutamente in grado di affrontare il suo sconforto. Marilyn era stata una bambina pesantemente maltrattata, per usare un termine attuale. E le tracce di queste offese rimangono per sempre; anzi peggiorano col passare del tempo.»

– Perché si innamorò di Marilyn?

«Perché? Che domanda.»

– Ma che cosa l'attraeva?

«Se lo sapessi potrei risolvere tutti i problemi dell'universo.»

– Che cosa ha rappresentato per lei?

«Per me è stata una grande gioia e un grande tormento; perché era quasi sempre malata quando eravamo insieme; ed è morta proprio per questa sua sofferenza.»

– C'è chi l'ha accusato di avere sfruttato con *Dopo la caduta* il dolore di Marilyn.

«*Dopo la caduta* è un omaggio al suo strazio. È stato un monumento alla sua pena. Lei non poteva soffrire: lei doveva rappresentare il mito; e ancora oggi è una leggenda. E le favole non sentono il dolore. Eppure non c'è stato nessuno che abbia patito, agonizzato più di lei. Ma tutti le sono stati contro, perché non sopportavano il suo male; ma ora è morta, ed ecco che ritorna l'immagine di una donna perfettamente felice che però se ne è andata in quel modo.

«La gente non vuole affrontare la realtà, una parola, come ha detto Nabokov, che si dovrebbe scrivere tra virgolette.»

– Quando fu annunciato il suo matrimonio ricordo che i giornali riportarono una frase della sua prima moglie: «Bisogna permettere agli uomini di commettere i loro errori». Forse aveva ragione?

«No. La stampa e Marilyn: una catastrofe. È l'unica cosa da dire, non voglio parlarne oltre. Solo un disastro, dal principio alla fine. I giornalisti l'hanno ferita più di quanto un essere umano possa ferire un'altra creatura.»

– Cosa è stato per lei il successo?

«Il successo è sempre un piacere e un problema, perché ti dà grande libertà ma te la porta anche via. Ognuno di noi, per un certo verso, è uno sciocco, ma una persona molto affermata è uno sciocco pubblico, e questo rende le cose un po' difficili.

«Un aspetto negativo è che si incomincia ad avere il terrore di commettere degli errori, mentre la nostra esistenza è fatta soprattutto di sbagli: se non se ne fanno non si vive.

«Io ho cercato di comportarmi nel modo più normale possibile, cioè di infischiarmene della notorietà, regolandomi come mi pare, come mi sento.»

– Il suo nome ha certamente un grande posto nel teatro americano: molti la amano, molti la ammirano, ma molti, anche, la detestano: perché?

«Cerco di capire. Nessuno che abbia successo, credo, o che sembri averlo, riesce a evitare di crearsi attorno del risentimento, del rancore, dell'invidia. Sa, sono nell'ambiente da quasi mezzo secolo: questo vuol dire un sacco di nemici.

«Ma dopo un po' ci si rende conto che questo è il prezzo che si paga per non essere morto giovane. E poi ho anche altrettanti amici.

«Se non avessi ostilità, penserei che qualcosa non va nel mio lavoro, perché i miei drammi trattano alcuni dei problemi fondamentali, e se questo non fa arrabbiare nessuno, be', significa che la tua opera non ha alcuna consistenza.»

– Le critiche la fanno soffrire?

«Mi toccano sempre meno. È appena uscito il mio libro, e credo di avere letto non più della metà delle recensioni. Riconosco però che sono di grande importanza per il pubblico. Quello che proprio non mi piace è quando, secondo me, danno indicazioni scorrette ai giovani; questo mi disturba e mi irrita.»

– Ha conosciuto tante persone: anche molti politici; John Kennedy com'era?

«L'ho incontrato una sola volta, quando sono stato invitato con molti altri alla Casa Bianca: ho avuto la sensazione che fosse dotato di una tremenda energia. Era ispirato, e voleva fare tutto, e subito.

«C'era qualcosa, nel suo viso – credo prendesse dei farmaci per la schiena malata, del cortisone – di innaturale. Un gonfiore delle palpebre, uno sguardo un po' innaturale, molto strano. Era una cena per André Malraux. A Kennedy piaceva circondarsi di scrittori, di gente dello spettacolo: lo ricordo come un presidente straordinario; gli intellettuali sentivano di avere un collegamento con il governo.»

– Ha incontrato anche Gorbaciov.

«Facevo parte di un gruppo; probabilmente, oggi, è il leader più fantasioso e più dinamico del mondo, non c'è nessuno che gli assomigli, che possa reggere al confronto.

«Ritengo che ciò che sta cercando di fare in Russia sia di grandissima importanza e, a meno che crolli, ma non credo che accadrà, nel giro di pochi anni ci sarà una Unione Sovietica molto diversa.

«C'è però una contraddizione: laggiù c'è un solo partito, ed è molto difficile realizzare un dialogo col popolo: c'è un'unica risposta legale da parte della società: a meno che non trovino la possibilità di avere una opposizione nel loro stesso interno.»

– Nei suoi drammi è sempre presente il senso della morte: la teme, o come la immagina?

«È sempre una grande comodità per gli scrittori, perché è la fine della storia. Seriamente: io vedo la vita come un piccolo spazio che ci è stato dato prima di andarcene, e trovo che la morte è molto stimolante, perché è così incomprensibile, è il mistero definitivo. Perché siamo qui solo di passaggio? Sembra un assurdo.»

– Quando si è accorto che arrivava la vecchiaia?

«È una cosa da tenere lontana. Finora non ne sono ancora afflitto, e questo mi stupisce. Sono sicuro che, improvvisamente, una mattina mi sveglierò e sarò vecchio.

«Ma ho imparato molto ad accettare. C'è chi mi chiede:

"Cambieresti qualcosa?". Questo è totalmente estraneo al mio modo di vedere. C'è una sorta di fato che ognuno di noi ha, ed è legato al carattere. Io sono io, e ho potuto avere solo una vita. I miei errori mi appartengono, così ogni cosa buona che posso aver fatto.»

– E memoria per lei che cosa vuol dire?

«È come se si avesse una fortuna in tasca e scomparisse lentamente; ogni volta che si introduce la mano, è un po' più vuota.

«I ricordi sono la nostra fortuna: c'è in loro tutta la bellezza del mondo. Odio il pensiero di perderli, di lasciarli svanire.»

– E il passato che peso ha?

«Nel pensiero sembra che tutto fosse più vivo, più acuto, più bello. La verità è che si rimpiange la gioventù. Mi dispiace di non cominciare la mia vita adesso.»

– C'è un film di Bergman intitolato *Il posto delle fragole*: un uomo anziano ritorna in un luogo che gli fu particolarmente caro nell'infanzia. Qual è per lei, signor Miller?

«Non ce ne è solo uno, ce ne sono molti. La città è piena di questi luoghi. Fino a dieci anni fa, se percorrevo a piedi alcune zone di New York, la gente mi raggiungeva, come dal nulla, e mi parlava.

«Una volta, in centro, sono entrato in un ristorante dove non avevo mai messo piede; mi sono seduto ed è venuto il cameriere per l'ordinazione. Senza presentazioni mi ha detto: "Suo padre vestiva meglio di lei".

«Mio padre era sempre in giro per le strade, conosceva tutti, e quindi io a New York, anche se non ci vivo sempre, sento una specie di continuità: è piena di posti che mi ricordano litigate, problemi, o chi sa. È una piccola città.»

– C'è una umiliazione che non ha potuto cancellare?

«Dovrei fare molti esempi, ma sono cose talmente personali che preferisco non parlarne. No, proprio non ne voglio parlare.»

– C'è una persona che l'ha consolata e che per lei ha contato di più?

«Sotto molti punti di vista è stata Marilyn. Attraverso i suoi occhi ho visto molti aspetti del mondo che non conoscevo: una agonia, una angoscia che non avevo mai capita, non fino a quel punto, e contro la quale non ero in grado di far nulla, e nessuno poteva farci niente. Per me è stata come una finestra, e non la potrò mai dimenticare.»

– Come mai molti grandi nomi della letteratura americana, Saul Bellow, Salinger, Roth, lo stesso Mailer sono ebrei?

«Dopo mille generazioni in cui eravamo sottomessi e non potevamo avere un'esistenza normale, prevalentemente in Europa, ma in parte anche qui, viviamo in un'epoca in cui forse, improvvisamente, veniamo accettati, come chiunque altro nel Paese. Quindi nella mia generazione si verifica una specie di festeggiamento per questa nuova possibilità di essere liberi.

«Quelli venuti dopo ci vedono come qualcosa di scontato, di normale: non ricordano nulla delle oppressioni che ho in mente io, ed è poco, rispetto a quello che hanno vissuto mio padre e mio nonno. È avvenuta una grande emancipazione degli ebrei, e quindi si sono rivelati anche molti scrittori e hanno scoperto un universo che era stato loro precluso.»

– Politicamente come si considera?

«Be', direi che sono, come si dice, un *liberal*, anche se questa parola non mi piace, perché in genere i *liberals* non fanno nulla: considerano già sufficiente esserlo. Non so bene dove collocarmi, sono molto indeciso, perché non mi sembra che ci sia una corrente a cui mi sento più vicino. Ho anche molte altre cose a cui pensare, ma mi piacerebbe essere ancora attratto dalla politica, anche se mi sembra che sia una stupida macchina che non dice niente.»

– C'è qualcosa che rimpiange?

«Ogni giorno, ed è sempre diversa. Comunque non dedico molte ore alla nostalgia: penso che si debba imparare a conviverci, specialmente invecchiando. Si ha meno tempo da perdere con i rimorsi, il pentimento, il desiderio di essere stato diverso. So che non avrei potuto essere differente, e accetto la vita che ho avuto e che ho costruito: siamo noi che, essenzialmente, la facciamo così, e io me la devo tenere.»

– C'è ancora spazio per la speranza?

«Io credo di essere molto ottimista. Ma quando sono in azione, tra gli altri. Quando me ne sto lì seduto da solo e penso, divento molto pessimista. Credo che sia per questo che a volte sono così sciocco. Ma credo anche che ci sia la speranza, tra la gente.»

Dice Quentin, il protagonista di *Dopo la caduta*: «È per questo che mi sveglio ogni mattina come un ragazzo! Ancora adesso, ancora adesso! Come se niente fosse stato! E potrei ricominciare ad amare il mondo: da capo! Ma basta, sapere? So bene che noi che ci incontriamo quaggiù non siamo esseri illuminati dalla grazia. Non ci incontriamo in un giardino di frutta candite e di alberi dipinti – la menzogna dell'Eden. L'Eden! Dopo la Caduta ci incontriamo, dopo tante e tante morti».

IV

Svetlana Stalin e Aleksej Kapler

IL PRIMO AMORE FINISCE ALLA LUBJANKA

Aleksej Jakovlevič Kapler è disteso su un sofà. La faccia rivela i segni della stanchezza, è malato. È una giornata afosa, malinconica: piove sul boschetto di betulle che circonda la dacia. Dobbiamo parlare di lui, di Svetlana, di un incontro che ha cambiato il senso di due vite. Di un idillio, di una passione, naufragati nella mediocrità. Perché «nulla» ha detto uno scrittore russo «è più triste della morte di un amore».

Capisco la sua fatica, il suo imbarazzo. «L'ho conosciuta nell'autunno del 1942» comincia, sottovoce. «Io ero con Karmen, il documentarista, e con Konstantin Simonov, lo scrittore. Fu Vasilij Stalin, suo fratello, che ci invitò a Zubalovo, nella casa di campagna. Vasilij era un tipo allegro, anche troppo. Gli piacevano le compagnie spensierate, atleti, piloti, gente del cinema. Gli piaceva soprattutto bere. Era molto giovane, ma aveva fatto una gran carriera. Mi pare che a ventiquattro anni fosse generale dell'aviazione. Il suo locale preferito era l'Aragvi, il ristorante georgiano: vi si mangiava bene, anche in tempo di guerra. C'era l'orchestra, cantavano.»

Un uomo di carattere complicato, insomma, con qualche buona qualità e parecchie debolezze.

Vasilij ha avuto tre mogli: la prima si chiamava Galja, un'amica d'infanzia, la seconda Ninel, ed era la figlia di Timošenko, la terza una campionessa di nuoto, Kapitolina Vasileva. Tutte, dicono, lo hanno amato.

«Quello che mi colpì in Svetlana» racconta Kapler «era la grazia, l'intelligenza: come parlava di coloro che le stavano attorno, la critica che faceva ad alcuni aspetti del mondo sovietico, ecco, la libertà che aveva dentro. Mi disse: "Ho letto un romanzo di Cronin, *Il castello del cappellaio*; anch'io vivo in una rocca, in una fortezza, e anche su di me c'è un'ombra che mi segue".»

Già si prepara il «terribile inverno». In tre mesi sono andati perduti due milioni di soldati, 8000 carri pesanti, 15.000 cannoni. Durante gli allarmi un rifugio accoglie gli ospiti del Cremlino. Stalin è invisibile: chiuso in una stanza, sempre chino sulle carte, spesso riposa la notte, vestito, su un divano. Il suo studio è perennemente illuminato.

Svetlana frequenta l'ultimo corso della scuola media, e così la presenta Churchill che la intravede durante un banchetto: «Una bella ragazza dagli occhi azzurri, rossa di capelli, sorridente, solidamente piantata».

Anita Galliussi, figlia di un comunista italiano, emigrata da piccola nell'Urss, la descrive «di carattere discreto e modesto, non ci tiene a emergere sulle compagne, non si dà arie, a differenza di Svetlana Molotov, capricciosa e piena di ambizioni».

Ha sedici anni, ed è sola. Una maestra le insegna l'inglese, un'altra il pianoforte, una bambinaia la pettina, un generale, Vlasik, decide dei suoi orari e delle sue amicizie.

«Era circondata e oppressa» dice Kapler «dall'atmosfera che compete a un dio.» Un professore le fa scrivere l'elenco dei luoghi che celebrano suo padre: c'è una montagna del Pamir, c'è una città sul Volga, c'è perfino un'automobile, la Zis (Zavod Imeni Stalina), stabilimento chiamato Stalin, che porta in giro il nome venerato.

Anche a lei vengono riservate speciali attenzioni: e quando la conducono la prima volta al Bolšoj, il balletto che si rappresenta è *Svetlana*, e nonostante *papočka* non ami i profumi, nei magazzini Gum si vende una colonia che ricorda l'unica figlia del capo.

Stalin dice a Hopkins, il consigliere di Roosevelt: «Tutto va male, ma per l'esaltazione non c'è crisi, il mito continua». Gli aviatori si considerano i suoi falchi, i cavalieri le sue spade, la fanteria i suoi fucili; il popolo ha bisogno, come scrive Edgar Snow, «di un patriarca, di un eroe».

«Svetlana» dice Kapler «mi parve subito diversa da come la immaginavo; era audace nei giudizi e semplice nei modi. Vestiva in maniera sportiva, abiti ben fatti, ma non lussuosi, e ricordo che portava su una maglia una *broche*; io le chiesi che cosa significasse, se era un dono; lei rispose: "Apparteneva a mia madre".

«Nacque fra noi un legame inconsueto; io avevo quarant'anni, ero sposato, ero qualcuno nel cinematografo, avevo messo la firma a *Lenin in ottobre* e a *Lenin 1918*, due film di molto successo, ma penso che il merito fosse soprattutto di Boris Ščukin, l'interprete; e poi mandavo corrispondenze alla *Pravda*.

«Le domandai perché era triste; mi spiegò che ricorreva una brutta data; era l'anniversario della morte di Nadežda Allilueva.

«Di Stalin parlava poco; qualcosa, ormai, li divideva. Le piaceva rievocare i giorni dell'infanzia, quando lui la faceva sedere accanto a sé, durante i pranzi, anche se c'erano ospiti importanti, o la portava a passeggiare nei boschi, e voleva sapere il nome dei fiori e degli uccelli. La chiamava "padroncina", "mio passero"; le aveva insegnato a giocare a scacchi. A Svetlana è rimasto il senso appassionato della natura, si divertiva a cercare i funghi, o a raccogliere il ribes, le piaceva tanto il mare.

«Allora non sapeva ancora nulla del suicidio della madre, ma ne provava uno struggente rimpianto. Le mancava qualcuno a cui abbandonarsi, le mancava la confidenza, il calore. Nadja Allilueva si era sparata quando lei aveva sei anni, e Svetlana la vedeva ancora rigida e severa coi suoi bambini, e specie con Vasilij, perché si controllava e raramente concedeva un elogio o un gesto affettuoso.»

Non aveva tempo per i figli. Scriveva infatti a un'amica: «Devo fare sempre qualcosa per Iosif, cercare documenti al commissariato, libri in biblioteca e cucinare; lo si aspetta, e non si sa mai quando tornerà a casa».

Dice Kapler: «Ricordo che a Zubalovo si suonavano dischi di musica americana, sincopata, ricordo che ballavamo il fox-trot, e chiacchieravamo di film e di romanzi; una volta io e Simonov facemmo finta di lottare in giardino, sulla neve. Tutto era provvisorio, e avevamo voglia di ridere, di divertirci».

«Svetlana mi parlava delle sue giornate,» ricorda Kapler

«dei suoi studi, e mi ascoltava con interesse; io, forse, rappresentavo per lei l'esperienza, la voce di un altro ambiente, così diverso dal suo, chissà, il fascino dell'età matura.

«C'era una guardia che la seguiva a ogni passo, si chiamava Michail Nikiforovič; imparai ben presto a conoscerla anch'io. Se Svetlana andava nella foresta, lui dietro, se sciava, ed era molto brava, anche lui doveva buttarsi nella discesa, se entrava in un teatro, lui si sedeva nella poltrona accanto, e spesso si addormentava. Il posto che odiava di più, ritengo, era il Conservatorio; diceva degli orchestrali: "Adesso ricominciano ancora a segare le cassette per la stufa".

«Se Svetlana voleva fare un discorso riservato, Michail Nikiforovič concedeva, tutt'al più, una piccola infrazione alla regola: si ritirava nella stanza vicina, ma la porta doveva rimanere aperta. Lei protestava, ma inutilmente. Ora che ci penso, quando l'ho conosciuta aveva l'età che ha adesso sua figlia Katja.»

Kapler ha letto qualche stralcio dell'autobiografia di Svetka (era questo il vezzeggiativo usato con lei dal padre) e qualche indiscrezione pubblicata in Occidente. Lei lo ricorda «con tenerezza e con gratitudine», le sembrava «l'uomo più bravo e intelligente della terra».

Non è semplice spiegare quella giovanile e tenace esaltazione; ma mi viene in mente che anche Nadežda si innamorò di Iosif Džugašvili che era di oltre vent'anni più vecchio di lei. Quella sera a Zubalovo, quel lontano autunno, quella conversazione col cineasta ebreo che sapeva tante cose, hanno avuto un influsso decisivo su tutta la sua esistenza.

«È difficile stabilire adesso il peso che quei giorni hanno rappresentato,» dice Kapler «determinare l'importanza che un incontro ha su una intera vita. Non c'era, allora, fra noi un amore intimo, completo, non eravamo, per intenderci, amanti. Era un rapporto d'altro genere, una relazione unica, forse un'amicizia tormentosa, disperata, fra due persone che si capivano, che stavano bene insieme. Svetlana mi piaceva, e io piacevo a lei.

«Vedemmo insieme un vecchio film della Garbo, ricordo, *La regina Cristina*, e in quella storia di un sentimentalismo esasperato pareva ci fosse un'allusione al nostro destino; anche noi camminavamo tra gli alberi, Svetlana era la grande dama, io il povero don Alfonso, l'innamorato, ma se John Gilbert moriva, e l'affascinante e nobile fanciulla svedese partiva per l'esilio, per il nostro contrastato amore Stalin trovò una soluzione più semplice e meno spettacolare: cinque anni di campo di correzione per me, e due schiaffi per sua figlia.»

Kapler regalava a Svetlana dei libri, dei dischi; le faceva conoscere qualche romanziere americano proibito (Hemingway l'entusiasmò), l'accompagnava a visitare la Galleria Tretjakov, e la giovane studentessa si incantava davanti a quelle immagini pervase di lirismo che riflettevano l'incanto del paesaggio russo; andavano a certi spettacoli di prosa, o alle proiezioni private al Circolo degli artisti del cinema. Si proiettavano i *musicals* americani, con Ginger Rogers e Fred Astaire, e i cartoni animati di Walt Disney: le parvero molto poetici, aveva il gusto delle favole. Lui la chiamava Sveta, lei lo chiamava Ljuša.

Svetlana amava molto la letteratura e la musica, i classici, i concerti sinfonici; le piaceva anche Dostoevskij, nonostante il padre lo giudicasse, sì, un grande scrittore, ma anche un grande reazionario.

Nessuno dei due, all'inizio, si rendeva conto del pericolo che correvano. Vasilij offriva loro molti pretesti per gli appuntamenti; Ljuša andava ad aspettarla alla fine delle lezioni, vergognandosi anche un poco, nascondendosi in un portone, la guardia li accompagnava, inesorabile, standosi alla debita distanza, ma il telefono veniva controllato, qualcuno annotava la corrispondenza, qualcun altro compilava rapporti.

Poi, un giorno, Kapler ricevette una comunicazione minacciosa, da una voce sgradevole: all'apparecchio era il colonnello Rumianzov che lo invitava a lasciare Mosca, ad andarsene. Ne fu indignato e interruppe bruscamente il dialogo. Ma forse Ljuša ignorava il saggio consiglio dell'esperto Anastas Mikojan: «Quando Stalin dice di ballare, una persona avveduta balla».

«Perché non gli ho dato retta?» si chiede Aleksej Jakovlevič. «Mah! Era anche una questione di rispetto per se stessi. Svetlana e io capivamo che, ormai, tutto doveva finire, che per noi non c'era speranza, non c'era domani. Ma ancora tante cose ci univano; lei mi aveva detto tutto di sé, io l'avevo capita. C'era, nelle sue parole, un incanto innocente, e molta tristezza: io la vedevo durante le vacanze a Soči, quando il padre ancora si occupava di lei, e sorvegliava, come in tutte le buone famiglie, i compiti dei ragazzi, e sosteneva che era meglio parlare l'inglese, piuttosto che il tedesco, o nelle infantili recite al Cremlino, o in mezzo ai grandi rivoluzionari, con Vorošilov che canta e Bucharin che ammaestra una volpe. Lei descriveva Stalin con affetto, con devozione e anche con un po' d'umorismo, come quando raccontava che odiava le sottanine corte, e sgridava la governante, o quando ripeteva certe sue massime ciniche: "I sentimenti" diceva il vecchio "sono affari per le donne".

«Poi, i fili che li univano si erano rotti; l'unica confidente era la bambinaia, Vasilij correva dietro alle sue avventure e Jakov, il fratello maggiore, che per lei aveva un senso di protezione, era al fronte; Stalin doveva seguire le traversie dell'Armata Rossa, e non gli affanni di quella ragazzina. Non mi sentivo il Principe Azzurro, ma pensavo che Sveta aveva bisogno davvero di me.

«Tentammo per un po' di non vederci; anche i suoi parenti la sgridavano, la intimidivano, poi ricominciammo. Non so chi prese l'iniziativa. Sembra una lunga avventura, ma il primo capitolo finì molto presto. Decidemmo di dirci addio, e per sempre. Era il 28 febbraio 1943, Sveta compiva diciassette anni. L'ultimo convegno avvenne nell'appartamento di Vasilij, dalle parti della stazione di Kursk. Non accadde nulla, niente di colpevole. Un bacio, ecco tutto. Proprio un incontro. Due giorni dopo io dovevo andare a Taškent. C'era per me un lavoro in teatro. Svetlana arrivò, e con lei il poliziotto. Fu discreto, ci lasciò soli. Parlammo, parlammo a lungo, non so bene che cosa ci dicemmo, non ricordo neppure chi volle affrontare il rischio di quel doloroso saluto. Non sapevamo che su quella patetica scena vegliavano gli agenti dell'Nkvd.»

Il 2 marzo Kapler sale sulla sua macchina, e va al Comitato per la cinematografia, deve sbrigare qualche faccenda: un appuntamento, una pratica. Quando esce, un signore gli si avvicina, gli mostra una tessera, lo invita a salire. Si siede accanto.

«Dove andiamo?» chiede Kapler.

«Alla Lubjanka.»

Lui guida e il signore tace.

«C'è un motivo? C'è un'accusa, un mandato contro di me?»

Il signore continua a tacere. Li segue una lunga Packard nera nella quale troneggia il generale Vlasik. Scendono nel cortile, lo accompagnano in un ufficio. Vlasik, per sbrigare questo affare, da solo non basta; arriva anche un viceministro che si chiama Kabulov. Kabulov attacca il discorso, ma non ha da dare molte spiegazioni. Non parla di Svetlana, non nomina il capo, non allude a contatti con gli stranieri e, tanto meno, a manovre di spionaggio a favore dell'Inghilterra. È rapido ed esplicito; ripete una formula: «Aleksej Jakovlevič Kapler, siete dichiarato in arresto in base all'articolo 58 del nostro codice per avere, coi vostri discorsi, pronunciato giudizi antisovietici e controrivoluzionari».

Non c'è processo, e non c'è quindi facoltà di difesa. Di solito, per questo reato, sono contemplati dieci anni di campo; per il momento a Kapler ne vengono benevolmente elargiti soltanto cinque. Non gli danno alcuna possibilità di far sapere ad altri quello che è accaduto, non può neppure avvertire Tasja Slatogorova, la moglie. Anzi, spediscono via anche un suo caro amico, il regista di documentari Michail Slugkij. Fanno un elenco di tutto ciò che possiede, ritirano gli oggetti, lo pregano di controllare e di mettere una firma. In ogni caso la burocrazia ha i suoi riti.

Nessuno si stupisce di quella procedura, sbrigativa e disumana. È nell'uso.

Antonina Nikolaevna, la vedova di Isaak Babel', mi ha raccontato come scomparve l'autore de *L'armata a cavallo*: «Vennero il 15 maggio 1939, alle cinque di mattina, ma Isaak Emmanuilovič non c'era, stava a Peredelkino, nella dacia. Mi svegliarono e dissero che dovevo accompagnarli; c'era un'automobile col motore acceso sulla strada che aspettava. "Vogliamo notizie su uno che lui conosce" dissero. Lidija, la nostra bambina, aveva due anni. Isaak Emmanuilovič stava lavorando alla sceneggiatura di un film, ma non era tranquillo; dopo l'arresto di Mejerchol'd e del giornalista Kol'cov, aveva capito che le cose si mettevano male.

«Arrivammo dunque a Peredelkino, salì sulla vettura accanto a me, e mi disse: "Abbi cura di Lidija, non lasciarla, altrimenti vivrà nella miseria".

«Perquisirono tutto, e portarono via anche le lettere che lui mi aveva mandato da Parigi. Lettere d'amore, si capisce, lettere di un uomo a una donna. Non le ho più riavute. Poi riandai con lui fino al cortile della Lubjanka. Isaak mi abbracciò: "Una volta o l'altra ci vedremo" disse. Io gli mandai dei rubli, qualche vestito, della biancheria, misi nei fazzoletti un po' di profumo. Sei mesi dopo un secondino mi disse che non c'era più, era stato giudicato e condannato, articolo 58. Non ne ho saputo più nulla. Poi il 23 dicembre 1954 ho ricevuto questo foglio.»

Legge: «Dati i nuovi fatti, il caso di Isaak Emmanuilovič Babel' è stato revisionato l'8 dicembre 1954 e, poiché non risulta alcun reato, la causa è chiusa. Firmato: il generale del Tribunale militare Čeprov».

Quanto a Kapler, aspetta di essere trasferito, ma per un anno il suo domicilio è una cella della Lubjanka. Diceva un proverbio di allora: «Tutte le strade portano a piazza Dzeržinskij». Infatti, l'ingresso principale della troppo nota prigione fronteggia il monumento dell'incorruttibile fondatore della Čeka.

Undici anni dopo, passeggiando per il Parco Sokolniki, e nel quieto tepore di un caffè, Kapler ascolta l'altra versione di quel giorno. C'è anche il 2 marzo di Svetlana, e ha un poco il tono del melodramma. Entra in scena uno Stalin sorprendente e inedito, quasi da *Traviata*: «Tu non sai quanto soffrì / il tuo vecchio genitor»; è un uomo che è fuori di sé per la delusione e la collera. Il dialogo si svolge presso a poco così:

Stalin. Dammi subito le lettere e le fotografie di quel tale Kapler.
Svetlana. Ma io non so nulla.
Stalin. È inutile che tu menta, tanto quel mascalzone è stato arrestato.
Svetlana. Ma io lo amo.

Stalin non si trattiene e partono due ceffoni. Svetlana, terrorizzata, consegna le prove del peccato. Quel trattamento di solito era riservato a Vasilij, ogni volta che i professori denunciavano la sua svogliatezza, ma Stalin esaspera ancora di più lo scontro infilando, con cattivo accento russo, una serie di volgari espressioni georgiane. «Stupida» è l'apprezzamento più cortese. Segue un colorito ritratto di Kapler, impenitente e scettico donnaiolo, e una seria descrizione della gravità dell'ora. Mentre l'esercito resiste agli attacchi della Wehrmacht, mentre il popolo soffre le pene di una feroce battaglia, la sua Svetlana, il passerotto, si lascia travolgere dal subdolo fascino di un coniugato che ha avuto addirittura l'impudenza di dedicarle un articolo chiamandola «fidanzata».

In Stalin c'è lo sdegno del padre che si sente tradito e l'affanno del capo oppresso dalle responsabilità. Tutto, in queste ore, congiura contro di lui, anche la sua famiglia. E ovunque sconfitte. Simonov racconta che, in quei giorni, riceve Mechlis, il vicecommissario alla Difesa, che dopo un'offensiva fallita nella zona di Kerč, va a fare il suo rapporto. Non lo ascolta neppure, e lo liquida con una battuta: «Siate maledetto».

Diciamolo francamente: l'ira del «Gengis Khan che ha letto il *Capitale*», come lo chiamava Lenin, stavolta non è poi del tutto ingiustificata. Alla fine della tempesta restano sul pavimento alcuni tristi pezzetti di carta. Svetlana, quella sera, ha perduto anche suo padre.

Una mattina il detenuto Kapler è chiamato a rapporto. Lo informano che deve preparare il fagotto. È trasferito a Vorkuta. C'è una macchina colore blu scuro che è adibita al trasporto dei prigionieri; nel gergo carcerario la chiamano «Corvo nero».

Con lui caricano tanta altra gente: «deviazionisti», ex socialdemocratici, innocenti vittime della intolleranza, del sospetto, e dei sistemi di Lavrentij Berija. *Trockizm*, *Terrorizm*, *Tjažëlyj trud*, sono le *t* che ricorrono frequentemente nel linguaggio giudiziario: trockismo, terrorismo, lavori forzati.

Per Kapler le cose non vanno poi tanto male; a Vorkuta si danno spettacoli, e il suo talento è riconosciuto; gli viene concesso un permesso speciale perché lavori in teatro. La compagnia è formata da carcerati in licenza serale per motivi di propaganda, e da professionisti.

Fra i componenti del complesso c'è una bellissima attrice, la Tokarskaja, che è anche una creatura sensibile e umana. Questo Kapler, che è finito dentro per un motivo così insolito, questa specie di cavaliere dell'ideale, prima la incuriosisce, poi la conquista.

Attorno a Kapler ci sono, in questo momento, tre donne: una al Cremlino, che lo pensa con rimpianto e nostalgia, una in qualche parte di Mosca, che lo ama con devozione di sposa, e che aspetta il permesso per poterlo rivedere, e una sul provinciale palcoscenico di Vorkuta.

V. G. Tokarskaja è incantata da questo tipo straordinario che, vivendo in una baracca dalla quale esce soltanto per andare a spiegare copioni, o per salire su una ribalta, o per trafficare nell'unico laboratorio fotografico della città, non ha perduto la voglia di vivere.

Si mettono insieme, si fanno compagnia. Di Svetlana, per molto tempo, nessuna notizia. Una mattina arriva un nuovo convoglio di arrestati e qualcuno gli dice che la figlia di Stalin ha sposato uno studente che ha conosciuto all'università, un certo Morozov. Kapler non si meraviglia, e neppure ci soffre: «Avevo qualche ricordo,» mi dice «ma non posso dire che la pensavo sempre».

Cinque anni sono passati; il detenuto viene condotto al comando: «Siete libero,» lo avvertono «ma non potete andare a Mosca. Kiev è il posto che fa per voi».

Nessuna spiegazione al momento del fermo, e nessuna formalità adesso. Kapler ha una natura ribelle, gli piace il rischio. A Mosca c'è la moglie, che gli è stata vicino, e vorrebbe salutarla, stare con lei magari per una notte, poi ripartire. Di Svetlana non si preoccupa. Adesso è una signora. Ma lo pescano alla stazione, non ha fortuna, e questa volta la condanna è più aspra. Altri cinque anni, però da passare in miniera, a Into.

Prima lo impiegano come operaio, piccone e carretta, poi lo promuovono meccanico. Anche il suo umore è cambiato, la fatica è estenuante, non c'è il conforto delle buone amicizie, non si legge, il vitto è scarso e immangiabile: una zuppa indefinibile, un pezzo di pane di segale, di sera non si recitano Čechov e Gogol'. Ma l'attrice Tokarskaja resta fedele alla sua parte di amante devota e di consolatrice, e lo aiuta con le parole e col cibo, e non gli fa perdere la speranza. Cinque anni sono lunghi, passati a scavare sottoterra, e lasciano segni. Sulle mani, e dentro. Ma bisogna ricominciare. Subito dopo la liberazione si sposano. È l'estate del 1953. Stalin è morto da tre mesi.

Un anno dopo a dicembre. C'è un congresso alla Casa degli scrittori. Aleksej Jakovlevič Kapler vi partecipa in compagnia di Tatiana Tess. Tatiana è già allora una giornalista molto seguita; adesso il suo ultimo libro, *Le americane*, frutto di un lungo soggiorno negli Usa, ha avuto centomila copie di tiratura e si è subito esaurito. In un referendum fra i lettori è risultata «la scrittrice più amata», quella di cui si conservano i ritagli.

Sono passati undici anni dall'ultimo incontro nell'appartamento di Kursk, vi sono state due mogli nella vita di Ljuša, e un paio di mariti in quella di Sveta. Tutti e due sono mutati: Svetlana è carica di delusione e di amarezza, le esperienze hanno inciso sul carattere di Aleksej, e anche sul suo aspetto. I capelli sono candidi. «Lei non è cambiato» gli dice Svetlana, ed è un complimento.

Hanno molte cose da dirsi, da raccontare, e nel romanzo comincia un nuovo capitolo. Svetlana è sempre, come dice Olga Kulikovskij, una compagna di scuola che ora vive in America, «una delle donne più sole che io abbia mai conosciuto». Quell'ombra che la seguiva nel «castello» della giovinezza, ancora la domina; i due uomini che ha sposato non hanno colmato il suo bisogno di gioia. Forse per questo «non aveva limiti nel cercare la sua felicità» spiega Tatiana Tess.

Ricominciano a vedersi; lei gli dice subito: «Mi dispiace che per colpa di mio padre tu abbia sofferto tanto», ma Kapler tace. Non rinnega il suo passato, le sue scelte; pensa che questo Iosif Džugašvili, che non ha mai visto, è stato un mostro, e che per lui ha sofferto le conseguenze del «culto della personalità». Però rispetta il sentimento di Svetlana. Lei gli parla della famiglia, di Vasilij che beve sempre di più, di Jakov che è scomparso in Germania e del «vecchio» che fino all'ultimo ha governato non soltanto il popolo russo, ma è stato anche il dominatore della sua casa, della sua gente. E gli parla, soprattutto, di sé.

Ora Svetlana è libera di dirigere la sua vita. Dopo due fallimenti sentimentali si riaccende in lei l'antica passione. E anche per Ljuša riprende l'incanto. Sveta ha una Pobieda, prende Iosif, il bambino, e insegue Kapler con la sua auto sul Mar Nero; le giornate sono splendide, lui si diverte a fotografarla. Diventano amanti. Del resto, il matrimonio con la signora Tokarskaja si regge con qualche difficoltà, ma Aleksej ha rispetto per quella donna che gli è stata accanto nelle ore difficili e alla quale deve tutto: senza di lei, forse, non sarebbe sopravvissuto. Non vuole che l'amicizia per Svetlana offenda la moglie; è esplicito, è chiaro: nulla può esserci, fra loro, di definitivo; non la sposerà. Ma Svetlana è piena di orgoglio, vuol metterlo alla prova, vuole forzare la situazione. Ha sempre ottenuto quello che voleva: «Comandami» le diceva perfino Stalin; non accetta di dividerlo con un'altra.

Durante uno spettacolo si presenta all'ingresso degli artisti e chiede di essere ricevuta dalla moglie di Kapler. Chi recita di più, però, durante l'incontro, è Sveta, che si trova di fronte a una donna forte, che non si affida all'insulto, ma all'ironia, e non si abbandona alle lacrime. È abituata a lottare, è piena di dignità. Dice che capisce il caso, che Aleksej può regolarsi come crede, ma basta che lei non sappia, perché non è disposta a sopportare nessun compromesso, non vuole essere ferita nel suo amor proprio.

Dice, ridendo, che Kapler è un infedele cronico, che ha amato soltanto la prima moglie, e suggerisce a Svetlana di non dare troppo sfogo alla fantasia, perché anche questa volta passerà. Nel volto teso di Svetlana si disegna lo sconforto. Neppure questa è la fiamma destinata a riscaldare tutta la vita. C'è una frase di Černyševskij che le studentesse romantiche sottolineano nelle pagine dei manuali: «Muori, piuttosto, ma non dare un bacio senza amore». Svetlana la ricorda: sente che Ljuša non le appartiene, e che anche questa esaltante parentesi sta per finire.

Kapler capisce l'intrigo scenico, ma esige che i rapporti umani siano semplici, leali. «Ha sofferto molto per causa di Svetlana,» dice Tatiana Tess «ma l'ha trattata sempre da gentiluomo.» Però questa iniziativa non può perdonargliela.

«Mia moglie» racconta «era una persona molto riservata e civile. Non fece chiassate, non mi rimproverò nulla. Mi disse solo dell'incontro, di quella visita strana e imprevista. Il gesto di Svetlana mi riempì di indignazione; lo trovavo sciocco e cattivo, lo giudicavo inutile. Lei non mi aveva detto niente, aveva agito senza riguardo per nessuno, aveva pensato soltanto a se stessa. Finì così il mio secondo matrimonio, ed ebbe anche termine la seconda parte della mia storia con Sveta.»

La terza moglie di Aleksej Jakovlevič Kapler si chiama Julia Drunina. È bionda, graziosa, e molto curata. Alle donne e ai poeti, diceva D'Annunzio, non bisogna chiedere gli anni. Ma è lei che mi informa: quaranta. Le compagne di Kapler, come di consueto, sono molto più giovani di lui. Veste all'occidentale, camicetta, blue jeans, va e viene dallo studio, serve una merenda, della limonata, del caffè, ma non assiste al colloquio. È discreta, e interviene soltanto quando il marito la chiama. Ha pubblicato dieci volumi di versi, e qualche sua lirica è stata tradotta anche in francese. Svetlana la considera «una mediocre poetessa».

Eppure è Julia che quando Chruščëv, con le 22.000 parole pronunciate al XX Congresso, liquida la gloria di colui che per trent'anni è stato considerato «fabbro di felicità», «sole», «grande nocchiero», suggerisce al marito: «Invitiamo Svetlana; dille se vuol venire a casa nostra. Queste, per lei, devono essere ore terribili, e forse molti l'abbandoneranno».

E Kapler telefona, e Svetlana arriva subito, e Aleksej presenta Julia a Sveta, e diventano tutti e tre buoni amici, e si scambiano visite e doni. Qui, nella dacia, c'è ancora un ricordo di quel fraterno sodalizio: una poltrona di vimini, un regalo di Svetlana.

Kapler conosce così i ragazzi di Sveta: «Sì,» mi ha detto Iosif Morozov «l'ho visto la prima volta quando avevo dodici anni, mi era molto simpatico, e anche lui era tanto gentile con me»; partecipano alle feste per i compleanni e alle riunioni con altri amici.

A Svetlana piace frequentare l'*intelligencija* ma, dice la terza signora Kapler, «era sempre molto chiusa, impenetrabile, e molti la trovavano troppo contegnosa. Nel presentarla, nessuno faceva riferimento a suo padre, così capitava che qualcuno parlasse di Stalin in maniera piuttosto esplicita, con parole di condanna, ma lei ascoltava e taceva, senza ribattere, senza polemizzare».

«Tutto» dice Kapler «si è concluso con due lettere: una sua, una mia. Tutto è finito cinque anni fa. Lei mi scrisse delle frasi offensive, per me e per Julia all'improvviso, senza alcuna giustificazione, e io ho risposto in modo acceso, le ho chiesto come faceva a frequentarci da amica, se pensava di noi certe cose.

«Le dicevo che avrebbe fatto bene a liberare la testa da tante sciocchezze, a cercare un impegno, un lavoro, qualcosa da fare. Le dicevo che non era sincera. È avvilente vedere finire così una vicenda che ha preso tanto di noi. So che Sveta dice che per lei, da quel giorno, sono morto; mi pare ancora un atteggiamento eccessivo. Io, da allora, non l'ho più incontrata.

«Quando ho saputo della sua partenza non riuscivo a crederci. Ho la mia idea sulle donne russe, ne ho incontrate molte, le ho viste nei lager, e avevano un destino tragico, o in guerra, anche Julia è stata per quattro anni al fronte, e anche se la vita di Svetlana era drammatica, qui era la sua casa, qui sono rimasti i suoi figli, e questa è la sua patria.

«Quando ci conoscemmo, leggevamo assieme i poeti, lei amava Anna Achmatova, ne sapeva a memoria tante poesie. Anna Achmatova ha avuto il marito fucilato, un figlio in carcere, l'accusarono di pessimismo, di disfattismo, fu espulsa dall'Unione degli scrittori, non poteva pubblicare nulla, si chiuse nella sua casa di Leningrado, e scrisse dei versi, che forse Svetlana ricorda.»

Cerca con uno sforzo un volume, lo sfoglia, poi traduce lentamente, in un francese limpido:

> Io ho sentito la voce che mi diceva:
> «Vieni qui, lascia il tuo paese di peccato,
> lascia la Russia per sempre.
> Io laverò il sangue delle tue mani,
> io prenderò le pene del tuo cuore,
> io chiamerò con un nome nuovo i tuoi dolori,
> le tue sconfitte.»
> Ma io ho chiuso con le mie mani le orecchie,
> io le ho chiuse con indifferente tranquillità,
> per non farmi offendere
> da quelle parole indegne.

«L'Achmatova» dice Aleksej «è stata invitata molte volte all'estero, ma non ha lasciato il suo Paese, anche quando la vita per noi era molto difficile. Conosce Turgenev? Egli ha scritto: "La Russia può restare senza di noi, ma nessuno può vivere senza di lei".

«Io penso che a Svetlana è accaduto qualcosa di terribile, di anormale, forse una malattia. I suoi figli sono rimasti senza la madre, i suoi amici non sanno che cosa dire: no, lei non è vittima di Stalin, ma di se stessa.»

Quando me ne vado ha smesso di piovere. Nell'ingresso l'occhio cade su una poltrona di vimini; è tutto ciò che rimane, con qualche fotografia, di quello che Svetlana chiama «il più grande, il primo, il più infelice amore che mai dimenticherò».

La mia macchina passa accanto a Konstantin Simonov che, su un sentiero del Villaggio degli scrittori, sotto gli aceri dalle foglie lucide d'acqua, va a spasso con i ragazzi.

V

Amori proibiti

NIGEL NICOLSON RACCONTA

Sono andato a trovare Nigel Nicolson al castello di Sissinghurst, in una giornata d'autunno, quando il giardino, uno dei più belli d'Inghilterra, creato da sua madre, era avvolto in una nebbiolina azzurra, e sfiorito. Nella campagna cavalcavano ragazzi in giacchetta rossa, e nel caminetto bruciavano rami di quercia. Una conversazione misurata, senza accenni passionali, quasi filosofica. Nigel Nicolson, editore e scrittore raffinato, è figlio di Vita Sackville-West, brillante e singolare figura della società inglese, e di un diplomatico squisito, intelligente e ambiguo, mister Harold.

Di Vita, morta nel 1962, si conoscevano soprattutto le avventure strampalate, la sua spregiudicatezza, la mania dei travestimenti: anche da ufficiale, con la benda dei feriti sulla fronte, e gli irrefrenabili desideri omosessuali.

Tre donne entrano clamorosamente nella sua storia: Rosamund Grosvenor, Violet Keppel, in seguito Violet Trefusis, e infine Virginia Woolf che, ispirandosi alla loro avvincente trama amorosa, scriverà poi *Orlando.*

Nel salotto c'è un quadro che rappresenta l'ignoto ed enigmatico giovanotto, dai contorni imprecisi, che è descritto in quelle memorabili pagine.

Forse Violet è l'incontro più travolgente, e Vita lo ricorda con parole struggenti: «Ho presente parecchi particolari di quella visita: come Violet riempì di tuberose la mia stanza, come ci facemmo belle, come lei mi inseguì brandendo uno spadino per i lunghi corridoi di quel vecchio maniero scozzese. E dopo una lunga giornata trascorse tutta la notte nella mia camera da letto. Mi turbò infinitamente la levità del suo tocco, mi turbò quel dolce sussurrare della sua voce, quel saper fare appello ai miei sensi assopiti. Indossava, ricordo, un vestito di velluto rosso, del colore di una rosa scarlatta, che faceva di lei, misto al bianco del volto e al fulvo dei capelli, l'essere più seducente. Mi trasse a sé, fino a che la baciai».

Ogni sera Vita si vestiva da uomo. Molto alta, una forte peluria sul labbro superiore, si faceva chiamare Julian, e si sentiva davvero l'amante ardente di Violet.

C'è una descrizione, più favorevole, di Virginia Woolf, di cui anche Vita è entusiasta, tanto che confessa senza ritegno al marito: «Raramente mi sono tanto invaghita di qualcuno e credo di piacerle. Per lo meno, mi ha invitata a casa sua a Richmond. Caro, mi ha proprio rubato il cuore».

Si legge dunque nel *Diario di una scrittrice*: «Queste lesbiche amano le donne; nelle loro amicizie non manca mai un che di sensuale. Lei mi piace, e mi piace stare con lei e col suo splendore; brilla nella bottega del droghiere di Sevenak radiosa come la fiamma di una candela, e incede con passo maestoso sulle sue gambe simili ad alberi di faggio luminosamente rossa, un grappolo d'uva, una perla sospesa. Questo è il segreto del fascino, immagino».

Virginia è innamorata di Leonard, il marito, e soltanto Katherine Mansfield era riuscita a insinuarsi nella sua intimità; ma Vita arriva con prepotenza.

Anche Harold ha il suo segreto, che alla fine è costretto a confessare: se Vita ha le amiche, lui ha i suoi giovanotti, ma sanno perdonarsi le infedeltà, tollerano le lunghe assenze e l'incompatibilità sessuale. Si lasciano liberi, hanno trovato una formula, come spiega Harold, che gli consente di «raddoppiare le gioie e di dimezzare le pene».

Dice Vita: «Siamo sicuri l'uno dell'altra, in questo nostro strano, inusitato, distaccato, intimo, mistico rapporto, che non sapremmo mai spiegare a un estraneo». Per loro esistono soltanto tre colpe: crudeltà, disonestà e indolenza.

Vita Sackville-West ha confessato in alcuni quaderni i suoi peccati con lucida serenità, nell'intento di spiegarsi con gli altri, desiderosa di far capire che cos'è che muove la psicologia di individui «diversi» dalla gran massa dei considerati «normali».

È una esponente di quella classe inglese chiusa e snobistica dalla quale è uscito il gruppo di intellettuali di Bloomsbury, del quale facevano parte l'economista Keynes, Lytton Strachey e la Woolf. Anche Vita ha talento di romanziera, e presenta Virginia «somigliante ad una volpe, ad un olivo», mentre l'autrice di *Gita al faro* scopre che in Vita «tutto è virginale, selvaggio, patrizio».

Da quell'affetto che le unisce, che è soprattutto fantastico, più sogno che realtà, nasce uno splendido libro, *Orlando*, nel quale si parla di un nobile che si trasforma in donna e che vive in epoche diverse. «Quella Virginia Woolf» dice scandalizzata la mamma di Vita, parlando col nipote «racconta che tua madre ha cambiato sesso.»

Virginia e Vita si scrivono lettere infuocate, ma Virginia, la cui mente già vacilla e che sta per finire suicida, chiude quell'esperienza e la traduce in un capolavoro malizioso.

Nigel Nicolson ha trovato in un valigiotto le confidenze che Vita aveva affidate, scrivendo in italiano, perché nessuno le capisse, ad alcuni taccuini, e ne ha ricavato un piacevolissimo testo, titolo: *Ritratto di un matrimonio*, in cui narra le vicissitudini di quella strana e inconfondibile coppia.

A Sissinghurst, nel Kent, c'è la testimonianza di ciò che li univa: la letteratura, i viaggi, gli alberi e il giardinaggio, il passato. Ognuno, nel vecchio rudere elisabettiano restaurato, ha il suo ambiente e il suo mondo. Si ritrovavano a pranzo e a cena.

Nella torre Vita sistemò la sua biblioteca e ne fece la stanza di soggiorno, e tale rimase per trentadue anni. Vi pose le sue reliquie personali: una pietra di Persepoli, una fotografia di Virginia, le scarpine da ballo di Pepita, la nonna spagnola, che era stata danzatrice.

In questo ritiro scriveva la sua rubrica di giardinaggio per l'*Observer*; nel parco coltivava erbe rare come la radice dell'iris, o il guado, e siepi di tasso e prati di timo. L'amore con Virginia era finito da tanto e, dopo di lei, c'erano state altre amanti. Compone un libro emblematico: *Ogni passione spenta.*

Una mattina di marzo del 1941, mentre le bombe cadono su Londra, Virginia Woolf scrive un biglietto per Leonard, lo sposo: «Sei stato tutto per me. Non credo che un'altra coppia sarebbe stata più felice della nostra, se non mi fosse venuto questo terribile male». Prende il bastone e si avvia per la solita passeggiata. Arriva al fiume, raccoglie due grosse pietre, le infila nelle tasche del cappotto, poi cammina adagio nell'acqua, sempre più avanti.

– Signor Nicolson, c'è nella esistenza di sua madre un fatto, come dire?, inconsueto: l'evasione, l'abbandono della famiglia, perché si era invaghita di un'amica.

«È scandaloso solo in parte questo episodio della fuga di mia madre, da sette anni sposata, con un'altra giovane donna. Mio padre e il marito della sua compagna le inseguirono, le riportarono indietro, si separarono, e ripresero la loro vita matrimoniale.»

– Questa storia, senza dubbio, costituisce un gesto clamoroso.

«Ma il libro che io ho scritto non è né tentatore né osceno. Il suo scopo è mostrare che, nonostante avventure del genere, il matrimonio di mia madre e di mio padre riuscì a essere uno dei più felici e fruttuosi che io abbia mai visti.

«Nonostante i critici l'abbiano presentata con scalpore, in realtà è una vicenda d'amore tra due persone sposate, ciascuna delle quali permetteva all'altra di avere incontri al di fuori del legame che le univa. Questi rapporti, che in altre situazioni ne avrebbero causato il crollo, invece lo arricchivano e lo approfondivano. Secondo me il racconto ha la sua morale, perché dimostra che l'idillio unico ed esclusivo non è indispensabile.»

– Per quanto riguarda il sesso, gli inglesi, almeno teoricamente, sembra siano all'avanguardia: Oscar Wilde, Lady Chatterley e anche Virginia Woolf...

«In Inghilterra, come d'altronde in qualsiasi altro Paese dell'Occidente, l'atteggiamento verso le questioni amorose è cambiato moltissimo negli ultimi venti anni. Oggi siamo più franchi, io parlo apertamente, ne discuto con i miei figli, mentre i miei genitori non l'avrebbero mai fatto con me. Non mi sorprendo proprio per niente se i miei ragazzi hanno le loro esperienze, e a loro volta non si indignano se io ho altre relazioni. Ora questo all'interno di una famiglia rappresenta una grande rivoluzione che direi salutare.

«Alcuni pensano che non sia giusto che sia proprio il figlio a scrivere certe cose che riguardano la madre, ma io dico che è vero il contrario, perché solo lui conosce ogni aspetto della trama e la affronta con quell'affetto e quella simpatia che gli permettono di capire i tormenti e le traversie a cui sono andati incontro i genitori. La prossima generazione non avrà più questi problemi.»

– Lei sta curando l'edizione completa delle lettere di Virginia Woolf. Vuol tentare un ritratto della scrittrice?

«Io la ricordo molto bene, sebbene sia morta quando ero ancora adolescente. Veniva molto spesso, faceva lunghe domande a me e a mio fratello, come a due scolari, e la trovavo piuttosto noiosa. Dei veri e propri interrogatori. Mandava via la mamma per poterci parlare da sola. L'infanzia la interessava come una di quelle sfaccettature della personalità umana di cui tutti abbiamo fatto esperienza, ma che nessuno ricorda con precisione.

«Virginia Woolf era bellissima e molto allegra. Aveva un carattere simpatico. Solo dopo la sua morte io ho saputo che ogni tanto diventava matta, ma veramente pazza.

«Il suo comportamento verso di noi non rivelava alcun segno di questi turbamenti, ma dopo gli attacchi di follia che talvolta duravano anche due o tre mesi, la sua mente era come schiarita, limpida come il cielo nel quale è passato il temporale.

«Era molto curiosa, si soffermava, eh sì, sulle nostre faccende più intime, ma lo faceva in modo divertente, cosicché le confidavamo sentimenti di cui noi stessi, fino a quel momento, non eravamo a conoscenza. Aveva una grande capacità di far aprire le persone.

«Un giorno, io avevo quattordici anni, Virginia venne qui e mi accompagnò a Londra in treno. È un viaggio che dura un'ora. C'era solo un altro signore che nessuno di noi due conosceva. Virginia mi bisbigliò: "Vedi quell'uomo là? È un bigliettaio e viene da Manchester".

«Io le dissi: "Virginia, come fai a saperlo? Non l'hai mai visto in vita tua".

«E Virginia: "Non ci sono dubbi al riguardo. Guarda, ti racconto la sua storia".

«Per tutta la durata del viaggio mi inventò completamente una trama su quel signore che non sentì una parola, perché Virginia bisbigliava. Non si rese conto che era l'eroe di un romanzo di Virginia Woolf.

«La personalità umana la affascinava, le piaceva l'uso delle parole. Nessuno aveva più inventiva di lei. Una volta mi disse: "Niente succede se non viene descritto". Mi diceva anche: "Tu devi tenere un diario, sempre. Devi scrivere lettere ai tuoi genitori e a me. Metter giù tutte le tue esperienze, anche la più piccola: più sono segrete, più sono banali e più sono interessanti".

«Questo è esattamente quello che lei stessa faceva. Ora che ne sto curando l'epistolario mi rendo conto perché mi aveva dato quel consiglio: perché lei stessa l'aveva messo in pratica. Virginia spediva perlomeno sei missive personali ogni giorno. Descriveva gli amici e le conoscenze, e questo oltre alla sua attività di scrittrice, alla sua vita di società piuttosto intensa, e al suo giornale che annotava con diligenza. Virginia scrisse senza interruzione per tutta la vita: in media 3000, 4000 parole ogni giorno e non si ripeteva mai.

«Anche quando riportava lo stesso avvenimento, trovava espressioni diverse. La sua fantasia era straordinaria, e naturalmente era abbastanza lusinghiero per dei bambini essere trattati con tanto interesse da una persona riconosciuta come la più grande scrittrice del suo tempo.

«Sapevamo che se ne parlava come di un genio, ce ne rendevamo conto, ma Virginia non ci intimoriva, anzi, per noi era la nostra zia preferita, e quando mia madre diceva: "Oggi viene Virginia", noi rispondevamo: "Bene, bene". Ma se diceva: "Oggi viene Vanessa Bell", che era la sorella di Virginia, noi scappavamo a nasconderci perché incuteva molta più soggezione.

«Questo era dunque l'atteggiamento verso i bambini, ma verso gli adulti Virginia poteva essere alquanto imbarazzante e maligna. Diceva cose cattive e per niente gentili. La sua corrispondenza è piena di spiritosaggini fatte alle spese di altri amici, il che ne rende la pubblicazione abbastanza difficile, perché alcuni sono ancora vivi.

«In una, per esempio, presenta una sua grande devota come "quella viscida lumacona piena di veleno". In casi del genere mi rivolgo alla persona interessata e chiedo se la disturba l'eventualità che io pubblichi la frase che la riguarda. Così ho fatto per questa signora; mi ha risposto: "Sì, mi dispiace proprio tanto".

«Ma la maggior parte non se la prende perché tutti sanno che Virginia esagerava sempre ed era maligna: tutti i membri di Bloomsbury erano cattivi e malevoli. Faceva parte del loro gioco. Ma va apprezzata la grande sincerità. A Virginia non piaceva il libro di Lytton Strachey e Virginia glielo diceva chiaramente. Se Roger Fry dipingeva un quadro che Vanessa Bell odiava, Vanessa non si faceva riguardi: "Hai dipinto un quadro orribile".»

– Può descrivere sua madre, la società in cui visse? Che cosa è rimasto di quella classe, di quell'ambiente?

«Mia madre divideva la sua vita tra gli eleganti dell'aristocrazia e i bohémiens, quelli di Bloomsbury. Era figlia unica di una famiglia inglese molto famosa: i Sackville-West, che vivevano a Knole, il palazzo privato più grande che ci fosse in Inghilterra, e là crebbe attorniata da un gran lusso: era bellissima.

«Fu la debuttante dell'anno, era molto corteggiata e molti si innamoravano di lei, ma i suoi genitori erano così convenzionali e non avevano interessi intellettuali, e mia madre cominciò a scrivere molto presto, quando aveva dodici anni. Scrisse non solo romanzi in inglese, commedie e poesie, ma anche in francese e in italiano, lingue che parlava perfettamente.

«Decise di diventare una scrittrice, si sposò con mio padre che era un intellettuale, un diplomatico, e anche lui scriveva e dopo pochi anni di matrimonio smise di frequentare il gran mondo, lo odiava. Quando morì, nel '62, tra i suoi vestiti ne trovai solo uno da sera e risaliva al 1923.

«I suoi amici erano gente come Virginia Woolf o altri artisti e questi erano soliti venire fin qua a trovarla, ma mia madre divenne sempre più solitaria, non desiderava avere gente intorno per lungo tempo, così qui a Sissinghurst non ci sono camere per ospiti; lo scrivere e il giardinaggio furono le sue uniche due occupazioni, e infatti qui costruì un parco che è uno dei più famosi d'Inghilterra. E scrisse una trentina di libri. Aveva pochissimi agi. Non le importava niente di quello che mangiava o di stare al caldo. Divenne molto più schiva di quanto fosse in gioventù.

«Mia madre, da giovane, era invece molto aperta e socievole, ma poi divenuta romanziera, poetessa ed esperta di giardinaggio si mantenne quasi nascosta.

«Questo tipo di esistenza non era nei gusti di Virginia Woolf. Virginia era molto più affabile, amava la gente, amava le feste; aveva una casa in campagna, ma passava la maggior parte del suo tempo a Londra. E credo che questa sia una delle ragioni per cui mia madre e Virginia gradualmente si separarono. Erano state amiche intime per quasi dieci anni, ma negli ultimi tempi si erano praticamente lasciate.»

– Qual è la differenza tra la vita di allora e questa di adesso?

«Tutto sommato penso che ora in Gran Bretagna ci sia un maggior equilibrio tra la vita intellettuale e quella di società. La gente non ha più servitori e quindi non dà più molti ricevimenti. I suoi bisogni sono più semplici; quasi tutti hanno l'automobile e si spostano più facilmente. Gli aristocratici stanno per conto loro. Io non ne conosco nessuno e, sebbene si possa dire che sono nato in una famiglia nobile, non mi considero per niente tale. Non ho persone di servizio, c'è soltanto una signora che passa due volte alla settimana a fare le pulizie e qui vengono un weekend ogni tre i miei ragazzi, ma sì, viaggio moltissimo, questa è la mia unica esi genza. Due o tre volte all'anno vado sul continente o in America. Compro moltissimi libri, ne scrivo e, anche se ciò può sembrare semplice, non lo è affatto. Io ho questa casa grande, insomma il mio benessere è soddisfacente anche se è senza ostentazioni.»

– Vuol raccontarmi qualcosa dello strano vincolo che univa i suoi genitori?

«Io sapevo che si amavano e poi ho imparato che si tradivano, ma questo non aveva nessuna importanza. Ricordo che una volta mio padre mi disse: "Può darsi che tu debba vivere con una persona, e una sola, tutta la vita".

«È come dire: Moravia è uno dei più grandi romanzieri italiani e quindi non leggerò nessun altro libro fuori dei suoi.

E questo era tipico del suo carattere. Uno dei fondamentali valori della vita per lui era il piacere: il che non vuol dire abbandonarsi alle passioni. Non si dimostrava per niente indulgente con se stesso. Nel matrimonio bisogna permettere al partner di avere altri amici, altre vacanze, occupazioni diverse e una carriera sua. Bisogna incoraggiare l'altra persona ad allargare completamente le proprie capacità, bisogna far sì che la moglie, e in alcuni casi il marito, non si sentano per niente dipendenti.

«Non si deve rendere l'esistenza noiosa, anzi bisogna darsi coraggio l'un l'altro, in modo da svilupparsi in varie direzioni. Van bene persino diverse relazioni amorose, cosicché quando si incontrano, sono arricchiti da nuove esperienze. La moglie non deve subordinare i suoi svaghi, i suoi divertimenti, i suoi interessi a quello che fa lui. In questa maniera mio padre e mia madre si costruirono un matrimonio straordinariamente fecondo e diedero un esempio di come dovrebbe essere alle generazioni di oggi.

«All'interno, dunque, della famiglia c'è quel senso di liberazione di cui loro furono protagonisti e pionieri, e mi sembra che ora molte altre coppie vivano esattamente nello stesso modo.

«Mi ripugna l'idea che mia figlia è semplicemente la moglie di suo marito. Che faccia le pulizie e guardi i bambini e che aspetti tutto il giorno il ritorno dello sposo. Invece se ne va fuori, si guadagna i propri soldi, fa un lavoro e si sta facendo una strada e così fa lui, e quando si ritrovano la sera, entrambi si sentono accresciuti dai loro incontri. Questo è, secondo me, il più grande cambiamento che è avvenuto negli ultimi vent'anni nelle case inglesi.»

– Pensa che la fedeltà abbia ancora un valore, oggi?

«Bisogna fare una distinzione tra la fedeltà puramente sessuale e l'amore che i coniugi si devono uno all'altro, per tutta la vita. Questa è la cosa più bella che possa accadere a un uomo o a una donna, ma l'idea che entrambi si debbano giurare una devozione totale per sempre mi sembra una terribile limitazione.

«Oggi anche gli altri la pensano come me. Si capisce che quando ci si sposa non si può neppure immaginare di andare a letto con un'altra persona, dopo sette o dieci anni si deve dare un nuovo vigore all'unione. Questo slancio, paradossalmente, avviene attraverso il tradimento, ciascuno con il permesso e la comprensione dell'altro. Ora non voglio dire che questi atteggiamenti siano tipici della nostra classe media, ma certo lo sono nel giro dei miei amici e credo che tra vent'anni saranno abbastanza normali.»

– Cosa offendeva sua madre? Dava peso all'opinione degli altri?

«Non le importava niente, e in questo senso era un po' imprudente o se vuole molto coraggiosa. Non la toccavano i pettegolezzi che si facevano al suo riguardo. Non leggeva neppure gli articoli sui giornali, ma quando lei era giovane la stampa era discreta, non si scrivevano certe cose, cosicché la sua era una vita privata, e non era oggetto di chiacchiere.

«Naturalmente ora è diverso. Infatti si dice che il delitto più grande è l'essere scoperti e messi in pubblico. Per esempio abbiamo avuto quel terribile affare del leader del Partito liberale, Jeremy Thorpe. Se non fosse stata resa nota la sua relazione omosessuale con un giovanotto, non avrebbe interessato nessuno. Nessuno se ne sarebbe preoccupato e questo caso, secondo me, è un relitto dell'epoca vittoriana, che è destinato a scomparire ben presto. Dopo tutto le relazioni tra individui dello stesso sesso non sono più illegali da tanti anni, ma la gente non si è ancora abituata.»

– Sua madre diceva che i due sessi si sarebbero avvicinati molto e le relazioni omosessuali sarebbero state considerate normali, ma lei ha appena detto che suscitano ancora clamore.

«Purtroppo sì, non stiamo parlando della gente più illuminata, ma del pubblico più in generale. Ora un uomo politico deve aver presente l'opinione pubblica e la mentalità delle persone più anziane.

«Se Jeremy Thorpe avesse dovuto tener conto solo del modo di pensare di quelle sotto i quaranta, non sarebbe stato per niente in pericolo, ma la metà della popolazione ha più di quarant'anni, ora ci troviamo tra due generazioni e, per quella vecchia, l'omosessualità è ancora un male. Io vi appartengo, ma non credo che lo sia, però non si debbono trascurare le migliaia, anzi i milioni di cittadini che sono stati educati in modo diverso, e che non hanno cambiato la loro mentalità.»

– Chi è uno snob?

«Per me è uno che dà un'importanza esagerata all'accento di classe, ai ricchi, e disprezza coloro che non hanno questi attributi. Lo snob è una persona incredibilmente noiosa e lo si riconosce immediatamente. Non è amato da nessuno e per questa ragione è un fenomeno che sta scomparendo. Non c'è molto snobismo in giro, direi anzi che ha assunto la forma opposta. Chi è nato nell'aristocrazia o nei ceti più elevati vuol dare a vedere che ha amici nelle classi più umili, ma è solo un'ostentazione, una cattiva abitudine, peggiore di quella mania di distinguersi all'antica maniera.»

– Lei pensa che gli uomini abbiano una doppia personalità in cui prevale di volta in volta una accentuazione femminile o maschile?

«Hanno qualcosa in comune, ovviamente; in ogni uomo c'è qualche aspetto femminile e in ogni donna c'è qualcosa di maschile. Il problema è come bilanciarli o come accentuarli. Ancora oggi io trovo alcuni lati nelle donne che mi irritano terribilmente: la loro incapacità di prendere una decisione, di fare dei programmi per il futuro, la loro incompetenza per le cose fondamentali come il denaro, l'amore.

«Gli uomini invece pianificano molto di più, le donne si perdono, tendono a dimenticare. D'altra parte gli uomini hanno delle qualità, degli aspetti che non sono molto buoni e fanno indignare le loro compagne. Non sempre sono gentili, sono egoisti, sono forse troppo aggressivi, troppo ambiziosi. Il tipo uomo-donna, il tipo ambisesso sta diventando la norma, mentre al tempo di mia madre era completamente anormale. Mia madre aveva queste due qualità e così mio padre, ed è forse per questo che stavano tanto bene insieme.»

– La ricerca del piacere giustifica tutto?

«Oh, mio Dio, no! Non giustifica l'abbandonarsi alle proprie inclinazioni; per esempio, non giustifica il troppo bere o la pigrizia. Non giustifica niente del genere.

«Il piacere deriva da qualcosa che si è conquistato. Credo che quella di mio padre sia la migliore definizione di una vita felice. Diceva che una vita felice è l'essere occupati fruttuosamente in un ambiente congeniale, con il che voleva dire che qualsiasi cosa si fa bisogna farla sul serio. Bisogna riuscirci se si vuol essere felici. Bisogna avere una vita familiare serena e bisogna avere intorno a sé degli oggetti belli e bisogna essere socievoli, fino a un certo limite. Ebbene questa era la filosofia di Epicuro: non cercare una ricompensa nell'altro mondo, non l'essere puniti per qualcosa che si è fatto male, ma vivere traendo il maggior vantaggio dai talenti che ci sono stati dati o scoprire delle doti che non si sapeva di possedere; o essere avventurosi; l'avventura per me è una cosa molto importante, è andare in posti strani, incontrare tipi che non si sono mai visti prima. Cercare di scoprire come sono; scrivere dei libri che si pensava di non essere capaci di mettere insieme, avere degli interessi completamente nuovi, come la musica, o il giardinaggio. Trarre gioia dalla natura, dalla bellezza dei fiori, dai boschi, dagli oceani. In una parola vuol dire riempire la propria vita con tentazioni giuste.»

– Che cos'è per lei il peccato?

«Peccato? Be', mio padre ci disse quando eravamo bambini che tre sono i peccati: la crudeltà, la mancanza di sincerità e l'indolenza. So che molti potrebbero obiettare a quest'ultimo: è un peccato essere pigri? Vorrei solo sottolineare un aspetto più sottile della crudeltà: è l'indifferenza.»

DONNE DI IERI E DI OGGI

MARELLA AGNELLI

Nel novembre del 1953, in un castello vicino a Strasburgo, affittato dal principe Caracciolo, Gianni Agnelli, che ha trentadue anni, sposa Marella, che ne ha ventisei.

Hanno vissuto e sono cresciuti insieme da quando erano ragazzi, ai cronisti non sembrano commossi. Non c'è corteo, perché Gianni non può camminare, non è ancora guarito da un incidente stradale.

Una volta aveva annunciato il programma della sua vita: «A me quello che piace sono le macchine veloci, il tappeto verde e le belle ragazze». Si cambia.

Marella indossa un vestito in moire bianco. Gli invitati sono arrivati dalla Francia, dall'Italia, dall'America. Si vedono pochissimi doni. Gianni ha regalato alla moglie un brillante e alcuni fili di perle, la presidenza della Fiat un portacipria in oro massiccio. Dopo il rito, si imbarcano a Le Havre per New York.

Marella è figlia del principe Caracciolo di Castagneto, duca di Meleto, diplomatico, e di una americana, Margaret Clark. È amica di Cristiana e di Maria Sole, e dei più piccoli, Umberto e Giorgio. Capelli biondo cenere, occhi marrone, figura slanciata, vita sottile. Truman Capote ha detto che «ha il collo più lungo e aristocratico» che gli sia capitato di vedere. È una brava fotografa, si intende di giardini, ha vinto un Oscar del disegno per le stoffe da arredamento.

È famosa per la sua eleganza: non conta ciò che si porta, ma come; e figura spesso, con la viscontessa di Ribes, Jacqueline Kennedy, l'attrice Audrey Hepburn e la regina Sirikit di Thailandia tra le signore che «senza ostentazione e senza stravaganza» si distinguono per raffinatezza.

«Lady Fiat», come qualcuno la chiama, porta spesso pullover di lana o di cachemire, in colori non accesi, con pantaloni in tinta; ai convegni e alle inaugurazioni, si è fatta notare per un tailleur vinaccia: appende solo una spilla diversa sul risvolto; una intervistatrice descrive il «golf verde menta, la gonna di lino bianco stropicciato, le scarpe basse di pitone multicolore». Di sera, abiti disegnati da Valentino, «un caro amico», o maglie Krizia, «adorabili».

Con Anna Magnani è la sola ammessa dal grande fotografo Avedon nel libro *Observations*, ma alla signora Agnelli non piace la pubblicità, e non riconoscendosi alcun ruolo, non le va di farsi notare.

Non appare quasi mai nei giornali; soltanto per la pubblicazione di un suo libro sui parchi e le ville italiane, splendide foto scattate in trentasei posti diversi, si è lasciata andare a qualche chiacchiera con i cronisti, ma evitando il ruolo di moglie.

Pochi i ritagli che la riguardano e magre le sue confidenze. Di Gianni: «È molto *charmeur.* Non è che lo voglia, lo è. Ammiro la sua grande intelligenza, il suo intuito straordinario. Qualcuno potrebbe dire: è narcisista. Ma vuole lavorare molto e molto in fretta; allora concentra tutto su di sé».

«A me Gianni» mi ha detto una volta «ha dato il gusto della vita, il divertimento. Da giovane, tutto era sempre possibile. Non c'è bisogno di parlare: ha già afferrato. L'attitudine al cinismo era più coltivata vent'anni fa: una difesa, un atteggiamento. Io ero innamorata di come era allora. Ne avevo tanto sentito parlare, e il mito era amato. È cambiato molto, e in meglio. Non si lasciava coinvolgere, ma ora è più aperto ai problemi degli altri. Era, in fondo, come è adesso, ma orientato su cose che io consideravo di second'ordine.»

Ho chiesto all'Avvocato: – Come ha conosciuto sua moglie?

«Era amica delle mie sorelle minori; dovessi dire come e dove l'ho incontrata non lo ricordo, ma certamente a Roma, subito dopo la guerra.»

– La famiglia per lei cos'è?

«Molto importante, e nel rapporto diretto con le persone, e nel senso della continuità, all'indietro e nel futuro.»

– C'è tempo per la moglie, per i figli e per gli amici?

«Per mia moglie sì, perché quando sono a Torino sta sempre con me, e anche a New York. I figli li vedo poco, molto poco, e così gli amici, di passaggio, o a Parigi e in America, ma non condiziono la mia vita alla possibilità di incontrarli; l'elemento guida sono gli obblighi professionali.»

– E i nipoti? Si sente nonno?

«Sì, da poco. Qualche anno fa, per niente, adesso incomincio.»

– Come si tiene unita una famiglia: con i dividendi, o ci vuole anche qualcos'altro?

«Se ci sono difficoltà economiche, è difficile tenerla insieme, però non è quello che la lega, è una comunità di intenti, è la possibilità di intendersi nelle stesse cose.

«Insomma: io ho visto che quando litigano, il più delle volte, è per problemi di potere e per una idea diversa della funzione di un'azienda.»

Parlando con Paola Fallaci, Marella Agnelli ha tratteggiato quasi un bilancio della sua esperienza coniugale. Aveva messo nel conto la possibilità che non durasse, che si potessero lasciare: invece, dopo trentacinque anni, scopre che «si sta bene perfino in silenzio, perché basta un cenno per capirsi».

Pensa che loro due formano «una coppia positiva»: «Insieme sciamo, nuotiamo, andiamo a vela, o per gallerie d'arte, per musei: siamo due persone "visive". Abbiamo una vita in comune, e questo per me è molto bello, perché mio marito è la persona meno noiosa che io abbia mai conosciuto».

Lo sa che molte donne lo ammirano, ma non è gelosa: «No, d'altra parte dovrei essere contenta di avere un compagno sciocco o bruttino?».

E che cosa è cambiato con gli anni? «Le ragioni per cui ci si sposa sono tante. Spesso per amore-passione. Dopo la passione passa. Dunque, se la coppia resiste secondo me significa che c'è l'amicizia.

«Cos'è l'amicizia? È intimità, cioè dirsi tutto. È affinità elettiva, come sosteneva Goethe. È totale fiducia, è ripetersi: questo, o questa, non mi imbroglia.»

Ogni mattina gli ospiti dell'Hôtel Metropol consumano la prima colazione accompagnati dal suono di un'arpa: su un palco, una bionda e delicata fanciulla esegue musiche che propiziano una serena giornata.

Su un lunghissimo tavolo, profusione di delicatezze: uova e salumi, yogurt e latte, ciambelle e frutta, formaggi di ogni specie e riccioletti di burro in abbondanza: tutto quello che un russo sogna e non ha.

Nel pomeriggio un quartetto d'archi accompagna l'ora del tè; per le chiacchiere della sera c'è il sottofondo di un pianoforte.

Anche il gusto dell'arredamento, un po' orientale, i soffitti color panna carichi di stucchi, lo sperpero di tappeti e di marmi rievocano un'altra stagione: e c'è ancora chi ricorda il tempo dello zar.

Fioriscono le associazioni monarchiche: un sarto confeziona per i nostalgici le antiche uniformi e qualcuno sventola i vessilli che accompagnarono la sorte dei Romanov. Oltre alla devozione per il trono, c'è anche la fede in Dio: che delega al sovrano ogni potere.

Era, quello dello zar, «il regime più dispotico d'Europa», ma secondo Solženicyn, la corte di San Pietroburgo appare quasi in una luce liberale: che cosa sono 2200 esecuzioni, dalla ribellione del 1905 fino alla caduta, confrontate con le «purghe» di Stalin, che coinvolsero milioni di persone, con 600.000 cittadini abbattuti dal plotone di esecuzione?

Bastano dieci giorni a Lenin per cambiare il mondo. Gli aristocratici, i signori, i cortigiani non avvertono la tempesta che sta arrivando. Al Circo Ciniselli, a Pietrogrado, danno uno spettacolo intitolato *Le catene d'oro*, in un cinema si proietta *I nemici di Maciste*, al cabaret Ville Rose compaiono donne nude che fanno il bagno nello champagne.

Il 17 novembre Šaljapin sta facendo i vocalizzi per interpretare il *Don Carlos*, il giornalista americano John Reed è pronto a battere sulla sua Underwood la cronaca di quei fatti.

Sono andato a trovare a Philadelphia Nina Berberova, una emigrata, una grande figura della letteratura russa. Un piccolo appartamento; su una parete un Matisse bisognoso di restauro.

Ha novantun anni, e la sua idea della rivoluzione è quella di una giovinetta. Rivive il passato con distacco; ha scritto: «Solo il presente ha significato», e ancora: «Il futuro è più importante di ciò che è stato».

Le è sempre più importato vivere che scrivere: «L'amore» dice «è camminare a un passo l'uno dall'altra, è mangiare in due la stessa foglia di carciofo».

In lei sopravvive tutto: memorie, figure, parole e anche avversioni e antipatie.

Le chiedo di Majakovskij: «L'ho completamente dimenticato. Non mi interessa».

Il principe Jusupov, l'assassino di Rasputin: «L'ho visto una volta, in un palco a teatro con alcune signore, e poi a qualche riunione politica degli emigrati. Ma io non ero sua amica».

– E Anna Achmatova?

«Era di passaggio a Parigi. Andai a salutarla in stazione, credo alla Gare du Nord.

«Camminava a fatica, era terribilmente grassa per via del cibo che aveva mangiato e così cambiata che non l'avrei riconosciuta. Viveva nella mia stessa città, San Pietroburgo.

«Quando entrai nel vagone letto, stava semisdraiata nella cuccetta e l'accompagnava una giovane donna, la figlia del suo ex amante.

«La nostra era una conoscenza superficiale e io corsi verso di lei e la strinsi tra le braccia e dissi: "Sono Berberova", e lei si sedette e mi parlò: "Che bello che sei venuta e ti posso vedere e toccare". E io chiesi: "Come stai?" e lei rispose: "Molto male, molto male".»

Le domandai come aveva vissuto l'esperienza del 1917. «Ricordo giorno dopo giorno. Dovevo andare a scuola e ci andavo. Noi tutti abbiamo atteso quel momento con calma. Il vecchio regime era proprio finito per sempre. Nessuno nutriva alcun dubbio in proposito. Così tutti guardavano avanti e non ai giorni trascorsi che avevamo rifiutati.

«Perché vinsero i comunisti? Penso perché lo zar era molto stupido. A partire dal 1905 chiunque avesse avuto qualcosa nel cervello avrebbe detto che quel sistema non poteva continuare.»

CAMILLA CEDERNA

Una volta era per tutti, amici e colleghi, soltanto «la Camilla». Adesso c'è chi la chiama Rosa Luxemburg o Dolores Ibarruri. Gli sprovveduti, che mancano di riferimenti storici, cadono nel volgare: dinamitarda, virago.

Certo è cambiata: dai salotti della Milano-bene al traliccio di Segrate. Ma anche questo mondo è diverso: più drammatico, più confuso. Cominciò con le cronache mondane nell'*Europeo* di Arrigo Benedetti: i suoi racconti sorprendevano la mia ignoranza provinciale. Parlava di cocktail, di mostre d'arte, di «prime» alla Scala; c'erano sempre donne straordinarie, vestite in maniera incredibile: sottana di pelliccia di leopardo, guanti di zebra, sandali di cobra e, nei capelli, piume d'anitra color ametista.

Una tinta che andava molto, ricordo, era il *mauve.* Non ho mai capito che cosa fosse, e adesso finalmente glielo chiedo:

– Ma quelle camicette *mauve*, Camilla, com'erano?

«Viola, caro, semplicemente viola.»

Non siamo qui, s'intende, per rievocare i tempi di Mariolino il bandito, dei «favolosi» debutti di Wanda Osiris, o di Maria Callas coniugata Meneghini. Parliamo del presente: «Adesso» ha scritto un suo ironico biografo «la Cederna è l'avvocato di tutti: ogni bomba, ogni imputato, ogni movimento pittoresco sono suoi».

Non è il caso di divagare: – Montanelli, hai visto, crede di averti reso un servizio. Ti ha messo in guardia. Era, insomma, un attacco a fin di bene.

«Grazie del pensiero. Ha scritto sul *Corriere* che sono la regina dell'esplosivo, e dico sempre che gli attentati li fa la polizia; e non è vero. Dopo una settimana ho avuto il mio bravo processo per avere firmato quel manifesto che contesta la tesi ufficiale: Feltrinelli è saltato per aria, ma non per colpa sua. Ne sono convinta anche oggi.»

– Non ti rendevi conto, secondo Montanelli, delle gravi responsabilità che stavi assumendo.

«Grazie anche dell'avvertimento. Facevo soltanto quello che considero il dovere di un giornalista. Con il mio atteggiamento e con quello dei tanti che la pensano come me si è ottenuto forse qualcosa. L'incriminazione di Freda e Ventura. Sono venuti fuori colpevoli omissioni e voluti occultamenti, e ne risponderanno personaggi autorevoli, questura e magistrati. Le borse legate alla storia di piazza Fontana sono state ritrovate, un cordino che poteva facilitare le indagini è scomparso. Ora è chiaro che Saltarelli, il ragazzo ucciso in uno scontro fra dimostranti e Celere, non è morto per un collasso cardiaco, ma per un candelotto sparatogli addosso e così il pensionato Tavecchia, caduto durante la guerriglia, non si è fatto male nella rissa, non l'ha fulminato l'infarto: due ufficiali di P.S. e sei agenti sono indiziati di reato.

«E adesso, a pensarci bene, una volta che Valpreda, come quasi si riconosce, è stato preso per errore, e adesso che sono dentro i due fascisti, e si ha la prova di testimonianze importanti dimenticate o sparite, davvero qualcuno pensa che Pinelli, dichiarato innocente tanto all'inizio del processo come nell'istruttoria Occorsio, si sia gettato dalla finestra?»

– Non lo so. C'è, in ogni caso, chi, come me, fa fatica a credere che l'abbiano buttato giù. E non avrei neppure sottoscritto quella dichiarazione che dà per scontato Feltrinelli vittima di una congiura. La sua fine fa tristezza e induce al rispetto; ma era, a mio parere, un dilettante della rivoluzione e anche della vita. Pelliccia di astrakan per posare per *Vogue* e blue jeans per sfilare in corteo. Ricordo i cartelli che sventolavano i suoi operai in sciopero: «Giangiacomo, la Bolivia è qui».

«Sono punti di vista che posso anche capire. Ma perché Montanelli dice che sono brava ma snob, e che è fasullo quello che ho fatto? È gentile definirmi "una signorina rimasta tale?".»

– Restare nubile è anche una scelta. Sei contenta, Camilla, di come hai vissuto, di quello che hai fatto?

«Certo, non ho rimpianti. È stato come volevo, ho un lavoro che mi soddisfa, mi piace. Sono andata contro tutto un mondo chiuso e sofisticato: e mi hanno detto che ero pazza. Ho preso posizioni molto scomode, specialmente per una donna come me, di educazione e di ambiente borghesi.

«Ma poi, cos'è uno snob? Sfoglio il *Concise Oxford Dictionary*: "Chi si comporta in modo servile verso i suoi superiori sociali ed emette giudizi di merito secondo considerazioni esterne".

«Vocabolario tedesco: "È snob chi dà un valore eccessivo alla ricchezza e alla distinzione e chi, pieno di sé, guarda dall'alto le persone di condizione inferiore".

«Ecco l'americano: "Chi ammira ossequiosamente o ricerca volutamente la compagnia di quanti egli considera suoi superiori".

«E Proust, che se ne intendeva: "Lo snobismo si nutre del culto per i membri delle famiglie reali. È una foresta popolata di alberi genealogici".

«Non mi pare che in queste definizioni rientri il mio caso, anche se non ho niente contro lo snobismo. Che cos'è, poi, in definitiva?»

– Magari far tutte queste ricerche per rispondere a una battuta. Riassumendo: qual è il nostro compito?

«Nella stampa non deve esistere il reato di opinione o d'indiscrezione. Secondo me, ce n'è uno solo: star zitti, non denunciare l'ingiustizia e il sopruso. Del resto, non ho mai scritto niente che non potesse essere documentato. Così a poco a poco è venuto fuori quel tessuto di errori, menzogne e false testimonianze, tanto per il processo agli anarchici, accusati degli attentati alla Fiera e alla stazione, che poi, come si è visto, sono stati assolti, come per Valpreda. L'indagine di Occorsio è un castello che non sta in piedi.»

– A proposito di libertari, di contestatori: ti sei offesa per quelle allusioni all'afrore che emanerebbero? Di questo Montanelli si scusa, riconosce di aver esagerato.

«Mai conosciuto uno. È un richiamo che mi sono perduto. Dopo il suo articolo, ho ricevuto valanghe di lettere che mi hanno svelato tutto sul mio sesso scatenato, sulle mie attività peccaminose e sull'erotismo di sinistra. Di anarchici, adesso che ci penso, ne ho conosciuti: la signora Eliane Corradini, moglie di un architetto. Vendeva oggetti liberty dietro la mia casa, faceva delle bellissime coperte di lana tessendole con gli aghi. L'hanno rilasciata dopo sette mesi di carcere, e per mancanza di indizi.»

– Un lettore del *Corriere* scrisse una lettera per dire che tu e Montanelli avreste dovuto sposarvi. Un'idea.

«Già: ma non abbiamo avuto occasioni di conoscerci, non siamo mai stati a colazione assieme; quando ci incontravamo mi diceva sempre: "Quand'è che ti mettono dentro?".»

– Una domanda affettuosa, e anche un po' pertinente, data la tua dimestichezza con poliziotti e giudici.

«Non è che io scopra la politica in ritardo, una passione improvvisa, quasi una mania. Sono stata ad Algeri, intervistai Massu e mi fece delle confidenze sulla tortura, mi spiegò che le scariche elettriche le provava anche su se stesso, e poiché gli feci notare che però non poteva interromperle quando voleva, rispose secco: "D'accordo".

«Ho fatto un'inchiesta in Cina prima che si scatenassero le guardie rosse, ho seguito la campagna elettorale di Johnson, e poi a Dallas un anno dopo l'attentato a John Kennedy.

«Mi piace la cronaca, anche quella nera: la puttana strangolata con la calza di seta, o la strage in cui è scomparsa Sharon Tate. E mi van bene anche le attrici, le principesse, il jet-set, le nevrosi della signora, le avventure dell'adultero impegnato, l'angoscia da golfo del padrone di barche.

«Ho descritto i funerali di Vittorio Emanuele III e la casa di Felicino Riva, figlio del re del cotone, qui in via Borgonuovo: aveva il rifugio antiatomico, il tennis sotterraneo, dormiva nel letto di Margherita di Savoia, l'avevano pagato venticinque milioni.»

– Vai ancora nei salotti?

«C'è sempre, anche lì, una sponda decente. Ho perso degli amici, ne ho trovati degli altri. Ho passato giorni difficili: mi sono sentita dire che ero l'assassina di Calabresi, una rivista di destra ha pubblicato un disegno che mi mostrava nuda, e occupata a scrivere con il sangue. Mi hanno detto che sono una erinni, una mitomane, una carogna.»

– Che cosa sei, Camilla?

«Una moralista, una scocciaballe. Una malattia di famiglia: guarda mio fratello Antonio.»

– A una ragazza che vuol fare la cronista, cosa diresti?

«Direi di sì, è un mestiere tipicamente femminile. Ci vuole curiosità, interesse. Sono andata a Chappaquiddick, in America...»

– È quel posto dove Ted Kennedy credette di aver attraversato un ponte e invece non c'era.

«Esatto. C'è là una casa e una vecchia. Sapeva tutto, ma non voleva parlare con nessuno. Bussai. "Sono una giornalista italiana" dissi. "Il suo nome?" chiese la diffidente. "Camilla." "È anche il mio, quale costellazione?" "Acquario." "Anch'io!" rispose. Mi fece entrare.

«Come una volta, al Cremlino. C'era un gran ricevimento, arrivai nella sala dei congressi, con il biglietto d'invito della moglie di un collega. In fondo avevano sistemato il palco per i grandi, ed enormi tavoli con un banchetto degno di Gogol'. Caraffe di cristallo piene di cognac armeno, maialetti arrostiti infilzati in spade d'argento, vassoi colmi di pesci e di frutti.

«Sono un po' miope e diedi una gomitata a un robusto soldato. Sentii un tintinnio di medaglie: era Žukov. Sembrava una comica. Feci un passo indietro, confusa, e urtai un signore affannato a spolpare una coscia di pollo: sorrise, era Chruščëv. Mi rifugiai, sgomenta, da un gentiluomo dai capelli bianchi, vestito di blu, che stava fumando una sigaretta. Era Bulganin. Il nostro ambasciatore venne a soccorrermi: "Il presidente dice che crede di averla già conosciuta in un altro posto".»

Quella di urtare la gente che conta deve essere, per la Camilla, una vocazione.

RADA CHRUŠČËVA

Padri e figli. La figlia di Nikita Chruščëv si chiama Rada. Ha sposato Aleksej Adžubej che era una volta direttore delle *Izvestija.* Abita in una casa assai dignitosa, con qualche bel mobile, un «Cavallo» di De Chirico, delle maioliche di Picasso.

È una signora dal sorriso mite, dagli occhi chiari e dal linguaggio franco. Credo fosse la prediletta di Nikita Sergeevič; la mandò in visita dal papa e Rada disse che le erano piaciute le mani di Giovanni XXIII perché erano come quelle di suo padre, mani di contadino.

Chruščëv rivela, con un discorso di 20.000 parole, i delitti di colui che gli fu guida e maestro. Dice al XX Congresso: «Stalin era un uomo diffidente e morbosamente sospettoso. Lo sappiamo noi che abbiamo lavorato con lui. A un tratto poteva fissare uno e dirgli: "Perché i tuoi occhi sono così ambigui oggi?". Oppure: "Perché sei così agitato e cerchi di non guardarmi negli occhi?"».

Chruščëv vuole addirittura far erigere un monumento alle vittime dell'inflessibile georgiano; poi confida: «Quando è morto ho pianto».

Nikita Sergeevič è un personaggio, come riconoscono anche i suoi familiari, controverso; diceva Isaak Deutscher: «Stalin era il campione della menzogna integrale, Chruščëv delle mezze verità».

Qualche compagno lo odia, ad esempio, Vjačeslav Michajlovič Molotov: «Lui era un vero e proprio ciabattino in tutti i problemi di teoria, e soprattutto era un nemico della rivoluzione, un nemico furbo e poco evidente, molto mimetizzato. Non si può sostenere che fosse un cretino, perché se un cretino riceve un così grande appoggio, allora significa che anche tutti quelli che lo sostengono sono cretini».

Ma con Chruščëv è finito il terrore come metodo di governo. Erenburg scrive un romanzo che esprime il nuovo clima: *Il disgelo*. Comincia la distensione, l'Urss riprende i rapporti con Tito, Chruščëv incontra a Vienna Kennedy, l'economista Liberman rivaluta la regola del profitto. Nikita spiega, con una espressione realistica, che per lui comunismo vuol dire «la pancia piena e i piedi caldi». Conversando con un parlamentare danese ammette anche che «l'opposizione è necessaria e che la critica fa bene a tutti».

La tolleranza che ha instaurato gli ha permesso di godere di un sofferto ma non drammatico congedo, senza che si ricorresse alla sopraffazione; l'ultimo che ha pagato con la vita i suoi errori è stato Berija. Agli altri, Lenin e Stalin, ha provveduto la paralisi.

Lo mandano in pensione, nella sua dacia, con 300 rubli al mese. Può usufruire anche di una macchina con l'autista. Va a pesca, si dedica al giardinaggio, legge. Riceve anche qualche visita e rievoca i momenti più tesi della sua avventurosa esistenza, quando «si abbattevano gli alberi sani con quelli fradici e le schegge volavano».

Ogni tanto si domanda: «Perché sono sfuggito al destino che aveva colpito gli altri?». Attribuisce la buona sorte alla simpatia di Nadežda Allilueva, la seconda moglie di Stalin, la madre di Svetlana, che lo proteggeva.

Quando cade, spariscono i suoi ritratti dal negozietto dell'Arbat dove si vendono i manifesti della rivoluzione e le effigi dei grandi dirigenti. Nell'opera *Boris Godunov* c'è un ricco boiardo che ha nome Chruščëv. Viene eliminato dalle locandine. Suo genero, il giornalista Adžubej, è trasferito alla redazione di *Soviet Union*: un mensile senza importanza. Sua figlia Rada, che lo ha accompagnato in molti viaggi, continua a lavorare nella rivista *Scienza e vita*; oggi è in pensione.

Lo liquidano con un comunicato. Dicono che si è dimesso «a causa dell'età avanzata». Non gli danno modo di spiegarsi o di difendersi. Certo, ha commesso degli errori. Incontra un giorno Evtušenko che aveva aspramente criticato, parla dei suoi tumultuosi interventi nel campo culturale e vuole giustificarsi: «Capitemi, lo dovevo fare». Poi congedandosi dice: «Ragazzi, qualche volta venite a trovarmi».

Aveva confidato all'ambasciatore tedesco Kroll: «Voglio passare alla storia come colui che ha assicurato la pace e dato il benessere alla gente russa».

Gli rimproverano certi gesti volgari, come quella battuta di scarpe sul banco delle Nazioni Unite, o arbitrari, come il dono che ha fatto a Elisabetta d'Inghilterra dello scrigno dei Romanov o al primo ministro svedese Erlander di un anello di Caterina II.

Le persone più colte sono imbarazzate dalla sua ignoranza e cattiva educazione, e spesso si sgomentano per le sue stravaganze.

Chiama magari «piccioncina» la matura moglie d'un diplomatico occidentale; presentando Mikojan a degli stranieri avverte: «Attenti all'orologio, lo sapete che gli armeni sono svelti di mano». I suoi interventi, i suoi dialoghi con i gerarchi sono spesso umilianti e offensivi.

Chruščëv non è stato ammesso all'onore delle mura del Cremlino; riposa nel cimitero di Novodeviči e un busto in bronzo riproduce la larga faccia del vecchio minatore che ora, «riabilitato», è considerato il precursore della *perestrojka.* Nell'aria tersa, tra faggi, acacie, betulle e lucide piante di meli, volano colombe.

Con Rada abbiamo parlato del passato, di come lo ha vissuto suo padre, di come lo ricorda lei e poi del giudizio che può dare sulle vicende di oggi: «Non credo che avrebbe accettato l'aspra critica al movimento e agli ideali comunisti, anzi: era un uomo del suo tempo, formatosi in quell'epoca.

«Quando Stalin morì, e cioè all'inizio del 1953, io non ero più una ragazza, avevo ventitré anni, ma se valuto la mia percezione del mondo di allora, trovo che era molto infantile, non capivo tutto.

«Sono stata educata nella tradizione, come tutti quelli della mia generazione, e credevo di cuore che tutto ciò che veniva fatto, tutto ciò che veniva imposto dall'alto, fosse giusto.»

– C'era una qualche sensazione di quello che accadeva agli altri?

«Anche questo è uno stato d'animo complesso. Era come ci fossero due correnti parallele: da un lato noi vivevamo normalmente, lietamente, provavamo i normali affetti umani della vita; dall'altro, in qualche misura, in modo latente, c'era un sentimento non di critica, no, nella nostra famiglia non c'era affatto, forse di ansia interiore, ma è difficile spiegare; ecco, la sensazione che da qualche parte accadesse una tragedia non l'avevamo, di questo non sapevamo nulla.

«Lei ha parlato con Sergo Mikojan: la mia migliore amica ai tempi dell'adolescenza era la sua prima moglie che è morta giovanissima, a neanche ventisei anni. E suo padre, Kuznecov, a quei tempi era il segretario del Comitato centrale; forse avete sentito questo nome, passò tutto l'assedio con Ždanov a Leningrado.

«Poi fu segretario del Comitato centrale a Mosca, aveva un posto molto importante, improvvisamente fu sollevato da tutti gli incarichi e poi arrestato, e questo accadde nel 1948 o 1949, ed ecco tutto ciò che avvenne sotto i miei occhi.

«Un uomo che conoscevo bene sparì, anche la mamma della mia amica fu arrestata e rimase una famiglia di cinque figli, lei era la maggiore, e la nonna paralitica. Ciò nonostante, e qui è il paradosso, non feci alcuna domanda anche se non volevo credere che Kuznecov potesse essere accusato di qualcosa. Ecco una assurdità della nostra esistenza di allora.»

– Suo padre una volta disse: «Se Stalin batteva le mani, noi ballavamo il *gopak*».

«Non so se questa frase è stata pronunciata, ma mi pare che non contenga nulla di politicamente serio. La situazione era tale che, io penso, noi tutti eravamo purtroppo partecipi, in maggiore o minore misura, di questa atroce farsa.»

– Nel 1956, al XX Congresso, Chruščëv lesse un rapporto che illuminò un lungo e terribile capitolo della storia russa: di quei fatti lei sapeva nulla?

«Mio figlio mi dice spesso: "Possibile che non sapevate niente delle repressioni? È impossibile".

«Adesso sono apparsi tanti documenti, memorie di personaggi capaci di valutare quelle storie e di raccontarle più chiaramente di me. Per esempio, le memorie di Erenburg pubblicate quando lui non era più vivo. C'era una situazione stranissima; che anche ora, dopo gli anni vissuti, è difficile poter valutare.

«Nella mia famiglia non c'è mai stata una conversazione in proposito, e neppure celebravamo il culto della personalità di Stalin. Però quando è morto, come per milioni e milioni di sovietici, fu una specie di crollo. Non si sapeva cosa ci aspettasse nel futuro.

«Recentemente ho letto che la stessa impressione aveva avuto Korolëv, il costruttore dei razzi che aveva fatto anni di campo di concentramento e molto sofferto. Nelle sue lettere alla moglie scriveva di questa sensazione di sgomento. Io provavo lo stesso sconforto. "Come vivremo?" chiedevo. Non posso dire che Stalin fosse autore di repressioni sanguinarie. Anzitutto non lo sapevo, benché fossi già adulta e davanti ai miei occhi si compissero tragici destini.»

– Nikita Chruščëv si pentì mai delle rivelazioni fatte con quello storico discorso?

«Mai, mai. Anzi, anch'io penso che sia stato uno dei passi più importanti della sua vita. Riteneva che quella decisione fosse giusta e continuava a ripetere: "Cosa diremo ai nostri figli? Cosa diremo ai nostri nipoti? Dobbiamo pur rispondere davanti al popolo", perciò nessun rammarico.

«Anzi allora, quando si sono sviluppati gli avvenimenti, mi sembrava una cosa naturale; invece adesso, dopo tanti anni, giudicando, posso dire che mio padre era un uomo coraggiosissimo. Da parte sua è stato un atto di temerarietà senza pari.»

– Agli occhi della gente Chruščëv appariva una persona molto umana. In un libro che gli è attribuito si rimprovera di avere trascurato la morale per esigenze di potere.

«No. Con me non ha mai fatto discorsi del genere. Indirettamente parlava delle persone con cui aveva lavorato in qualità di dirigente dell'organizzazione del Partito di Mosca, perché quasi tutti erano stati arrestati, spariti, morti fucilati. Erano suoi amici. Li ricordava spesso, diceva che non poteva supporre che fossero colpevoli. Ciò nonostante non aveva potuto farci niente.»

– Allora furono arrestati la moglie di Motolov, la nuora ebrea di Stalin, i figli di Mikojan. La famiglia Chruščëv aveva paura?

«Tra noi ragazzi, eravamo in molti, non c'erano timore e angoscia. In casa non si facevano discussioni sugli arresti, non si conversava di queste cose e non si ponevano domande.

«Adesso spesso mi chiedono: che cosa raccontava suo padre? Ma soprattutto fino alla morte di Stalin non c'era l'abitudine di chiacchierare su certi argomenti e non si facevano discorsi inutili. Questa era l'educazione.

«Ma nel contempo fu arrestata una nostra parente molto stretta, la moglie di mio fratello maggiore. Egli morì nel 1943, era pilota. Tra l'altro era amico dei più grandi dei fratelli Mikojan, anch'essi aviatori. È morto vicino a Smolensk. Lui è caduto, lei è stata arrestata per contatti con gli stranieri.

«Passò lunghi anni al confino, non in prigione, come si chiarì in seguito. Mi pare che oggi parta da Mosca per andare a Kiev, dove vive. Perciò anche se vicende come queste accadevano, si riteneva che in qualche modo dovesse esserci dietro un motivo, e insomma che fosse giusto. In ogni caso non c'era un rapporto critico e non si chiedevano spiegazioni.»

– Nei discorsi in famiglia che cosa raccontava suo padre dei vecchi bolscevichi che venivano processati e condannati a morte?

«Dopo la morte di Stalin, e quando cominciarono a cambiare le cose, ci fu il primo colloquio su questo argomento, e io decisi di chiedere se fosse vivo Kuznecov, il padre di Alla Kuznecova, ed egli tacque.

«Passeggiavamo su di un sentiero e io domandai semplicemente: "E Aleksej Aleksandrovič?", ma non rispose nulla.

«Dopo alcuni giorni mi disse: "Riferisci, per piacere, ad Alla che Aleksej Aleksandrovič non è più vivo, ma non era colpevole di nulla".

«Fu insomma la prima notizia su qualcuno caduto in questo inesorabile tritacarne.

«Poi ci furono racconti su altri compagni e alcuni ricomparvero anche a casa nostra. Per esempio, Olga Grigor'evna Satonovskaja, un vecchio membro del Partito, fu ospite da noi, nella nostra dacia, dopo essere tornata dalla deportazione. Lavorava nella commissione per la riabilitazione, parlavano fra loro, era molto amica di Mikojan, di Anastas Ivanovič, discutevano insieme. Ma con mio padre non c'erano serate di ricordi: era un uomo riservato.»

– Dicono che l'anima nera di Stalin fu Berija. L'ha mai visto? E che cosa sa di lui?

«Ne so parecchio, adesso. Forse non tanto dai miei ricordi personali quanto da varie testimonianze di altri, scritte o orali. Sa, io l'ho visto, certo non da vicino, non esistevano relazioni personali, non fui mai a casa loro.

«C'è un episodio che ricordo. Avevo diciotto anni, studiavo all'Università di Mosca, i miei a quel tempo vivevano a Kiev. C'era un palazzo in via Granovskij, là vivevano molti membri del governo: Malenkov, là abitarono Budënnyj e Voznesenkij.

«Ed ecco che un giorno tornando dalle lezioni presi l'ascensore ed entrò insieme a me un uomo che non riconobbi di primo acchito come Berija, ma era lui. Salimmo insieme, andava al quarto piano da Malenkov e io al quinto, a casa mia. E devo dirle che, benché a quel tempo non avessi altro che venerazione per lui, ricordo ancora il suo sguardo sinistro. Be', è un'immagine proprio incancellabile.»

– E che cosa sa della sua fine?

«Ormai è stato scritto tanto, e temo di non poter aggiungere nulla. Veramente quegli anni mi interessavano molto e furono una sorpresa per me tutti i documenti che mi diedero allora da leggere, che mio padre mi diede. Documenti che si mandavano alle organizzazioni di Partito, nulla più. E uno dei membri del tribunale che lo giudicò era un mio buon conoscente, l'ex segretario del Comitato centrale: Nikolaj Aleksandrovič Michajlov. E ricordo quando di sera – eravamo vicini in campagna – raccontava del processo, be' certo quello che era lecito. Onestamente, alcuni particolari non li ricordo e volevo chiedergli delle precisazioni, ma purtroppo morì all'improvviso, e io non potei farlo.»

– Oggi tutti raccontano: la moglie di Bucharin, la sorella del maresciallo Tuchačevskij, la figlia di Radek, la nipote di Mejerchol'd. C'è qualcosa che potrebbe dire il nipote di Trockij?

«Penso che avrebbe molto da dire. Io, come di tanti altri, sapevo poco di Trockij, soltanto quelle verità ordinarie che circolavano nella nostra società. In tutta lealtà, quando adesso ho letto alcuni libri che sono usciti da noi – le riviste hanno pubblicato molti testi – sa che cosa mi ha colpito? Tutto considerato Trockij è stato espulso dal Paese, ma non credo che la sua posizione politica fosse poi diversa da quella di Stalin. Ecco, se avesse vinto Trockij sarebbe stato ancora peggio. Ciò non di meno era un uomo istruito, scriveva, era uno che chiamava alla lotta, ma nel contempo l'opinione pubblica mondiale progressista stava dalla parte di Stalin.»

– Come si concilia una figura come quella di suo padre con un personaggio come Stalin?

«Mio padre fu un uomo che condivise quella concezione marxista, in qualunque modo la si voglia oggi valutare, che era alla base della rivoluzione del 1917, e la scelse onestamente e fino in fondo, cioè pensava che doveva aver luogo una successione delle forze sociali, che il comunismo doveva subentrare al capitalismo e che non c'era un cammino preciso e ben disegnato.

«Non aveva compiuto studi superiori e mancava di cultura filosofica, e, benché io lo ritenga un autodidatta, era dotato di una intelligenza straordinaria, e c'è veramente da meravigliarsi che in quei tempi tremendi abbia conservato la sua anima, il suo cuore, e come questo l'abbia aiutato a trovare le posizioni giuste. Lui ha scritto che era proprio innamorato di Stalin in quel periodo in cui si pose il problema di scegliere con chi stare, Stalin o Trockij: ora ritengo che si trattava più o meno della stessa cosa.

«Era una concezione che condivideva e difendeva fino in fondo. Ancora adesso mi chiedo, alle volte, come abbia avuto la forza di rompere con tutto.

«Ora noi vediamo come è difficile, e lui ha avuto la coscienza che si poteva trovare un altro cammino rinunciando a Stalin; andare sulla stessa via, ma senza gli errori che sono stati commessi. In ciò consiste il grande atto di coraggio della sua vita.»

SUOR EMMANUELLE-MARIE

A Monteporzio Catone, vicino a Roma, c'è una comunità di suore di Betania, un ordine di clausura fondato in Francia un secolo fa dal cappellano di un carcere femminile, il padre domenicano Jean-Joseph Latace.

Nel convento vivono e pregano donne che hanno alle spalle le esperienze più amare: prima di farsi monache sono state ladre, drogate, prostitute. Vivono in contemplazione, e il loro solo reddito è rappresentato dalle celle che offrono come alloggio a chi cerca se stesso, o la pace nel silenzio e nella preghiera.

– Suor Emmanuelle-Marie, quando voi siete arrivate in questo paese, la gente vi chiamava "le suore prostitute". Perché?

«Rappresentiamo nella Chiesa una realtà un po' anomala. Siamo nate un secolo fa, dopo un ritiro di quattro giorni in un grande carcere femminile che racchiudeva quattrocento donne, predicato da padre Latace, un giovanissimo domenicano.

«Era monaco da un anno solo. E ha parlato di un Dio diverso dal solito, ma che è il vero Dio: non guarda il passato, non giudica la gente. Dio ha un solo sogno: salvarci, ritrovarci amici con lui. Il Dio del perdono, della tenerezza.

«Padre Latace era stato chiamato perché quella prigione sembrava ingovernabile: catene di suicidi, ribellioni.

«Le detenute si sono risvegliate e hanno detto: "Allora, se Dio è questo personaggio che lei racconta, a noi interessa non solo conoscerlo, ma continuare il dialogo per tutta la vita. E ci assicura anche che non c'è differenza per il Signore tra le suore, che sono un po' i vertici della società borghese, e noi, che siamo invece i bassifondi, perché le nostre famiglie non ci riconoscono più. Se è vero, possiamo anche noi essere monache”.

«Ed era impossibile a quell'epoca. La Chiesa non permetteva a persone tanto decadute di intaccare l'onore della vita religiosa. Dico questo ridendo perché i tempi sono cambiati. Però, penso, era così ancora fino al Concilio Vaticano secondo.»

– Come nella Legione straniera, voi non sapete niente l'una dell'altra?

«Quando è cominciata la nostra storia, c'erano delle buone cristiane, che sarebbero state accettate dagli altri conventi, che hanno scelto di fare da paravento alle altre. E così è ancora oggi. Sono io, o la mia priora, una che ha avuto una esistenza difficile, burrascosa. Ma c'è anche la mia priora, e forse ci sono io, benestante, devota e con una laurea, in regola insomma.

«Non c'è differenza tra noi, e vogliamo dimostrare che a Dio non importa niente di quello che fu. Dunque non sappiamo nulla le une delle altre. Ma è chiaro che, tra noi, almeno la metà non aveva conti da saldare.»

– Che cosa ha trovato qui che fuori non c'era?

«Ho trovato Dio ventiquattro ore su ventiquattro. Ho scoperto che posso ricominciare ogni giorno, a prescindere dal mio carattere, dalle mie carenze psicologiche, dalle mie ferite, se ne ho. Ho incontrato delle sorelle che non guardano a ieri, ma che mi accettano per quello che sono adesso. Ho imparato a conoscere il Dio di pace, di serenità, che vuol bene agli uomini.»

– Conosce qualche storia delle sue sorelle?

«Di questo non possiamo parlare, perché tutto è sepolto nel silenzio, ma posso raccontare di una detenuta, che forse è poi entrata da noi. Aveva ucciso il marito e, quando ha incontrato una suora di Betania (perché noi, pur essendo di clausura, andiamo a visitare le prigioniere), ha capito tutta la grandezza della carità, della clemenza. Se suo marito l'aveva tanto tormentata (il che era vero), forse aveva anche sofferto. Noi ribaltiamo sempre sull'altro il male che abbiamo ricevuto.

«E allora è giunta a dire che l'aveva ucciso perché non poteva fare diversamente, ma che non solo gli doveva chiedere pietà perché lui vive nell'eterno, ma anche assolverlo per averla spinta ad ammazzarlo.

«E un giorno è arrivata la domenicana e l'ha trovata raggiante di gioia. "Che cosa è successo?" "Ho sognato mio marito. E lui era pieno di luce e gli ho detto: 'Ti perdono', prima di chiedergli di compatirmi. Sono felice." E lei, dopo questo sogno, è stata un'altra.»

– C'è un peccatore che merita particolare pietà?

«Tutti.»

– E c'è qualcosa che lei rimpiange? O qualcosa in cui lei spera?

«Non rimpiango altro se non di non essere coerente fino in fondo con la mia vocazione. E ciò che spero è diventare santa, ma non per trionfalismo. Perché l'amore non è amato. Perché bisogna che ci siano delle persone che passino la loro vita ad amare senza essere ricambiate.»

– Che cosa pensa del mondo di fuori?

«Viviamo un'epoca bellissima. È vero: si può dire che c'è tanto male. Ma l'umanità cresce di secolo in secolo, come un essere umano. E adesso l'umanità sta uscendo dall'adolescenza e diventa adulta. E mi pare che, anche dietro la violenza, gli stupefacenti, dietro tanta criminalità c'è una ricerca di un equilibrio planetario che non c'è mai stata. Credo che tutto sia concesso alla speranza.»

ANNA FRANK

Il 6 luglio di cinquant'anni fa cominciava la storia di Anna Frank: il signor Otto e la sua famiglia si facevano murare nel lucernario di un palazzo di Amsterdam.

A Francoforte andai una sera a vedere la casa dove Anna era cresciuta. Nel giardinetto c'era un'ortensia sfiorita. Diedi una occhiata ai campanelli; un solo nome: Eugen Bachle. Non volli disturbarlo. La strada era quasi buia, deserta. In questo marciapiede, pensavo, la bambina Anna Frank correva con le amiche. Da questo cancello uscì per fuggire in Olanda. Chissà quante volte sua sorella Margot si è affacciata alla finestra in alto: era una ragazzina curiosa.

Di Anna è rimasto solo il *Diario*: tredici milioni di copie, tradotto in più di cinquanta lingue. Ricordo una frase: «Eppure gli uomini non sono cattivi».

Nella soffitta a cui si arriva per ripide scale, non è rimasto quasi nulla dell'adolescente sensibile, dalle intuizioni poetiche e dal destino disperato di quei prigionieri: soltanto una cartina sulla quale venivano segnati i progressi delle truppe alleate e alle pareti i ritagli delle riviste che gli impiegati del signor Frank e le dattilografe Miep ed Elly riuscivano a raccattare.

Figure di quel tempo: Deanna Durbin, Shirley Temple, Ginger Rogers, la riproduzione di un disegno di Leonardo, alcuni bambini che mangiano fragole.

Dalla stanzetta di Peter van Daan, il primo amore, il primo innocente bacio, si vedono un albero carico di fiori gialli e un ippocastano dalle foglie tenere.

Si legge nelle pagine di Anna: «Se nonostante tutte le nostre sofferenze, restano ancora degli ebrei, vuol dire che un giorno gli ebrei, invece di essere proscritti, saranno presi a esempio».

Anna Frank è scomparsa nell'inverno del 1945 a Bergen-Belsen, uccisa dalle privazioni e dal tifo.

NATALIA GINZBURG

Natalia Levi sposata Ginzburg sposata Baldini. So di lei quello che s'impara dai suoi libri: una storia di famiglia, ma i ricordi, come ha detto Cesare Garboli, si offuscano, le immagini si dissolvono davanti alla morte. So che va al cinema quasi tutti i giorni, che non le piace Shakespeare, che scrive a mano, che da bambina ha letto racconti tristi, come *Incompreso*, che Torino, con gli inverni e le nebbie, è la sua città, che lavora di notte, che fuma molto, che non si trucca; qualche volta, un filo di rossetto. Una sottile aneddotica.

Natalia Ginzburg ha un volto forte, occhi che ti fissano inseguendo un pensiero. Puoi conversare con lei senza imbarazzo; senti che, in ogni caso, ci sarà una risposta sincera. Senti che è una donna che ha anche il coraggio della sua debolezza.

– Signora, – dico – ho letto in una recensione questa frase. «È difficile trovare una finta tonta più finta di Natalia Ginzburg. La sua prima preoccupazione è di ostentare la sua ottusità». Che ne dice?

«Me lo sento ripetere spesso, ma non credo sia giusto. Il campo delle mie nozioni è molto limitato, e ritengo che vada detto, altrimenti si cade in equivoci. Si pensa che gli scrittori sappiano tutto, invece non è così. Meglio precisare subito di che cosa si è sicuri, e i dubbi, le incertezze: facilita il discorso. È bene che risulti evidente che mi muovo dentro certi limiti, ed è inutile cercarmi altrove.»

– Qualcuno aggiunge che è anche una falsa ingenua. Lei come si vede?

«Quando sono autentica non riesco a stabilirlo. Se siamo candidi o meno, sono gli altri a saperlo; noi proprio no.»

– Che cosa le farebbe piacere dicesse la gente di lei?

«Mah. Non so. Siamo contenti se abbiamo la sensazione che ci hanno capiti, non quando ci attribuiscono qualità che non possediamo.»

– Che cosa le sembrava bello del mondo di ieri, che cosa non le va di quello di oggi?

«Come si fa a dirlo? Siamo stati ragazzi, abbiamo nostalgia della giovinezza. Non è semplice distinguere tra questo rimpianto e il rammarico per le cose che non ci sono più. È andata perduta una intensità di rapporti, la possibilità di stare con gli altri in una certa maniera. Di quello che ci circonda non mi piace niente: le città come sono adesso, le case come le fanno, le automobili, la folla, il linguaggio che viene usato; ecco: mi sembra che ieri avevamo un futuro davanti, e adesso non più. È diventato un luogo comune, però è vero.»

– Ammiro in lei la forza d'animo e il pudore. Lei sa accettarsi. Che cos'è che la lega alla vita?

«I miei figli e lo scrivere. Niente altro.»

– Ha delle paure? Quali?

«Oh, sì, molte. Ho paura che venga il fascismo, una cosa che magari si chiama con un altro nome, di non poter più esprimermi, che mi venga tolta la libertà. Ho paura di lasciarmi andare a delle vigliaccherie; negli incubi penso che mi fanno delle torture fisiche, e io tradisco, di trovarmi, insomma, in una condizione che non riesco ad affrontare.»

– Il titolo di un suo libro è: *Mai devi domandarmi*. Ecco, se crede, vorrei che mi parlasse di persone che hanno avuto un peso nella sua vicenda. Cominciamo: Turati e la Kuliscioff.

«Mai conosciuta Anna Kuliscioff; ho visto Turati quando ero piccola, è stato nascosto una settimana in casa mia, avevo l'impressione che stava succedendo qualcosa di molto grave, di molto importante.

«Mi hanno detto che l'ospite era un certo signor Ferrari. Si sentiva un'aria di grande mistero, e poi, quando andò via, seppi chi era. Ho continuato per un pezzo a pensarci, ma non l'ho più rivisto. In una vecchia antologia c'era una sua poesia alla madre che avevo imparata. Immaginavo di scrivere un romanzo intitolato *Il segreto* dove c'era l'avventura di un uomo inseguito, che era venuto a nascondersi da noi, e mi avevano detto: "Non dire a nessuno che è stato qui".

«C'era un volume in memoria di Anna Kuliscioff dove lui aveva scritto qualche parola; io lo sfogliavo a lungo e contemplavo una fotografia della signora, era molto bella, bionda, dolcissima.»

– I due Rosselli.

«Ho intravisto Carlo due o tre volte, e di più Nello: anche a Forte dei Marmi, l'estate prima della sua scomparsa. Ne sentivo sempre parlare, erano figure mitiche. Stavamo con mia madre sul balcone, e lei lesse sul giornale, a caratteri piccolissimi, la notizia: a Bagnoles-de-l'Orne sono morti i fratelli Rosselli.»

– Per tanto tempo è stata vicina a Pavese. Era evidente quella infelicità, quella disperazione?

«Eh sì, però poteva anche essere molto allegro, ironico. Scherzava, si divertiva. L'ho conosciuto nel '35, o nel '36, era amico di Leone Ginzburg, attraversava un periodo molto amaro, di delusioni. Poi mi sono sposata e veniva spesso a passare le sere da noi, magari stando sempre zitto, gli facevo leggere le cose mie e lui mi dava i suoi racconti e le poesie di *Lavorare stanca.*

«Poi noi siamo andati al confino, e l'ho ritrovato nel '45, ero rimasta vedova e lavoravo alla casa editrice Einaudi, a Roma. Lui è venuto e siamo stati vicini fin che è morto. Parlava sempre di uccidersi, poi per lunghi periodi si rappacificava, e lavorava con molta animazione, con una certa tranquillità, studiava il greco, traduceva Omero mugolando, una specie di cantilena, e scriveva molti libri. Io sconsolata dicevo: "Oggi non mi riesce". E lui: "Pa tuti i dì l'è festa".»

– C'è una lettera che mi ha sempre commosso. Comincia: «Natalia cara». È stata scritta da un carcere: l'ultima, un congedo. Le costa molto parlare di Leone Ginzburg?

«Sì, non potrei, mi scusi, ma non mi riesce, non posso. Magari mi viene senza pensarci, conversando.

«Quando ho scritto *La strada che va in città* eravamo confinati. Avevo due bambini, ho trovato una ragazza di quindici anni, del paese dove ci trovavamo, in Abruzzo, che li portava a spasso dalle tre alle sette. Leone studiava, io scrivevo. Solo quattro ore per me, ed era importantissimo: dovevo approfittarne, sono andata avanti in fretta, con grandissima felicità.

Leone lo ha letto e mi ha detto che forse si poteva pubblicare. Avevo una preoccupazione, era molto corto, novantanove pagine, ma Pavese lo lesse e scherzando disse a Leone: "Di' alla signora che continui pure". La prima recensione fu una stroncatura tremenda. Su *Primato*, di Alfonso Gatto, e Leone scrisse a Einaudi: "Natalia è sofferente per la graffiatura di un gatto", ed Einaudi pensò a un incomprensibile messaggio cifrato. Invece ce ne fu una molto buona e lusinghiera di Silvio Benco.»

– Lei ha confessato: «Sono curiosa di pettegolezzi». Di che genere? Quali errori, quali colpe è più disposta a perdonare?

«M'interessano tutte le chiacchiere, in generale. Forse sono tollerante con i peccati in cui cado anch'io: la pigrizia la capisco molto perché ce l'ho. Anche la vanità perché ce l'ho. La confusione, che è un vizio, una mancanza, perché ce l'ho. Anche l'avarizia, in certi momenti. Tremendo è tradire chi si fida; non lo farei.»

– Ha scritto: «I figli non possono essere degli interlocutori». Perché? Lei forse esclude il dialogo?

«L'ho scritto, ma invece qualche volta lo sono. Il legame con i figlioli è così strano, tendiamo a proteggerli come se fossero sempre piccoli, e ci capita anche di appoggiarci a loro, è una cosa sbagliata, però succede spesso.»

– Ho visto che non segue le femministe, e ho visto anche che è stata affettuosamente redarguita. Ha promesso di cercare di migliorare?

«Sottoscrivo quello che vogliono, non condivido quello che fanno.»

– È vero che è «timida», «impacciata», «irrisoluta»?

«Tutto esatto.»

– E anche «modesta ma ostinata», «chiusa ma inflessibile»?

«Non ritengo di essere tanto modesta e nemmeno tanto ostinata, subisco molto le influenze, e neppure mi ritrovo tanta fermezza.»

– Che cosa è, secondo lei, la possibile felicità?

«Non esiste, ci sono invece dei momenti felici.»

– Che cosa rimpiange di Torino?

«La mia infanzia nelle strade, la mia infanzia non c'è più e nemmeno quelle strade. Era una città molto pulita e deserta, adesso credo sia affollata e sporca.»

– Vorrei sapere il suo ricordo, e la sua idea del fascismo. Cos'era? Cos'è?

«Non so dare una definizione ideologica: ho solo delle sensazioni. Quello che mi ha stupito è stato che Mussolini, abituati com'eravamo a deriderlo perché ci pareva un essere inamovibile ma buffo, a un certo momento ci siamo accorti che era diventato pietoso: alla fine della guerra, quando faceva pena. È un'esperienza che ho trovato molto strana. Lo odiavamo, però scoprimmo che era il rancore per un personaggio grottesco, era diventato anche tragico, intravedemmo, in lui, il lato funereo.»

– So che lei vota comunista: perché?

«Voto così, ma le ragioni non so dirle.»

– A Manlio Cancogni raccontò che, alla prima di una sua commedia, sentì uno spettatore anziano che diceva: «Temi usati per un teatro nuovo», e quella frase se l'è tenuta dentro per un pezzo. I giudizi negativi le pesano?

«Sì, sì. Soprattutto quando ho il dubbio che siano esatti.»

– Lei è credente? Tra il Dio di sua madre cattolica e quello di suo padre ebreo, come è orientata?

«Posso non rispondere?»

– È una domanda forse banale: signora Ginzburg, cosa conta quaggiù?

«Nella nostra vita? Conta per ognuno cercare di sbrigare nel miglior modo possibile quello che è stato chiamato a fare.»

Resta, per tutti, la solitudine, la impossibilità di aiutarci. *Caro Michele*: p. 187, una breve confessione: «A me è indifferente quello che ti succede e certo a te sarà indifferente quello che succede a me. Quello che a te succede mi è indifferente perché sono infelice. Quello che succede a me, ti è indifferente perché sei felice».

HANAKO ISHII

Faceva la cameriera in un bar del quartiere della Ginza, a Tokio. Come tutte le giapponesi era stata educata nel rispetto della tradizione. La sua vita scorreva tranquilla, non avrebbe mai pensato che il destino le avrebbe fatto amare la più grande spia di questo secolo. Ecco il suo racconto.

– Signora, quando ha conosciuto Richard Sorge?

«Fu nel 1935, il 4 ottobre 1935. Era la sera del suo compleanno.»

– Come avvenne l'incontro?

«A quell'epoca ero venuta a Tokio dalla mia città natale, Kurashiki, un paese di campagna, e lavoravo come cameriera nel quartiere della Ginza in un ristorante-bar.»

– Sorge che uomo era?

«Un gentiluomo di mezza età, dall'aspetto severo.»

– Parlava giapponese?

«Se la cavava. In effetti, solo dopo che cominciammo a vivere insieme si mise a studiare seriamente la mia lingua. All'inizio parlavamo un misto di inglese, tedesco e giapponese.»

– Che vita conduceva a Tokio?

«Viveva in una zona che si chiama Nagasaka-cho, nell'elegante quartiere di Azabu, in una casa di legno.»

– Lei non immaginava, è vero, il vero mestiere che faceva?

«Formalmente era il corrispondente di un grande giornale tedesco e inoltre mandava articoli a riviste o a istituzioni culturali e geopolitiche con il suo vero nome, Richard Sorge.

Molte volte io leggevo questi pezzi e anche lui me ne parlava: quindi sapevo benissimo che quello era il suo lavoro.»

– Parlava mai del suo passato?

«Sì. Raccontava che era stato ferito in guerra, la prima guerra mondiale. E che là, appunto, l'osso della gamba si era fratturato, e che era stato a lungo in ospedale, che aveva sofferto molto.»

– Lei ha detto che una sera, ascoltando alla radio l'annuncio di una sconfitta russa, Sorge scoppiò a piangere e mormorò: «Perché non mi ha ascoltato?». Pensa che alludesse a Stalin?

«Sorge l'ho visto piangere una sola volta, ed era verso gli inizi della guerra russo-tedesca. Gli chiesi cosa avesse e mi rispose che si sentiva triste, che era senza amici. Ma, secondo uno studioso giapponese, Sorge piangeva pensando a quelli che erano i suoi amici in Russia e uccisi nelle "purghe" staliniane. Come in seguito Sorge disse anche in tribunale, del suo gruppo era rimasto in vita solo lui; tutti gli altri erano stati liquidati da Stalin. Ma la verità non la sa nessuno. Comunque fu un'unica volta, agli inizi della guerra fra la Russia e la Germania, che Sorge pianse.»

– Le ha mai parlato del comunismo e delle sue idee politiche?

«Sì, spesso. Una volta gli chiesi chi, fra i leader del mondo, fosse il più grande. E lui mi rispose: Stalin.»

– Il 17 ottobre 1941 Richard Sorge venne arrestato. Che cosa accadde?

«Non fu il 17 ma il 18 ottobre. Una settimana prima avevo pranzato con Sorge nella Ginza, da Lohmeyer. E di solito in quei casi tornavo a casa con lui. Lui mi disse che quella sera aveva notato un gran numero di poliziotti in borghese al banco del bar. E aggiunse che era meglio che io non tornassi a casa insieme a lui. Mi rivelò che era pedinato. Quella fu l'ultima volta che ci vedemmo.»

– Ricorda le sue ultime parole?

«Quella sera, andandosene dal bar, mi disse che quando le cose si fossero sistemate avrebbe preso contatto con me e mi avrebbe chiamata. Già tempo prima, verso agosto, mi aveva suggerito di andare a Shanghai e di aspettarlo: là, in una banca, c'erano dei soldi.»

– Pensa che sia stato torturato in prigione?

«Non credo proprio. C'era una convenzione per cui era proibito sottoporre a tortura gli stranieri. Ma il carattere di Sorge era tale che se fosse stato torturato non avrebbe assolutamente aperto bocca. Lo aveva detto anche la polizia.»

– Come ha saputo della sua morte?

«Soltanto dopo la fine della guerra. Nell'ottobre del 1945. Un giornale pubblicò i nomi di quelli che erano morti in prigione, e anche la notizia che Sorge era stato giustiziato il 7 novembre 1944.»

– Lei è riuscita a recuperare la salma di Sorge. È vero che con l'oro dei denti si è fatta fare un anello?

«Certo, eccolo. Era uno dei molari di Richard. Io mi portai a casa tutti i suoi denti aggiustati, senza farli bruciare. Volevo anche le scarpe ma quelli che mi stavano vicino mi fecero osservare che erano rotte e che tanto valeva bruciarle. Quindi non le presi. Invece presi altre cose come la fibbia della cintura dei pantaloni, gli occhiali.»

– In seguito lei fu invitata dai sovietici. Come l'hanno trattata?

«I giornali russi mi presentarono solo come una conoscente di Sorge, una sua amica. Comunque, adesso, con la *perestrojka*, molte cose pare che siano cambiate: mi considerano come la sua vedova e mi danno anche una piccola pensione.»

– Che cosa ha rappresentato quell'uomo per il mondo e per lei?

«Per me Sorge è stato un campione dell'antifascismo. Un nemico della guerra. E perciò lo stimo e penso che il mio amore per lui sia stato così grande. Per lui forse, il suo lavoro era più importante di me. Io comunque lo considero un campione nella lotta contro il fascismo.»

GINA LOLLOBRIGIDA

L'umanità si è compiaciuta perché l'Italia ha dato al mondo, oltre a Leonardo da Vinci e al duomo d'Orvieto, anche le tette di Gina Lollobrigida, una delle cosiddette «maggiorate»: l'altra, ugualmente famosa, è Sofia Loren. I francesi le chiamavano «les Lollo».

Ma, se studiassimo un po' più la storia, sapremmo che Beatrice Cenci creò parecchie difficoltà al boia che doveva tagliarle la testa, perché aveva lunghissimi capelli e soprattutto perché il turgore del seno le impediva di posare il collo sul ceppo della mannaia.

A proposito: seno, grammaticalmente, è singolare, ma come osservava Tom Antongini, il segretario di D'Annunzio, per fortuna sono due. Molto apprezzati, e non solo dai laici.

Nella commedia *Il cardinale Lambertini* di Testoni, il pio uomo, che poi diventò pontefice, ammirando il *décolleté* di una dama, che esibiva un crocefisso sopra le poppe, disse: «È bella la croce ma è più bello il Calvario».

Raccontano che Giovanni XXIII, quando era nunzio apostolico a Parigi, prese parte a un banchetto mondano. Aveva accanto a sé una signora piuttosto scollacciata.

Alla fine della cena, con molta amabilità, e con qualche ironia, le porse una mela sorridendo: «Anche Eva» disse «dopo averla mangiata si ricoprì».

SOFIA LOREN

Lo ha deciso il popolo di *Fantastico*: Sofia Loren, nel ricordo della gente, è la più viva e la più forte: più di Marilyn e della Callas, di Fred Astaire e di Edith Piaf. È vero che molti dei concorrenti al titolo di «più amato» sono defunti, ma va riconosciuto che la signora Loren ha un'immagine che accontenta tutti: maliarda e onesta madre di famiglia, matura signora, ma ancora dotata di richiami peccaminosi, capace sempre di profonde trasformazioni: da Sofia Scicolone a Sofia Lazzaro, a Sophia Loren; dalle sceneggiate napoletane ai film con De Sica o con Chaplin. Non è stata una vita fortunata la sua, ma voluta, costruita con il talento e il carattere.

Quando nacque, da una unione «irregolare», era una fragile bimbetta che per tutta l'adolescenza sembrava destinata a soccombere e, invece, verso i quattordici, racconta la madre, «miracolo di Dio, sbocciò come un fiore»: i prodigi della Provvidenza e degli ormoni sono sempre imperscrutabili.

Ha sposato Carlo Ponti che per lei, è sempre mammà che parla, «è padre, fratello, amico, amante, marito». Il che non è un impegno da poco. Sofia mi ha detto una volta: «Bisogna conoscere i propri limiti: non ho mai pensato che mi andasse così. Per me il cinema significava soprattutto lavorare, il pane. Il successo: non ci penso mai. Che cos'è? Fare le cose che più ti piacciono».

Le memorie? «Charlie Chaplin. Se mi avesse detto di leggere l'elenco telefonico ci sarei stata. Apparentemente sembrava freddo e cattivo, invece era dolcissimo e molto umano. Veniva in studio con la moglie che non lo lasciava un momento. Diceva cose bellissime: "Quando vado a Londra, nel quartiere povero dove sono nato, l'odore dei fagioli mi commuove". Succede anche a me.

«Poi Walt Disney: fummo premiati insieme. Non sapevo che era molto malato. Se ne andò poco dopo. Ho conosciuto Elsa Morante: parlava poco, ma era acuta, sensibile, una persona fantastica.»

Piuttosto solitaria, senza amiche, Sofia Loren si guarda con simpatia perché, dice, «sono rimasta Sofia Scicolone» e poi è orgogliosa per quello che ha fatto: «Non ho mai frequentato corsi di recitazione, ho dovuto coltivarmi, imparare le lingue, ho fatto tutto da me. Ma non ho mai sacrificato un figlio per una parte, la mia esistenza per una affermazione: le insoddisfazioni private si vedono anche sullo schermo».

Di tutto questo gli spettatori si sono accorti.

PINA MAISANO GRASSI

Pina Maisano Grassi è una donna minuta dagli occhi di un azzurro intenso e dalla parola misurata. Credo che nessuno l'abbia vista piangere. Non penso si faccia illusioni: Libero è morto perché aveva respinto i ricatti e perché era solo. Chissà se gli aiuti promessi ai figli e alla fabbrica arriveranno.

C'è anche Alice, la figlia appena sposata, che ascolta i nostri discorsi. Pina Maisano Grassi racconta, forse per la prima volta, quella mattina.

«Libero aveva paura, ma nei limiti del ragionevole. Considerava una polizza di assicurazione avere reso pubblico il suo atteggiamento. C'erano problemi con l'azienda; i rapporti con le banche erano sempre più difficili. A un certo momento aveva deciso: pago i fornitori e chiudo. L'Inps, per un cavillo, minacciava istanza di fallimento.

«Si annunciava un giorno come tutti gli altri. È uscito a fare una passeggiatina sul terrazzo. Era contento: c'era una piantina di vinca che prometteva poco, ma lui si ostinava a curarla. Si accorse che aveva messo le foglie, anzi era spuntato il primo fiorellino viola.

«È uscito. Dopo un attimo il telefono ha squillato. Sono andata a rispondere; silenzio, non c'era nessuno. Mi sono messa a riporre delle cose nei cassetti. Ho sentito due colpi di pistola.

«Il portiere ha citofonato: "Signora, c'è la polizia". Sono saliti: "Vi faccio andare sul terrazzo," gli ho detto "ma io non ho visto niente". Allora uno ha parlato: "È stato ucciso suo marito".

«Mi sono chiesta: e adesso che cosa faccio? Non ho letto un giornale, non ho aperto il televisore. Non l'ho visto nella bara. Quando mi hanno parlato della camera ardente, ho dato il mio consenso: "Sta bene, in fabbrica". I suoi operai l'hanno vegliato.

«All'ora del funerale hanno suonato la campanella che segna l'inizio del lavoro. C'è stata anche la corsa per accaparrarsi il cadavere: i politici pensavano ai discorsi. Ma non era, e non voleva, essere un simbolo.»

Siamo usciti sul balcone, mi ha mostrato dove lo hanno abbattuto: tra la bottega del tappezziere e il parrucchiere per uomo; proprio sotto le finestre di casa sua. Due spari e via.

Poi ho incontrato un personaggio importante e abbiamo chiacchierato della Sicilia, e anche di lui. A un tratto ha aperto una busta e mi ha mostrato una lettera dalla grafia elementare e dalla sintassi arbitraria.

L'ho letta. Dice più o meno così: «Signore, sento il dovere di informarvi che alcuni politici hanno deciso che dovete morire. Hanno assoldato per cinquanta milioni l'assassino: è del mestiere, e non ha ideologie. Si chiama..., sta in via..., interno..., nel cortile. Una sera sì e una no lavora di notte. È deciso, quei cinquanta milioni li vuole».

Tra i fogli c'è una fotografia formato tessera del sicario: collo robusto, fronte bassa, spalle larghe, sguardo senza luce.

L'hanno data al personaggio importante i carabinieri, ma ormai quella istantanea si è fissata ossessivamente nella sua testa. Quando va in giro, quando è tra la gente, lo cerca, quel ritratto, sa che prima o poi farà in modo di non mancare all'appuntamento. È cattolico e si ripete, ma forse non è una consolazione, quel proverbio che dice: «Assai megghiu addiventirai si a la morte pinsirai».

KATIA MANN

La villa è nella collina di Kilchberg, a Zurigo. Sulla porta c'è una targhetta di ottone: Thomas Mann. Dalla grande finestra si vede il lago; le luci dei vaporetti forano la nebbia. Katharina, detta Katia, mi parla della sua lunga vita. Ha conosciuto molta gente, sono accadute tante cose. «Non era facile essere sua moglie» dice.

Racconta quella sera al Grand Hôtel di Stoccolma; gli consegnarono il Premio Nobel. Lui ne fu lusingato, ma non stupito. Aveva coscienza del suo valore. Parlò dei tedeschi, di «questo popolo ferito e spesso incompreso», con simpatia. Il denaro lo usò per comprare un grammofono, due automobili (una Buick e una Limousine) e una casetta in campagna.

Sì, in America furono ospiti privati di Roosevelt, alla White House. Quando insegnava a Princeton, Einstein era loro vicino. Nel 1924 andarono a Londra; qualcuno organizzò un banchetto. Lei sedeva tra Wells e George Bernard Shaw. Mann conobbe Nehru, e ne rimase affascinato. «La figura più significativa e luminosa del politico di oggi» affermava. La regina Giuliana d'Olanda li invitò a prendere il caffè. In California vide Charlie Chaplin: era entusiasta del comico che satireggiava le dittature. A Monaco, Bruno Walter li accompagnava ai concerti, nella sua carrozza trainata da splendidi cavalli.

Hanno trascorso mezzo secolo insieme. «Nel corso di cinquanta anni non si sono annoiati un istante» ha detto la figlia Erika. «Il loro matrimonio» ha scritto il figlio Klaus «fu un'alleanza tra due persone sensibili e sole.»

Nel salotto di Katia Mann c'è la riproduzione di un quadro che una volta era famoso. Si intitola *Carnevale di bimbi* e rappresenta quattro ragazzini in costume; sono i figli del professor Pringsheim e la fanciulla vestita da Pierrot è lei.

«Thomas vide questo dipinto stampato su un calendario e lo ritagliò» racconta. «La scena graziosa lo colpì; ma non pensava che qualche tempo dopo quella mascherina sarebbe diventata sua moglie. Si accorse di me viaggiando su di un tram; vide che litigavo con il bigliettaio e la disputa lo divertì. Nell'intervallo di una rappresentazione di *Hänsel e Gretel* pregò un amico di presentargli quella vivace studentessa. Ci ritrovammo da comuni conoscenti, facemmo delle gite in bicicletta. Ma non mi conquistò subito: era più vecchio di dieci anni, e molto serio, e quasi celebre. Poi, cominciai a star bene con lui, a capirlo, e gli dissi di sì.»

Ebbe inizio così una vicenda che doveva svolgersi con momenti splendidi e dolorosi, ma sempre chiara, normale, un amore fatto di rispetto e di comprensione, senza crisi, senza esaltazioni. Hanno goduto, ha commentato Klaus, di «una severa felicità».

«Sono sposato con una giovane donna» scriveva Mann nel 1907 «straordinariamente bella; una principessa.» Katia aveva trecce brune, occhi vivi, lineamenti ordinati; un aspetto gentile e un carattere forte. Organizzava la borghese esistenza della famiglia con una regola precisa: tutto era in funzione di Thomas, della sua missione di scrittore, nessuno doveva turbare la quiete del suo mondo, il raccoglimento di quel complesso personaggio che i figlioli avevano battezzato «il Mago».

La definizione non aveva alcun riferimento alle cose dell'arte, ma solo a un gioco che «Tommy», come lo chiamavano gli intimi, aveva organizzato durante una festa per tenere tranquilla la tumultuante prole: indossava una tunica nera e faceva l'indovino. Katia, ammalata, stava trascorrendo un periodo di riposo in un sanatorio svizzero, a Davos; dalle sue lettere, e dalle sue confidenze, Mann trasse lo spunto per scrivere le pagine di *La montagna incantata.*

Ogni mattina Thomas Mann si chiudeva nello studio per lavorare, con metodo, con continuità. Non c'erano deroghe. Dedicava il pomeriggio alla corrispondenza e agli affari domestici, la sera alla musica, al teatro e allo svago. «Amava le cose buone,» dice Frau Katia «dava, per esempio, molta importanza al pranzo di Natale. Aveva un vivo senso dell'umorismo, gradiva la compagnia, ma non sopportava i discorsi banali.»

Vengono fuori dal racconto anche i piccoli piaceri: la tazza di cioccolata, il bicchierino di Cinzano, i sigari, gli aspetti meno noti di un carattere chiuso e apparentemente gelido; l'indifferenza per le questioni di denaro, le sue incertezze politiche, le contraddizioni affettuose.

«Quando aspettavamo il primo bambino,» ricorda Katia «mi diceva sempre che voleva un maschio, perché le femmine non servono a nulla, invece le sue preferite furono poi Erika ed Elisabeth.»

Il ritratto di Thomas Mann che esce dalle parole della moglie è inconsueto: umano, limpido, coerente. Non un temperamento altero, incapace perfino di soffrire, di partecipare all'esistenza degli altri, isolato dall'egoismo della creazione («A pochi arrivai a dare del tu» scriveva in una breve confessione), ma un uomo che visse tutti i drammi e le debolezze della sua stagione e che forse poteva dire, come il suo Tonio Kröger: «Io amo la vita».

Era nato con Bismarck cancelliere; inneggiò alla prima guerra mondiale, che considerava «profondamente giusta», ma non vi prese parte: il medico militare gli mise una mano sulla spalla e lo congedò dicendogli: «Lei deve stare in pace»; non capì subito il pericolo di Hitler, gli pareva anzi che il nazismo fosse «uno strumento per mantenere l'ordine economico e sociale» minacciato dai socialisti; poi scelse l'esilio, e chissà quanto era stata faticosa la decisione di lasciare il suo Paese, i lettori, i paesaggi e le consuetudini della giovinezza. «Dove sono io,» scrisse con fierezza al fratello Heinrich «lì è la cultura tedesca.»

Katia gli era sempre vicino. «Gli sono stata fedele» mi dice «per tutta la vita.»

Era lei che amministrava i diritti d'autore, che correggeva le bozze, che dettava le lettere, che provvedeva alla cura dei figlioli e a incrementare anche la gloria di Thomas. Aveva insegnato ai ragazzi a rinunciare allo zucchero, perché piaceva al Mago: così Mann non si accorse mai delle restrizioni;

quando volarono dalla Svezia verso l'Inghilterra, in cerca di salvezza, si mise vicino al finestrino perché gli aviatori del Führer non scorgessero nell'apparecchio l'odiato nemico del Reich; cercò sempre di attenuare i contrasti che dividevano il marito da Klaus o da Heinrich, l'autore di *L'angelo azzurro.*

«Non è semplice essere il figlio di un genio» ha scritto Klaus.

La personalità di Thomas era troppo grande perché attorno a lui, anche tra i congiunti, non si insinuasse il malessere. Da Heinrich, battagliero, pacifista, ardente, più immerso nella realtà, lo separavano concezioni estetiche e, soprattutto, l'impegno politico; e anche con Klaus avvertiva, pur non potendo far nulla per evitarla, una rivalità di mestiere. «Alla fine» racconta Katia «il nostro figliolo si era rappacificato, e un giorno Heinrich mi disse: "Dopo tutto, è meglio che Thomas sia il più grande".»

«Thomas» dice sempre Katia «non aveva alcuna fede religiosa e aveva abbandonato la Chiesa protestante, ma possedeva una forza stoica: lo dimostrò quando perdemmo Klaus, e in molte altre tristissime circostanze.»

Come Socrate, considerava l'esistenza una malattia, che andava accettata, anche se i contrasti, le incomprensioni, gli attacchi, la perdita di persone amate (tre suicidi pesarono sul suo destino) lo fecero soffrire.

Annotava, dopo una stroncatura: «Sono stato male per giorni interi», e si consolava pensando ad Andersen che piangeva leggendo una critica ostile, o a Flaubert che confessava: «Ogni mattina devo trangugiare almeno un rospo avvelenato».

Thomas Mann si era sposato a trent'anni, e solo Katia è stata la compagna devota della sua laboriosa giornata. «Ci fu» dice Frau Mann ridendo «un'inglesina, una certa Molly, mi pare, che aveva incontrato in una pensione di Firenze, ma non rappresentò che un trascurabile incontro di gioventù.»

Dell'artista consacrato da tanti tributi: diciotto lauree *ad honorem*; a ventiquattro anni aveva già scritto *I Buddenbrook* («Il mondo» ricordava «mi abbracciò fra applausi e auguri»); nella sua corrispondenza ci sono le lettere di ammirazione di Croce e di Freud, di Gide e di Hermann Hesse, rimangono vive le vicende più nascoste, quelle che lo rendono più avvicinabile, e fanno di un classico, di una natura goethiana («Sottraetevi a tutto ciò che è morto,» suggeriva l'inventore di Faust «bisogna amare la vita»), una creatura comune, con slanci sentimentali e inconsolabili amarezze.

Soffrì per la scomparsa della madre, alla quale assomigliava e che gli aveva insegnato l'amore per la musica e per i libri, per le due sorelle folli ed esasperatamente romantiche che cercarono il nulla e la pace con il veleno, per il suo stravolto ragazzo, Klaus, che non aveva saputo trovare il suo posto, per l'ostilità dei compatrioti. «Una grande angoscia, una grande malinconia» confidò a Erika, poco prima del tramonto «pesa sulla fine dei miei giorni.» Ovunque lo festeggiavano, ma si era ritirato sempre più nel cerchio familiare. Disegnava per Frido, il nipotino che lo divertiva, treni, falene, suonatrici di violoncello; volle andare a trascorrere con Katia le ultime vacanze al mare. E il mare fu la patetica immagine della vita che portò con sé nell'ora del congedo, perché lo riportava alla spiaggia dell'infanzia, a Travemünde, con i capanni di vimini e le onde grigie e i voli pazzi dei gabbiani.

Chiese gli occhiali e si addormentò nella stanza III dell'Ospedale cantonale di Zurigo. Katia gli era, come sempre, accanto. La pendola, nella sua casa sul lago, segnava le 8.10. «Noi rimarremo insieme, la mano nella mano, anche nel regno delle ombre» lui aveva scritto in un brindisi dedicato alla sua sposa.

La sua scrivania, che lo seguì ovunque, è rimasta come lui l'ha lasciata. Il calendario è fermo al 12 agosto 1955, a quel giorno. C'è una scatola di legno russa, con dipinte sul coperchio troike che corrono nella neve, c'è un Buddha, un paio di lenti, una fotografia di Katia, una dei nipoti, e tra le carte il passaporto cecoslovacco che gli fu concesso quando Hitler gli tolse la cittadinanza. Alla voce professione è scritto: *écrivain.* Mai qualifica fu più giusta: a quella vocazione fu fedele fino all'ultimo, anche se sapeva, come scrisse a Heinrich, che «la letteratura è la morte».

MILENA JESENSKÁ

A Berlino, sulla Kurfürstendamm, un libraio espone una lettera. L'inchiostro è un po' scolorito. Sulla busta è nitido il nome della destinataria: Fräulein Felice Bauer, e quello del mittente: dottor Franz Kafka.

Due fidanzati: e c'è anche la fotografia. Felice è bruna, i lineamenti marcati, un medaglione pende sulla camicetta, porta all'anulare un piccolo anello. Il giovanotto è elegante, indossa un abito grigio, dal taschino spunta il fazzoletto candido. È il secondo anniversario del lieto incontro. Ce ne saranno altri tre, poi la fine. Fräulein Bauer andrà sposa a un altro. Sono passati cinquant'anni, chissà cos'è accaduto. Ci fu una guerra, poi Hitler, poi un'altra guerra.

Chissà che ne è stato di Grete Bloch, o della signora M. M.: raccontano che un soldato tedesco la uccise con il calcio del fucile. Ma della sua vita, dei suoi ricordi? Anche Dora Dymant, la serena compagna degli ultimi giorni, è sparita. Mettendosi in viaggio per Israele disse: «Franz sognava di avere un figlio e di andare in Palestina». Nulla.

Kafka, ha scritto l'amico Max Brod, «in tutti i periodi della sua esistenza esercitò un notevole fascino sulle donne». Su Hausi, la cameriera, che aveva rallegrato interi reggimenti di cavalleria, o sulle ragazze che raccoglieva per la strada. Colpivano i suoi silenzi, la timidezza, la bontà. «Io devo stare molto solo» spiegava. Non beveva, non mangiava carne per lunghi periodi, odiava il frastuono e la folla. Gli bastavano i libri, le passeggiate, i fogli bianchi. «Scrivere» diceva «è come pregare.»

Ho ritrovato la figlia di Milena Jesenská, la Frieda del *Castello*, l'ispiratrice di molte pagine e di un epistolario. Si chiama Jana Cerna, ha passato i trenta, è distrutta. Si è fatta avanti attraverso troppe esperienze: troppi mariti, troppe sconfitte. Sua madre capì la sofferenza e la grandezza di Kafka, lo aiutò a comprendersi. «Milena,» scriveva lo sconosciuto romanziere «tu sei per me un coltello col quale frugo dentro me stesso.»

Quando la conobbe, Kafka aveva trentotto anni e «i capelli bianchi delle vecchie notti». Lei era sposata, collaborava ai giornali, era molto giovane e ricca, e «bella come un angelo», mi ha detto la vedova di Karel Čapek. E anche fresca e coraggiosa. Lui se ne innamorò subito. Fu esaltato da quella creatura che sapeva battersi e accettare la sua parte, e capiva le sue angosce, le sue inquietudini: «Se potessi essere vivo senza essere obbligato a vivere» diceva Franz.

«La mamma» racconta Jana Cerna «mi parlava qualche volta di Kafka. Ero piccola, ma ero anche la sola persona di cui aveva fiducia. Ho ancora qualche lettera di quelle che lui le scrisse, e un suo ritratto, ma ormai, guardi, non si vedono neppure i lineamenti, è corroso dal tempo. So che il loro rapporto durò poco più di due anni, ma lasciò un segno per sempre. Mia madre, quando lo incontrò, viveva nella grande Praga intellettuale di allora, era la moglie di Ernst Pollak, frequentava assiduamente Franz Werfel. Anche mio nonno, un famoso chirurgo, come il padre di Kafka, ebbe un ruolo decisivo nella formazione del suo carattere: era duro, terribile. Il loro destino si assomigliava. La mamma era appassionata, me lo hanno detto in molti, e libera, ardente, generosa. Andava oltre le convenzioni, controcorrente, scandalizzava i benpensanti. A sedici anni si invaghì di un musicista, ma la storia durò un attimo, e lasciò soltanto delusione, poi si innamorò di Pollak, infedele, demoniaco, lo volle a ogni costo, non seppe distinguere tra il fascino malefico e il bene, tra l'attrazione fisica e lo spirito. Per lui accettò le umiliazioni e la fame. A Vienna, dove vivevano, lei fece la portabagagli alla stazione, ma non chiese soccorso. In un suo articolo di allora ho letto: "Va' avanti, sempre avanti, per ore, fino all'esaurimento. Quando poi ti fermerai, forse troverai, nella pace che si distende attorno a te, ma con sicurezza non te lo posso promettere, due o tre lacrime".

«Kafka e mia madre si videro nel 1920, lui era già ammalato di tubercolosi, andava per cura a Merano. Fu una vera passione, lei si abbandonò completamente a quell'uomo che diceva di sé: "Sono brutto, malvestito, sono spiritualmente incapace di sposarmi". E anche: "Come va, Milena, che ancora non provi paura o ribrezzo di me?". Mamma aveva ventiquattro anni, una triste vicenda alle spalle, ma anche una straordinaria ricchezza di sentimenti. Diceva: "Nulla sappiamo di una persona prima di averla amata".

«All'inizio è lei che quasi lo aggredisce, biglietti, telegrammi, invocazioni, che lo vuole vicino. Fanno un viaggio insieme, vivono quattro giorni indimenticabili, ma Franz è sempre titubante. Scriveva: "Amore è tutto ciò che aumenta, allarga, arricchisce la nostra vita", pensava che non vi è niente di più importante che "coltivare un campo, piantare un albero, generare un figlio", ma la loro relazione era complicata e difficile. Quando lui la vorrebbe tutta per sé, mia madre è davvero il titubante personaggio Frieda, che non sa staccarsi dal marito che la soggioga, che la lega subdolamente. Più tardi confesserà: "Se fossi riuscita ad andare con lui, avrebbe potuto vivere felice accanto a me". Ma in quel momento non può capirlo. "La sua riottosità nel confronto dei soldi" spiega "è quasi la stessa che prova di fronte a una donna... Franz non ha la capacità di vivere, Franz non guarirà mai, Franz morirà presto."

«Ho visto l'ultima lettera. Comincia: "Cara signora Milena, per favore non mi scriva più". Lui si avvicina al congedo dal mondo, non c'è più nemmeno un'ora per il dialogo: Kafka si prepara all'addio. Una volta le aveva detto: "Non prendo commiato. Come potrei farlo se tu sei viva?", ma dicono che la civetta canta ogni notte sulla sua finestra, al sanatorio, e il male lo strazia. Mia madre si confida con Max Brod: "Certo non scriverò più a Franz; come potrei? Se è vero che ognuno ha da assolvere un compito, io accanto a lui sono fallita. Come potrei essere orgogliosa e nuocergli, se non ero capace di aiutarlo?".

«Mia madre aveva dei rimpianti, era pentita di non averlo seguito, di non averlo compreso; le era mancata la forza per andare fino in fondo: "In me" disse poi "esiste una nostalgia inesprimibile, scatenata, di una vita completamente diversa da quella che vivo, e che probabilmente non avrò mai, una vita con un bambino, una vita molto vicina alla terra".»

Kafka scrive a Max Brod: «Tu vedrai Milena, io non avrò più questa fortuna. Quando le dirai di me, parla come di un morto».

«Si ritrovarono ancora in un giorno di maggio del 1922. Due anni dopo Kafka spirava, e accanto al suo letto c'era un'altra donna; c'era Dora Dymant. Mia madre scrisse un ricordo di Franz.

Diceva: "Era schivo, timido, tenero e buono, ma i suoi libri sono crudeli e dolorosi. Vide il mondo popolato di demoni invisibili, che danno battaglia all'umanità indifesa e l'annientano. Era troppo sensibile, troppo saggio per poter vivere e troppo debole per lottare: ma era la fragilità degli uomini nobili e belli, che non sanno combattere contro lo sgomento, le incomprensioni, la mancanza d'amore, le menzogne spirituali".»

L'avventura di Milena Jesenská continua. Trova un compagno in un conte austriaco: Xaver Schaffgotsch, un gentiluomo che si trovò in Russia durante le giornate d'Ottobre, diventò bolscevico, e certo Milena ne subì l'influenza. Pubblica volumi e articoli, vive la splendida stagione della Cecoslovacchia dei Masaryk e dei Beneš, ha l'orgoglio di sentirsi qualcuno, ma il conte, in quell'ambiente tumultuoso, non riesce ad affermarsi e la lascia.

Nell'estate del 1926 Milena incontra un giovane architetto boemo, Jaromir Krejcar. Jaromir ha molto talento e la loro unione è davvero felice. Si sposano, e poco dopo si annuncia l'arrivo di un figlio. Milena si ammala gravemente di setticemia, soffre e i medici devono ricorrere alla morfina. La signora Krejcar dà alla luce una bimba, ma è diventata informe, grassa e non può più fare a meno della droga. Il vizio costa troppo e riduce tutti e due sul lastrico; l'architetto si allontana, va a Mosca e laggiù trova un'altra moglie.

Ma Milena non può vivere se non ha accanto qualcuno; è diventata anche lei comunista ed è il Partito che le fa incontrare Fredy Mayer. Si vogliono bene. Il suo temperamento, però, non si adatta ai rigori dell'apparato, così la espellono.

Franz lo aveva previsto: «La rivoluzione evapora e non rimane che il limo di una nuova burocrazia».

Milena è diventata una scrittrice politica ed è molto seguita, pubblica sul quotidiano liberale *Protomnost* delle inchieste sociologiche. Quando i tedeschi invadono il Paese, aiuta gli ebrei a fuggire, mette in salvo gli ufficiali, insorge contro l'occupazione. Dice a un collega: «E questo non è ancora niente, aspetta soltanto che arrivino i russi».

Nel 1939 la Gestapo l'arresta. Racconta Jana: «L'ho vista l'ultima volta al comando della polizia, al palazzo Petsehek. Mi apparve in fondo a un corridoio, alla luce delle grandi finestre, sembrava un'altra, esile, sfumata. La riconobbi perché zoppicava. L'avevano arrestata perché scriveva su un giornale illegale, e perché aveva aiutato qualcuno a fuggire attraverso la Polonia. Mi accompagnò il nonno che era professore di architettura come mio padre. Dissi alla mamma che non volevo studiare il tedesco, e lei mi rispose che la lingua non c'entra nulla con la gente. Non la vidi più. So che nel campo di Ravensbrück passò due giorni in agonia, dopo un'operazione. Io restai sola e sono stata ospitata da trentacinque famiglie. Adesso scrivo novelle e romanzi e aspetto che la censura mi faccia sapere qualcosa».

Sono stato al cimitero di Olsanke. Il dottor Franz Kafka, come è scolpito sul ceppo, riposa accanto a Hermann, il padre forte e severo. Anche la madre, la dolce Julie, è sepolta qui: sopravvisse dieci anni a quel suo strano ragazzo divorato dal dubbio e dal timore. L'erba del prato è quasi bianca, gli alberi sono spogli. Davanti alla tomba c'è un'urna con dentro qualche sasso.

Anch'io cerco una pietra e ripeto un gesto antico, lo facevano gli ebrei nel deserto, quando uno di loro cadeva, vinto dalla febbre e dalla stanchezza, e non c'erano fiori per coprirlo. Ricordo: «Uno è stato mandato fuori come colomba biblica, non ha trovato niente di verde, e s'infila di nuovo nell'arca buia: ecco tutto». Kafka non trovò mai il suo ramo folto di foglie. Ma non aveva perduto la fede: «Gli uomini» diceva «non sono cattivi». Sono le stesse parole che si leggono nel diario di una ragazzina: Anna Frank.

GALINA VIŠNEVSKAJA

È nata nel 1926. Sarà una famosa cantante lirica e sposerà un altro grande artista: il violoncellista Mstislav Rostropovič. Anche lei ha vissuto la tragica e gloriosa epopea di Leningrado.

– Quanti anni aveva quando la Russia fu invasa?

«Avevo dodici anni.»

– Quale era l'animo della gente in quegli anni difficili?

«Su questo è già stato scritto molto. Io ho vissuto il terribile assedio di Leningrado dal principio alla fine. Qual era lo spirito della gente? La gente aveva fede, aveva una fede incondizionata. Era certa che la città non si sarebbe mai arresa ai tedeschi; e questa forza le dava vita, quando sembrava che dovesse morire.»

– Come si ricorda i novecento giorni di Leningrado, e lei stessa cosa faceva?

«Durante quel periodo io andavo a scuola. Al principio della guerra vivevo a Kronštadt, che è una piccola piccola isola nei pressi di Leningrado. Ma ben presto le scuole chiusero. E incominciò la fame. Che cosa si poteva fare? Quando smisi di andare a scuola, persi la nonna che mi ospitava. Morì di fame, e io rimasi sola in quel terribile inverno. Ancora adesso mi chiedo perché rimasi viva. In giro la gente moriva, e c'erano i cadaveri per la strada. Forse io rimasi viva grazie al fatto che proprio quell'inverno io stavo a Kronštadt. Qui c'erano molti marinai e soldati che dividevano fino all'ultimo boccone di pane con gli abitanti della città assediata. Io penso che grazie a loro rimasi in vita. E penso inoltre che io vivevo con un sogno. Fin dalla nascita sono stata piena di fantasia. Nel freddo e nella fame di quei giorni non smettevo mai di sognare. Ero convinta che sarei diventata un'artista. Immaginavo castelli, scene colossali, splendidi vestiti con cui sarei entrata in scena... e forse fu proprio questa mia fede inverosimile nella mia esistenza che mi salvò la vita. Ma quante sofferenze. Dopo che morì mia nonna, una mia zia se ne andò per il lago Ladoga. Era questa la famosa "via della vita" per la quale si incamminarono molti superstiti di Leningrado. Durante la marcia mia zia vide morire due figli uccisi dagli stenti. Quando rimasi sola sembrava proprio che dovesse arrivare la fine. Ma la gente si mostrò unita e solidale. Chi poteva recava aiuto al prossimo, e c'erano donne che andavano per le case cercando i sopravvissuti... Raccoglievano bambini e li affidavano a case per l'infanzia. Ed ecco che un giorno anche da me venne una di queste donne e mi condusse fuori dal mio appartamento freddo dove giacevo rannicchiata nei miei panni e dove non c'era legna per la stufa e non c'era più niente... niente da mangiare. Fui affidata alla Mpvo (Mestnaja protivovosdušnaja oborona – Difesa locale antiaerea). Nella stessa situazione si trovavano tante altre ragazze.»

– È vero che nella città la gente si sforzava di tener desta la vita culturale?

«Sì. Io stessa, ancora ragazza, presi parte ad alcuni spettacoli. Cantai canzoni, cantai a suon di banda e di fisarmonica; uscivamo in barca, andavamo nelle capanne, recitavamo davanti a soldati e a marinai, volevamo dar loro l'arte perché sentissero che la vita continuava e che la cosa più bella nella vita è l'arte, che essa è vita e dà la forza di vivere.»

– Ricorda qualche episodio eccezionale di quei novecento giorni?

«Ricordo il primo bombardamento di Kronštadt. Era d'estate, al principio della guerra. Io mi rifugiai con altre ragazze in una casa, sotto al portone, e lì, a pochi passi da me, vidi per la prima volta la morte. Una donna fu colpita e cadde mentre tutto crollava intorno a noi. Mi fece un'impressione paurosa, e quella polvere di mattone rotto e quei calcinacci non li dimenticherò mai, per tutta la vita. Ponemmo la donna su una barella. Ricordo che una bambina piccola piangeva. Era probabilmente la figlia, gridava "mamma" e la donna taceva. Raccogliemmo quel corpo. Ma era ormai senza vita. Fu un impatto sconvolgente con la guerra. Ed era solo l'inizio. Pochi giorni dopo assistetti all'agonia di una nave, la *Marat*, spaccata in due dalle bombe. Ricordo l'emozione che provai vedendo i marinai emergere salvi dalle acque...»

– Ognuno si mostrò molto coraggioso. Da che deriva questo eroismo del popolo russo?

«Il popolo russo ha vissuto una storia molto difficile e grande. Per trecento anni ci fu il giogo dei tartari in Russia, poi la Rivoluzione, le guerre, questa terribile ultima guerra: il popolo russo in questi momenti si unisce. Tutti vogliono essere insieme come un solo uomo, e sentono che solo questo li può salvare. E poi, naturalmente, li sorregge uno sconfinato amore per la loro terra, le loro tradizioni. Nasce da qui la grande forza del popolo russo, soprattutto nei momenti in cui sembra tutto perduto.»

– Può descriverci una giornata tipo della gente di Leningrado in quel periodo?... E quando aveste la sensazione che la vittoria era imminente?

«Che giornata si può definire una giornata tipo? Un giorno come ogni giorno, come tanti giorni: è inverno. Le strade sono deserte. I tram e gli autobus coperti di neve. Qua e là una figura solitaria, solitamente una donna tutta imbacuccata, trascina una slitta; sulla slitta un sudario che avvolge il cadavere di un bimbo o di un adulto. Io ho impresso nella memoria per tutta la vita un quadro di Il'ja Grazunov, *La fame*: c'era un tavolo nudo, e sopra al tavolo gli occhi di un bambino... gli occhi di un bambino, e null'altro. Era terribile. Ancora oggi quando ricordo l'assedio di Leningrado ricordo quel quadro di Il'ja Grazunov.»

– Ci fu mai un momento in cui vi sembrò che i tedeschi l'avrebbero spuntata?

«No. Mai.»

INDICE DEI NOMI

INDICE GENERALE

Finito di stampare nel mese di giugno 1996
presso il Nuovo Istituto Italiano d'Arti Grafiche
Bergamo
Printed in Italy

E 15443635

QUANTE DONNE
5ªEDIZIONE

ENZO BIAGI

R.C.S.LIBRI &
GRANDI OPERE

S 0015679